南北アメリカ研究の課題と展望

米国の普遍的価値観とマイノリティをめぐる論点

住田育法・牛島 万
［編著］

明石書店

はしがき

二〇二二年は南米ブラジルが本国ポルトガルからの独立二〇〇周年を祝う節目の年である。一八二二年のブラジルの独立を一八二四年に世界で最初に公式に承認したのは、一八〇八年のポルトガル王室ブラジル移転を助けたイギリスではなく、一八世紀に独立を果たしていた民主主義を掲げる米国であった。米国がモンロー主義に基づいてラテンアメリカを勢力圏に入れることを目論んでいた証左といえよう。やがて一九世紀後半に米国はコーヒーの輸入国としてブラジルとの経済関係を強めた。

第一次世界大戦後、冷戦終了時までは一般に、「アメリカの世紀」といわれる。それは米国の世界的覇権の達成のもと、普遍的な同国の価値観である「民主主義」を西側世界へ浸透させることにおおむね成功したからである。特に第二次世界大戦後、イギリスにかわり米国は世界をリードする超大国に成長し、アメリカ文明のさまざまな価値観の普及を目指した。これらの価値観は、米国の外交、開発、教育、あるいは人権などに具現化されている。そしてラテンアメリカにおいても、その影響は例外ではない。しかし、歴史上、南北の関係が対等ではなく、あたかも主従関係のように成立してきたこともあって、「南」の歴史観には、概して米国に対する強い反感や懐疑心が見られる。さらには、米国の普遍的価値観から米国政府自体が逸脱しているのではないか、という疑念すら「南」が持ち続けている。これが、問題をより複雑化させてきた。

ところがこのように関係性が強い南北アメリカ地域を、研究の場で包括的に扱う機会は意外と少ない。従来、学界においても、南北アメリカ地域における米国とラテンアメリカ諸国の相互関係がもっと重視されてしかるべきであった。しかし実際には、南北アメリカの関係史はおろか、アメリカ研究者とラテンアメリカ研究者による対話や学術的交流は学界を見る限り未だに関心が低いと思われる。私たちはこの反省をふまえて、二〇二一年一二月一一日と一二日の両日、「南北アメリカ研究の課題と展望」と題して京都外国語大学ラテンアメリカ研究所主催の第二一回ラテンアメリカ研究講座を開催することになった。本シンポジウムは京都外国語大学・短期大学の専任教員であるアメリカ研究者とラテンアメリカ研究者が公に集う初めての「対話」の場となった。本書はその議論の成果集である。各章は当日の発表をもとに本書のために新たに執筆されたものである。加えて、各章で扱うことのできなかったテーマや補足説明をコラムで論じた。

一日目では、米国の普遍的な価値観とその受容と浸透を大枠のテーマとして、一九世紀から二〇世紀にかけて起こった主要な事件を選び、それぞれの専門領域から話題提供と議論を進めた。

二日目は、南北アメリカのマイノリティの問題をテーマとして、同地域の多様な民族・人種間の差別や包摂の実情を示し、将来への展望を行った。ただし、今回は、黒人、先住民、移民など、人種や民族におけるマイノリティ問題に絞って検討するにとどまったことをお断りしておかなければならない。その他のマイノリティに対する検討は今後の課題としたい。

このシンポジウムを企画したもう一つの理由は、南北アメリカ関係はいま大きな変遷と試練の時代を迎えているのではないかと考えられるからである。それは、現状の国際関係に目を転じると一目瞭然である。二〇二二年はコロンブスのアメリカ「発見」五三〇年目の節目の年である。ちょうど五〇〇年のときには、「発見」に関連して多くの記念の出版や講演会などが世界各地で実施された。その一九九二年から三〇年後のいま、中国を中心とする新興国ＢＲＩＣＳ（ブラジル、ロシア、インド、中国、南アフリカの頭文字）が台頭し、世界の政治・経済の勢力地図が大きな変更を迫られている。資本主義か社会主義かというイデオロギーの対立が先鋭化した「冷戦」構造は二〇世紀末に終わったはずである。ところが、ロシアのウクライナ侵攻などによる多様な勢力関係が展開している。

他方、カリブ海諸国を含めて三五ヶ国を数える南北アメリカの多くの国で左派政権が誕生するなか、南のブラジルでも中道左派のルーラ（Luiz Inácio Lula da Silva: 1945-）が国民の直接選挙で勝利した［Globo］。既述のウクライナへのロシア軍の侵攻などで世界が大きく変化しているものの、二〇世紀のように資本主義か社会主義かというイデオロギーの対立ではなく、また米国一強の選択でもない。反米のベネズエラやキューバと友好関係にあるルーラの登場は、ロシアや中国を含めた新興五ヶ国ＢＲＩＣＳの重要性が増すいま、グローバルな視座からも注目されている。急速かつ複雑な展開であるため本書執筆者の考察の及ばない点も多々あるであろう。読者のご批判、ご叱責を乞う次第である。

さて、二〇二二年といえば、編者・執筆者全員が所属する本学の創立七五周年にあたる。この記念の年度に南北アメリカを対象とする本書を出版できたことはこの上ない喜びである。学園創立者故森田一郎先生ならびに故倭文子先生、そして現学園最高顧問森田嘉一先生、理事長堀川徹志先生、前学長松田武先生、学長小野隆啓先生に御礼を申し上げたい。さらに、本学ラテンアメリカ研究所大越翼所長ならびにスタッフや研究所の皆さま、さらに京都外国語大学より助成を受けたことに対して謝意を表したい。

加えて、今回の出版も前回の『混迷するベネズエラ——21世紀ラテンアメリカの政治・社会状況』（明石書店、二〇二一年）同様、明石書店の神野斉編集部長、編集ご担当の岩井峰人さんにお世話になった。心からの感謝を申し上げる。

最後に、本書では、いくつかの主要な用語のうち、それぞれの学界での慣例や執筆者個人のこだわりがあるものについてはあえて統一をしなかった。例えば、米国、アメリカ、アメリカ合衆国（ただし、文脈上わかる場合は「合衆国」で米国をさすこともある）、あるいはラテンアメリカ、中南米等である。記してご理解いただきたい。

編　者

［参考文献］
Globo テレビ
https://gl.globo.com/politica/eleicoes/2022/apuracao/presidente.ghtml［最終閲覧日：２０２３年1月15日］

目次

はしがき　3

第1部　アメリカ合衆国の普遍的価値観とその受容

第1章　南北戦争期アメリカの国家戦略——大陸横断鉄道の建設構想と覇権奪取の夢
布施将夫　17

1．混迷する連邦議会の鉄道審議　20
（1）鉄道建設地の選択の迷走　23
（2）鉄道建設目的の意外な収斂　26
2．南北戦争による議会審議の急展開　31
（1）一八六一年の鉄道建設論議の停滞　31
（2）一八六二年の鉄道建設論議——建設ルートの速決　33
（3）一八六二年の鉄道建設論議——建設目的の不変性　37

第2章　アメリカの冷戦戦略とCIAの秘密工作活動
――グアテマラ・アルベンス政権打倒工作への道程

大野直樹　46

1．アルベンス政権打倒工作　49
（1）一〇月革命以後のグアテマラの改革路線　49
（2）共同介入案の断念からアメリカの単独介入へ　51
（3）CIAの秘密作戦PBサクセス　53
2．CIAの秘密工作活動の起源とジョージ・ケナン　56
（1）CIAによるイタリア総選挙への介入　56
（2）ジョージ・ケナンの二つの顔　58
（3）CIAの秘密工作活動の拡大とケナンの過信　61
3．アイゼンハワー政権の安全保障戦略とCIAの秘密工作活動　63
（1）アイゼンハワー大統領の信念　63
（2）ニュールックの骨子　66
（3）イラン・モサデグ政権打倒工作とその後の秘密工作活動　67

第3章　メキシコから見た米国のマニフェスト・デスティニーと米墨戦争　牛島　万　74
1．米墨戦争　76
2．開戦の過程　81
3．終戦過程の再検討の必要性　88
4．ヌエボ・メヒコ（ニューメキシコ）の支配　90
5．カリフォルニアの支配　93
6．グアダルーペ・イダルゴ条約締結までの米墨両国の対応　96
（1）米国側　96
（2）メキシコ側　98
（3）グアダルーペ・イダルゴ条約調印に向けて　100

第4章　二〇世紀親米ブラジル大統領の理念と政策――空間のナショナリズムと米国　住田育法　109
1．南米ブラジル内陸部生まれの政治家クビシェッキ　110
（1）ヴァルガスの後継者　110
（2）ヴァルガスとクビシェッキの略年表　112
（3）クビシェッキのルーツとブラジルの空間　118

2. クビシェッキ大統領誕生への歩み 123
（1）医師から政治家へ 123
（2）ブラジル空間の歴史 125
（3）南アメリカの大陸国家 127
3. 新首都ブラジリアの誕生とブラジル空間 129
（1）新しいブラジリアの新大統領の誕生 129
（2）新首都の建設 132
（3）近代都市ブラジリアと空間のナショナリズム 136
コラム❶ 継続する親米の世界秩序 住田育法 145
コラム❷ 二一世紀南北アメリカの現在
——親米、反米の関係性を乗り越えて 牛島 万 150

第2部　南北アメリカのマイノリティ

第5章　アフリカ系アメリカ人の音楽文化と「意味」の実践
――「モラル」と「差異」の間で　辰巳　遼　156

1．アメリカのモラルと音楽　158
2．差異の問題とメディア　160
3．ジャズ音楽と人種の差異　162
4．オーネット・コールマンのフリー・ジャズ　172

第6章　ブラジルのシリア・レバノン人移民　伊藤秋仁　180

1．移民現象　181
（1）トルコ人　181
（2）シリア・レバノンの地　184
（3）移民のはじまり　187
（4）移民の推移　188

2. 商業活動　190
（1）行商　190
（2）国内展開　192
3. 社会統合　202
（1）可視性　202
（2）コミュニティ内における相互扶助と競合　204
（3）アイデンティティ　205
（4）イスラム教徒の新来移民　208
4. 移民の子孫の社会進出　209
（1）専門職　209
（2）政治家　210

第7章　ブラジルにおける先住民教育の現状と課題
モイゼス・キルク・デ・カルヴァーリョ・フィリョ　218
1. 民族に対する誤った認識と彼らの教育への影響　220
2. 画一化された先住民像　222
3. 遅れた文化　223
4. 凍結した文化　225

5. ブラジルの先住民に関する教育と先住民のための教育 226

第8章 熱帯ブラジルにおける先住民と黒人の包摂 住田育法 236

1. ブラジルの人種関係 238
(1) 黒人奴隷制度の軌跡 238
(2) 黒人奴隷制下の先住民共通語の使用 245
2. アフロ・ラテンアメリカ文化圏の形成 253
(1) ブラジル黒人奴隷貿易の量と空間 253
(2) 多民族・多人種の国ブラジルの混淆 255
3. 近代都市リオのアフロ女性の包摂 261
(1) エリート出身の混血児 261
(2) 大衆音楽MPBの母 262

コラム❸ 人種の混淆と社会の包摂 住田育法 270
コラム❹ 人種を乗り越えることはできるか 牛島 万 276

索引 285

第1部　アメリカ合衆国の普遍的価値観とその受容

第1章　南北戦争期アメリカの国家戦略
——大陸横断鉄道の建設構想と覇権奪取の夢

布施将夫

はじめに

アメリカ合衆国で最初に敷かれた大陸横断鉄道は、南北戦争中の一八六二年七月一日の法律で建設が決定され、戦後の一八六九年に完成した。[1] その建設方法はユニオン・パシフィック鉄道会社が大陸中央部のミズーリ河畔から西へ、セントラル・パシフィック鉄道会社が太平洋岸から東へ建設を進め、途中で合流するという壮大なものであった。極めて広いアメリカ大陸の西半分を横切る鉄道を作り、大陸東半分の鉄道網と連結することで、最終的には大陸東西の両洋との接続を目指すというグローバルな企画である。この巨大な規模を考えると、大陸横断鉄道の建設はまさに国家的プロジェクトであったといえよう。

このような建設上の特徴に加え、当時鉄道がアメリカにおける輸送手段の中心であったことも手伝って、大陸横断鉄道はさまざまな研究者の関心をひきつけてきた。この鉄道は、南北戦争中、北部の合衆国が中央集権化した事例の一つとしても紹介される。しかしこれまでの研究では、同鉄道の建設に、全国的な目的が何か存在したかどうかまで立証されることは乏しかったのではなかろうか。こうした関心から以下では、大陸横断鉄道の建設に関する代表的な先行研究を検討してみよう。

例えば、一九世紀のアメリカ鉄道網の研究で有名なテイラー（George Rogers Taylor）らは、南北戦争中の北部の連邦議会が論じた大陸横断鉄道のゲージ（軌間）の問題や鉄道連結問題に注目し、前者がなぜ四フィート八・五インチの標準軌に決定したかを考察した。その理由の一つとして彼は、東部や中西部など合衆国の他の広範な地域でも優位にあった標準軌がジェームズ・ハーラン（James Harlan アイオワ州）を筆頭とする多くの議員により推奨されたことをあげ、この鉄道に負わされた全国的な性質の一端を示している［Taylor and Neu 1956］。

一方、鉄道会社に注目した多くの研究者は、前述の二社に対する連邦政府の援助がいかに大きかったかを検討してきた。なかでもジョン・ムーディー（John Moody）は、連邦政府がユニオン・パシフィック鉄道会社に対して与えた資金面での援助を具体的に紹介している。その内訳は、ロッキー山脈以東の平坦地において線路一マイルにつき一万六〇〇〇ドル、同じ地域の山岳地帯で一マイルにつき四万八〇〇〇ドル、平坦地でも山岳地でもない地帯では一マイルにつき三万二〇〇〇ドルというものであった［Moody 1919］。

また、日本においても交通経済論が盛んになり始めた一九七〇年代頃から、これらアメリカの研究成果が吸収された上で大陸横断鉄道についての分析が深められてきた。生田保夫は、一九世紀前半のアメリカ鉄道経済に関する著作の中で、鉄道一般に対する連邦政府の積極的な公有地譲与政策がなぜ生まれたのか、特に大陸横断鉄道に対する政策は規模以外の点で何が違うのかなどを検討している。後者に関しては、州政府を介さず、連邦政府から会社に公有地が直接譲与されるようになった点が新機軸であった［生田 1980］。そして一九世紀アメリカ鉄道業についての研究を二冊の著作にまとめた小澤治郎も、テイラーやムーディーらが示したデータを踏まえつつ、生田と類似した州政府の財政難という公有地譲与政策の立案要因を指摘していた［小澤 1991, 1992］。

このように日米両国でなされてきた大陸横断鉄道に関する研究では、建設決定後の鉄道に対する連邦政府の援助といった財政的な側面に、主な関心が集まってきたように思われる。しかし、このような傾向に沿った研究だけでは、やはり問題が残るのではなかろうか。なぜならこうした研究だけでは、民間の鉄道資本による強力な議会工作をうけた連邦政府が、財政援助の実施の前に鉄道建設自体

1 この鉄道は、法律の正式名称（An Act to aid in the construction of a railroad and telegraph line from the Missouri river to the Pacific ocean, and to secure to the government the use of the same for postal, military, and other purposes.）から、パシフィック鉄道、もしくは太平洋鉄道と翻訳されている場合もある。しかし本章では、実態に即した名称を用いて読者の誤解を避けるため、一貫して大陸横断鉄道と表記する。なお、合衆国外では、両洋を結ぶ中米のパナマ地峡鉄道が一八五五年にすでに開業していた。同鉄道に関しては、宗像俊輔「鉄道がつくったアメリカ―2つの大陸横断鉄道と国民統合―」一橋大学大学院社会学研究科修士論文、二〇一六年、一〇―二六頁を参照。

を資本に忖度して決めたように印象づけられるからである。これだけではその建設決定過程、つまり大陸横断鉄道法案の立法化過程において、鉄道を建設する目的が連邦議会・政府側に実在したのか否かは未解明のままであろう。

そこで本章ではこの問題、ひいては大陸横断鉄道法案の立法化過程における連邦側の鉄道建設構想を検討してゆくことにする。ここでまず検証せねばならない問題は、建設決定過程において、この鉄道を合衆国全体の利益に資するような国家的幹線にする目的が連邦議会に存在したか、ということである。そしてもしもそうした目的が議会に存在した場合、他に何か別の意図も並存したのか、といったこともあわせて考えてみたい。

以上の検討を進めるため、一九世紀半ばからの連邦議会における鉄道建設論議に注目しよう。陸軍探検隊によるルート調査の報告をうけた連邦議会が、法案審議の際、いかなる構想のもとに大陸横断鉄道の建設を目指したのか。その構想は南北戦争の影響で何か変更されたのか。こうした問題を、当時の連邦議会議事録などを手がかりに検証する。

1. 混迷する連邦議会の鉄道審議

大陸横断鉄道の建設ルートに関し、アメリカで最初になされた全国的な調査は陸軍探検隊によるものであった。彼らは一八五三年の同鉄道調査法に基づき、「最も現実的で経済的な」建設ルートの探索を二年間試みる。その方法は、当時の議会で支持されていた各ルートに分遣隊を派遣するという

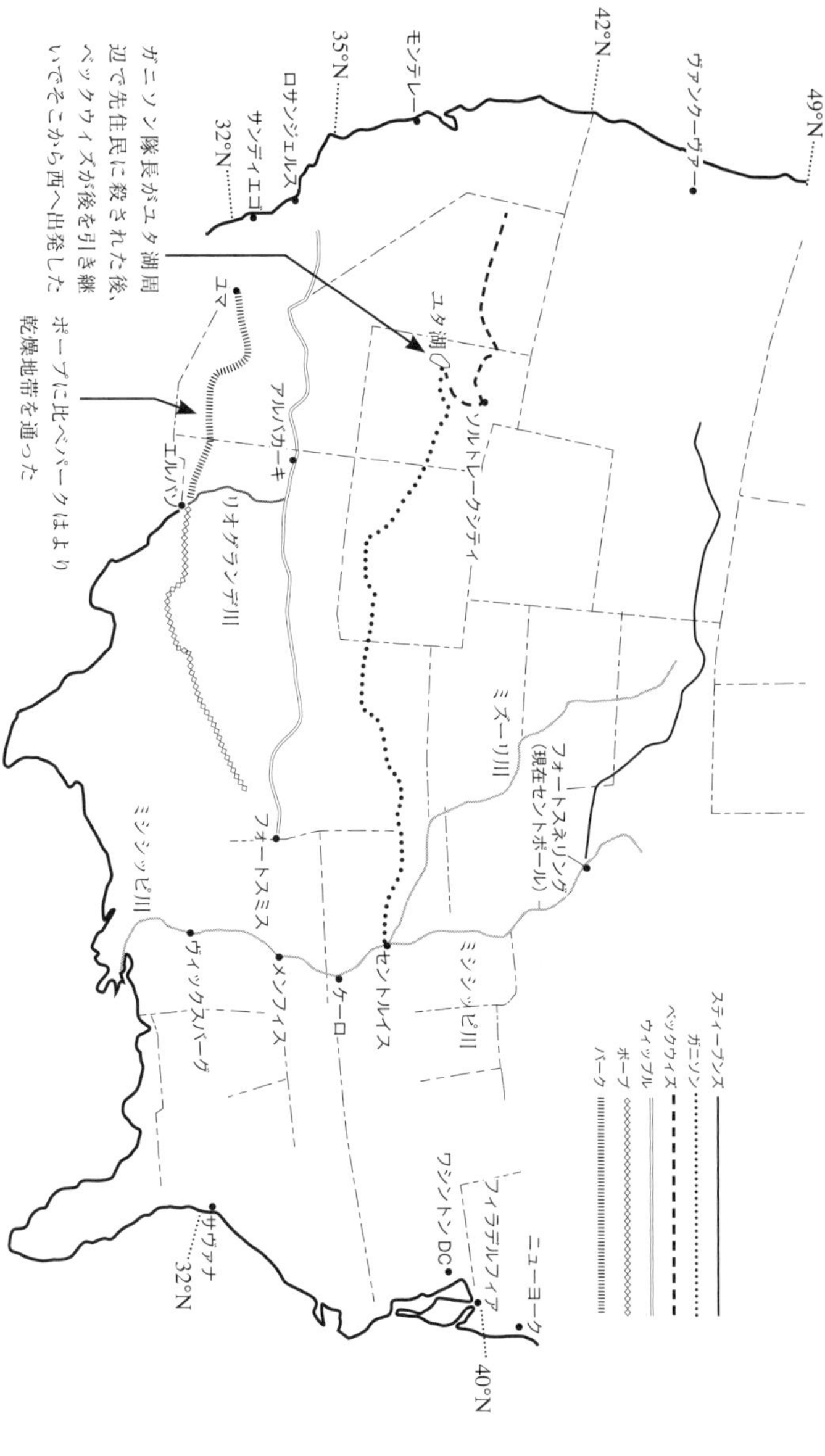

図 1. 鉄道建設ルート探検隊の参考地図　出所：Goetzmann 1959 から作成

もので、結局五隊が派遣された。探検後、四隊がジェファーソン・デイヴィス（Jefferson Davis）陸軍長官に、自隊の担当ルートが鉄道建設に適切だと報告する。つまり北緯四七―四九度間ルートをアイザック・スティーブンズ（Isaac Stevens）隊長が推奨し、同四一度線をE・ベックウィズ（E. Beckwith）が、同三五度線をアミエル・ウィップル（Amiel Whipple）が、同三二度線をジョン・ポープ（John Pope）が推奨したのだ。しかしデイヴィスは、個人的な南部利害への関心から同三二度線ルートを鉄道建設に最適だと判断し、議会に彼らの調査報告をまとめて伝える際にも、この最南ルートを勧告したのである。

デイヴィス長官による最南ルートの勧告を含む、大陸横断鉄道建設ルートに関する陸軍探検隊の調査報告をすべてうけとった議会は、この鉄道の建設にむけてどんな反応を示したのであろうか。どのルートを、いかなる建設目的で選ぼうとしたのだろうか。

一八五五年二月二七日にデイヴィス長官が議会に対し、陸軍探検隊によるルート調査の結果を報告し、なかでも最南ルートをすすめる以前から、議会では同ルートに対する批判が強かった。第三二連邦議会の後半から見られるこの傾向は、第三三連邦議会でいっそう助長され、北緯三九度線ルートを支持していたトマス・ハート・ベントン議員（Thomas Hart Benton ミズーリ州）の言葉に典型的に現れている。彼は一八五四年に同三二度線ルート案を嘲笑し、メキシコとの国境近くの荒野を通る最南ルート案は「国外に国家的な（幹線）鉄道を敷き、国内をそのような鉄道がないままにしておく」ようなものだと揶揄した［Goetzmann 1959］。米墨戦争直後の当時、メキシコとの国境付近にこうした鉄道が敷かれると、確かに恰好の攻撃対象となろう（同様の危険性はカナダとの国境付近の最北ルート案にもある)。

そのためデイヴィスが議会に最南ルートをすすめた時点でも、彼の意見はすぐに批判された。批判の要因には第三三連邦議会の傾向の他に次のものがあげられる。つまり、最良のルートを選ぶ際の公平とはいいがたい彼の判断方法が、当時の議会にも冷静で科学的だと認められず、セクションとしての南部を必要以上に優遇するものだと考えられたことがその大きな原因となった[Meinig 1998]。なおデイヴィスは、数年後の南北戦争中、南部のアメリカ連合国の大統領に就任した人物である。

では、このように最南ルートの選択を拒否した連邦議会は、どのルートを大陸横断鉄道の建設地として選ぼうとしたのだろうか。この時点で残る鉄道建設ルートの選択肢としては、同四七―四九度間最北ルートと同四一、三五度線ルートの三つがあった。これら三つのなかからどれか一つを議会は選択できたのか。それともそうではなく、まったく異なる展開が議会で見られたのか。以下ではこうした疑問に関し、一八五五年以前の議会状況もふまえて検討してゆこう。

(1) 鉄道建設地の選択の迷走

大陸横断鉄道の調査法案が議会で可決された一八五三年三月二日の時点では、鉄道建設地として四通りの一本線案が議会で支持されていた。しかし、この前後の時期からデイヴィスが議会に調査報告をした一八五五年二月末までの間にも、他にさまざまな形態のルート案が提示されては反対されるという状況が、議会で繰り返されたのである。

例えばソロン・ボーランド議員(Solon Borland アーカンソー州)を委員長とする上院の委員会

は、早くも一八五二年から、鉄道の完成でもたらされる商業上の利益を南北の両セクションに等しく分配するため、一本の本線にミシシッピー河畔のセントルイス（St. Louis）とその南のメンフィス（Memphis）行きの二本の支線をつけることを要求した。また翌一八五三年にはウィリアム・グウィン議員（William Gwin カリフォルニア州）を委員長とする上院特別委員会が、ミシシッピー河畔のあらゆる都市に商業利益を分配するため、巨大な馬蹄型（U字型）の鉄道建設ルートの試案を提出する。グウィン案によれば、本線がアルバカーキ（Albuquerque）・サンフランシスコ（San Francisco）間を北緯三五度線沿いにつなぐ一方、太平洋岸の支線はサンフランシスコからカナダ国境近辺まで北上し、メキシコ湾やミシシッピー河畔への支線はアルバカーキから計七本も扇形に広がる予定であった。

ボーランド委員会の一本線二支線案は、グウィンらが設計した馬蹄型ルート案の他にも多くの修正案を生み出した。もっとも本章ではそれらすべてを逐一あげる余裕がないので、そのうちの代表的なものを紹介するに留める。それら修正案の中で一本線二支線案を再び一本線案に縮小する提案としては、一八五五年一月にベンジャミン・グレイ下院議員（Benjamin Grey ケンタッキー州）が示した妥協案があった。彼は妥協案において、セントルイスとメンフィスの中間地点であるイリノイ州南端のケーロ（Cairo）を、ミシシッピー河畔における鉄道終着駅の候補地と考える。逆に一本線二支線案を拡大する傾向のものとしては、南北両セクションに一本ずつ本線を建設する二本線案や、それらの間にもう一つ本線を敷く三本線案が生まれていた。これらの複数本線案は翌二月以降、ジョン・ベル議員（John Bell テネシー州）を含む上院の新委員会によって示されることになる。

しかし、これらボーランド委員会（一八五二年）以来の鉄道建設ルート案はすべて、次のように反対された。すなわち同委員会の一本線二支線案やグレイの一本線案は、完成予定の鉄道を利用しにくい地域から選出された議員たちによって修正が求められる。他方、グウィンらの馬蹄型ルート案や複数本線案は、国家財政への負担の大きさと鉄道建設上の繁雑さを理由に、主に下院で認められなかった［Meinig 1998］。

こうして一八五五年二月末までの議会では、大陸横断鉄道をいかなる形態で建設するかということについてさえ、結論が出なかった。それゆえ議会は、デイヴィスが推奨する最南ルートを拒否してからも、陸軍探検隊が調査した残る三つのルート（北緯四七―四九度間、同四一、三五度線）のなかから最良のものを選ぶことができなかったのである。この原因としては、残る三ルートが一本線案に基づくものであって、当時の議会に無条件で受け入れられるものではなかったことの他に、陸軍探検隊の分遣隊が各ルートを推奨したため、そもそもどのルートにも決め手が欠けていたことがあげられる［Goetzmann 1959］。

議会で鉄道建設の形態につき結論が出ず、ルート選択も不可能であった一八五五年までの状況は、後の南北戦争勃発時（一八六一年）まで継続した。下院では、一八五〇年代末までに再び一本線二支線案が強調されるが、北部選出議員によるこの案が合衆国「中央」の緯度上に本線の建設を予定したため、またも南部選出議員に反対された。両者の妥協で二本線案が可決されるのは、一八六〇年一二月のことである。一方上院では、一八六一年までに三回も三本線案が可決された［Meinig 1998］。つまり、建設形態に関する両院の結論が互いに異なり続けたため、議会全体としての結論が何も生まれなかったのである。

以上の結果を念頭において以下では、南北戦争までの議会における大陸横断鉄道の建設目的について検討しよう。ルートの選択が戦前の議会では結局不可能であったことから、その根拠というべき鉄道建設目的もまったくまとまらなかった可能性が考えられる。一方、ルートその他に関する自説を主張する上で、多くの賛同を得るための説得力ある建設構想を示す必要から、互いに類似した目的が現れた可能性も考えられる。これらの他にも鉄道建設目的に関する議論の展開には、さまざまなタイプがありえよう。そこで次項では、どのような議論が当時の議会審議をリードしたのかについて考えてみたい。

(2) 鉄道建設目的の意外な収斂

ごく初期の段階から、議会に鉄道建設目的を示した議論としては、中国に一年以上滞在し、そこで大きな資産を築いた民間商人のエイサ・ホイットニー（Asa Whitney）によるものがあげられる。彼は、いわゆる「明白な運命」という観念が盛んに唱えられた一八四〇年代半ばに、ミシガン湖から太平洋岸までの鉄道建設とそれに対する公有地譲与を議会に求めた短い建白書の中で、次のような議論を展開した［Whitney 1845］（後の最北ルート案に該当）。

ホイットニーはまず、この鉄道が完成すればメイン州からオレゴンに至る広大な地域のあらゆる地点に、八日間以内で陸軍を集められるようになると説明した。その結果、オレゴンなど東部から遠く隔たった地方を合衆国に統合することができ、小規模な海軍しかない海軍基地でも太平洋を支配できる、と彼は力説する。

次に彼は、この鉄道を利用した場合のニューヨーク・廈門（アモイ、中国大陸南部の港湾都市）間の距離と移動時間を計算し、それが当時の船旅で必要な旅程を大きく短縮することも確認した。このことから彼は、ヨーロッパを含む全世界の生産物がこの鉄道で運ばれるようになると予見し、大陸横断鉄道によって「全世界の商業に革命がもたらされ」、かつアメリカのあらゆる州や都市は商業革命から「利益の分け前を得るだろう」とまで予想する。

さらに彼は、貧困のため北東部の諸都市から離れられないヨーロッパ出身の移民を内陸へ移住させる上でこの鉄道が役立つことや、「自由な政府」という合衆国の政治体系が鉄道建設を媒介に海外へ広がり、外国の異質な政治体系をすべて「巨大な洪水のように」一掃すべきことなども論じた。なお、こうした議論に基づく彼の鉄道建設案は、当時、北部で広く支持される。例えば、ペンシルヴェニア州議会で一八四九年に認められた決議では、同州選出の連邦議会議員が連邦議会の両院でホイットニー案に協力するよう要請した項目が設けられたほどであった［H.R. 1850］。

このように当時から一定程度の影響力をもちえたホイットニーの議論を、近年の研究における分析を借りて分類すれば、次のようになろう。すなわち、彼が鉄道完成による陸軍集結の迅速化を説き、加えて遠隔地の国家への統合を力説したところは、合衆国全体の利益に資するような「国家的な幹線鉄道」の建設を目的にしていたと考えられる。また彼が、鉄道利用による旅程の短縮を確認し、そこから世界商業の変革等を予見したところは、「（自国への商業的な効果も見こした）諸大陸間の交通路の完成」という目的を想定したものといえる。そして彼が、鉄道による移民の移動や合衆国の政治体系の普及を論じたところは、「(内陸)開発路線」や「(アメリカの政治的特質を伝える)媒介のシンボル」としての役割を鉄道に期待するものと考えられよう［Meinig 1998］。

それでは、ホイットニー以降の政治家たちもこれら四つと同種の建設目的を考えたのだろうか。もしくはまったく異なる目的意識も存在したのか。このことを検証するため、本章ですでに取り上げてきた人物、つまりデイヴィスやベントン、グウィンらを中心とする連邦議会の議員たちが、いかなる目的意識をもったのかを見ていきたい。

北緯三二度線ルート案を推奨し続けたデイヴィスも、ホイットニー同様、複数の建設目的を考えた。フランクリン・ピアス(Franklin Pierce)大統領にガズデン(James Gasden)の派遣をすすめた時点(一八五三年)から、最南ルートの大陸横断鉄道が南部に対し、中国貿易へ参加する機会を与えると予期していたデイヴィスは、一八五九年までにいっそう多くの必要性を鉄道建設に見出すこととなる。一八五九年の上院で彼は、鉄道建設により内陸への移住を促すことや、拡大した合衆国のさまざまな地域を団結させることが必要だと演説した。逆に鉄道が建設されない場合、太平洋岸を諸外国の攻撃から防衛できなくなり、太平洋岸の土地とともに合衆国の「威信やプライド」まで失うことになるとも彼は警告する［Davis 1859］。したがって彼も、前述の四種の目的意識をホイットニーとは少し異なる側面を含みつつ、ほぼすべて備えていたと考えられる。

一方、最南ルート案に反対して北緯三九度線ルート案を支持したベントンは、前者を嘲笑する際「国家的な(幹線)鉄道」の所在を問題にした。この言葉から彼も、大陸横断鉄道をそういうものとして建設する意図をもっていたと考えられる。彼はまた、それ以前の一八四九年に、同鉄道の到達で

「西部の荒野に（アメリカ的な）生活様式が広がるだろう」と述べ、「（内陸）開発路線」としての役割を期待していた［Meinig 1998］。よって彼の鉄道建設目的も、前述の四種のうち、少なくとも二つ以上のものから成立していたといえる。

そして巨大な馬蹄型の建設ルート案を提示したグウィンは、提案翌年の一八五四年四月一〇日に上院で、次のような演説を行った。彼は、大陸横断鉄道を郵便道路として敷設する権限が国家にあるか否かに関し、合衆国の歴史に基づいて検証した後、鉄道建設の必要性をいくつか指摘していく。例えば彼は、この鉄道が完成すれば、当時危険視されていたアメリカ先住民を政府が監督していけること、太平洋や大西洋から諸外国が合衆国を襲い難くなることを指摘した。さらに彼は、イギリスが世界的な商業ルートを構築する目的で、カナダ大陸横断鉄道（ハリファックス（Halifax）から太平洋岸まで）やアジア鉄道（地中海からペルシア湾とインドを経て中国まで）を敷くことも、アメリカ大陸横断鉄道の建設で目的を果たせず「無駄になるだろう」と述べている［Gwin 1860］。前者の指摘は治安維持や国防に役立つ「国家的な幹線鉄道」の建設という目的意識を、後者の予言は「諸大陸間の交通路」をイギリスに先駆けて完成するという目的意識を示したものだと考えられる。

彼ら三人以外にも、四種の目的意識のいずれかを自らの構想の核心とした議員は多い。まず「国家的な幹線鉄道」の建設という目的意識を備えた議員としては、対外戦争時の国防に大陸横断鉄道が必要であることを一八六一年に強調したソロモン・フット（Solomon Foot ヴァーモント州）やミルトン・レーサム（Milton Latham カリフォルニア州）らがいた［Weber 1999］。そして大規模な鉄道建設を「国民のシンボル」にしようとした議員では、一八五三年にこの事業が「国民の最も高貴な使命にとって必要」だと抽象的に述べたリチャード・イェーツ（Richard Yates イリノイ州）らがいる[Meinig 1998]。彼らはこの大事業の遂行と完成を通じ、全世界にアメリカの美徳や価値観を示せるだろうと考えた。

以上、南北戦争までの連邦議会で示された大陸横断鉄道の建設構想に関し、各人の発言から検討してきたことを、本節の最後に要約しておこう。

建設構想を表明した議員を主とする人々は、この鉄道を何のために建設するのかという建設目的に基づき各自発言した。発言者により意識された建設目的の内実にはさまざまな相違があったものの、一つの大きな共通点も認められる。それは、彼らの多くが国防など、合衆国全体の利益に資するような「国家的な幹線鉄道」の建設という目的を強く意識したことである。この共通意識から派生する彼らの構想も当然、互いに類似すべきであった。にもかかわらず彼らが推挙した各種の鉄道建設ルート案は、南部の利害を優先したデイヴィスが最南ルート案に固執したように、お互いにほとんど折り合わなかったのである。

それゆえ彼らの鉄道建設目的は、現実的な地元の利害に基づく自説を当時の議会で主張する際、自己利益を隠しつつ説得力をもてるように各議員が熟慮した結果、共通点をもつようになったのではないかと推察される。

2. 南北戦争による議会審議の急展開

ここまで検討してきた、南北戦争前の時期（アンテベラム期、以下では戦前と略記）における大陸横断鉄道の建設構想をごく簡単に整理すると次のようになる。すなわち、この鉄道を敷く目的意識にはある程度のまとまりが見られたが、鉄道建設の形態や位置を論じた建設ルートの選定では議会も陸軍も混乱し続け、何の結論も得られなかったのだ。

しかしこの戦争の二年目にあたる一八六二年の七月初頭に大陸横断鉄道の建設法案が可決される以上、こうした戦前の論議状況に何か変化が生じたはずだと考えられる。そこで本節では、戦時中の議会審議を中心に、鉄道建設論議全体の変遷を時間経過に従って検討していくことにする。

（1）一八六一年の鉄道建設論議の停滞

南北戦争は、南部諸州からなるアメリカ連合国（南部連合とも呼ばれる）が、サウスカロライナ州のチャールストン港外にあるサムター連邦要塞を攻撃したことが直接の契機となり、一八六一年の四月に始まった。この事態に対処するため、エイブラハム・リンカン（Abraham Lincoln）大統領は臨時の連邦議会を招集する。それが第三七連邦議会の特別会期と呼ばれるものである。この特別会期は、一八六一年七月四日から八月六日まで開かれた。

一八六一年度の連邦議会は、合衆国の軍事的要請に応じることを主な目的として短期間だけ開催されたため、特別会期中の鉄道建設論議はまったく進展しなかった。この特別会期中の議会は「首都ワシントンDCの防衛」といった法案の審議に忙殺され、議会が鉄道建設につき審議できたのは計五回だけ（下院で七月八、一二、二二日の三回、上院で同月一七、二五日の二回）である。しかもこの時の審議内容は、密度の濃いものではなかった。まず、サミュエル・カーティス下院議員（Samuel Curtis アイオワ州）とレーサム上院議員が各々、七月八日と一七日に大陸横断鉄道の契約や準備に関する同じ名称の法案を提出し、それを特別委員会に委ねることを両院で動議した。次に、エリヒュー・ウォッシュバーン下院議員（Elihu Washburne イリノイ州）とジャスティン・モリル上院議員（Justin Morrill ヴァーモント州）が七月二二日と二五日に、鉄道に対する公有地譲与につき同名の法案を提出し、それを特別委員会に委ねることを動議した（レーサムとモリルの法案はS.No.30, S.No.47. と略記される）［CG 37.1. 1861］。つまり特別会期中の連邦議会本会議場では、法案が提出されても委員会まかせにするばかりで、鉄道建設論議がなかったも同然といえる。

鉄道建設論議がまったく進まないこうした状況は、一八六一年度の合衆国陸軍省でも見られた。例えば、一八六一年一一月以降に行われた陸軍省内の年度末報告には、陸軍探検隊を数年前に監督していた地勢局の報告も含まれる。しかし、一一月一四日に地勢局のハートマン・ベーチ（Hartman Bache）地形測量技師（中佐）がサイモン・キャメロン（Simon Cameron）陸軍長官へ報告したなかには、大陸横断鉄道の建設に対する言及がまったくなかったのである。ベーチは主に、地勢局所属の将校がもたらした西部の湖沼や河川、軍用道路などに関する調査結果を披露することに終始した［FRUS 1861］。

このように一八六一年の段階で、議会でも陸軍でも鉄道建設論議が停滞していたとすれば、先に予想したこの論議の変遷は、一八六二年に生じたのではないかと考えられる。しかし一八六一年七月末の第一次ブルラン（Bull Run）の戦闘から一八六二年半ばまで、首都ワシントン付近で苦戦を続けた陸軍（北軍）に、大陸横断鉄道の建設について論議を進める余裕があったとは想像し難い。そこで以下では、この鉄道の建設法案を可決した主体である連邦議会の審議に焦点をあてて、鉄道建設論議の変遷を検討してみよう。

(2) 一八六二年の鉄道建設論議――建設ルートの速決

一八六二年前半の連邦議会は、一八六一年一二月六日から一八六二年七月一七日まで開催された第三七連邦議会第二会期の大部分にあたる。この時期の議会は困難な戦局を打開するため、連邦権力拡張の端緒として日米の研究で評価されるさまざまな戦争関連法案を可決していく［Potter 1994; 長田 1992］。例えば、一八六二年一月末には大統領の鉄道・電信接収権限法案が可決され（接収法）、二月末には法貨法が制定された［CG 37.2. 1862］。接収法は、合衆国の安全確保に必要な場合、大統領に民間の鉄道や電信を接収する権限を与える法で、法貨法は戦費調達のため、財務長官に法定紙幣（緑背紙幣）の発行権限を与えたものだ。

これらの戦争関連法案は、可決後もその変更や改善のために審議されていくので、一八六二年前半の議会は前年と同様に多忙であったといえる。しかしこうした状況にもかかわらず、一八六二年の議会は前年よりも、質量共にすぐれた鉄道建設論議を展開した。その量的側面だけを取り上げてみると、この時期、上下各院で二〇回以上も〔両院合計四〇回以上〕大陸横断鉄道の建設に関する審議が行われる〔CG 37.2. 1862〕。前年の八倍強にも達するこの審議回数は、一八六二年の審議期間が前年の七倍ほどあったことを考えても、かなり多いことがわかる。

ではここで、これら多数の審議の流れを上院下院の順に紹介しておく。

一八六二年の上院では当初、前年と同様に、大陸横断鉄道の建設に関する法案が提出されては特別委員会に委ねられるという状況が続いた。例えば、複数の議員たちは二月四日に「ミズーリ川から太平洋まで鉄道と電信を建設し、郵便、軍事やその他の目的のため、政府がそれらを使うことを保証する」法案〔S.No.185.〕を提出し、それを特別委員会に委ねた。ジェームズ・マクドゥーガル議員〔James McDougall カリフォルニア州〕も二月二六日に、この法案とほぼ同じ名称のS.No.213. を提出し、それを特別委員会に委ねる。

しかし、これらの法案が下院のH.R.No.364. と内容面でも共通することを、マクドゥーガルが四月四日に指摘して以降、今度は同法案を上院の全院委員会で審議すべきか否かが争われた。この不毛な論争は、六月一〇日まで数回続く。そして翌日の六月一一日からようやく、その内容について上院全院委員会で審議され始めた〔CG 37.2. 1862〕。

もっともこの時にはすでに各特別委員会が、大陸横断鉄道の本線の位置を北緯四一度線近辺にほぼ決めていたので、その本線と支線の連絡点をどこにするかといった問題や法案の文言などに関し、修正を求める議論が全院委員会で反復されただけであった。鉄道連絡問題は、連絡点を西経一〇二度線上にするか同一〇〇度線上にするかというところで少し紛糾したが、財政上の理由から結局後者に落ち着く。その結果H.R.No.364.は六月二〇日に上院で採決がとられ、賛成三五票対反対五票で可決された。そして七月三日には、同法案に大統領が署名したことも下院から伝えられたのである［CG 37.2. 1862］。

一方、一八六二年の下院でも、二月五日から四月八日までの間は、鉄道建設に関する法案の提出とその特別委員会への委任という状況が見られた。この例としては、二月五日にS.No.185.と同名の法案が提出され、それが特別委員会に任されたことや、ジェームズ・キャンベル議員（James Campbell ペンシルヴェニア州）が三月二五日以降に、前述のH.R.No.364.に関し報告したことなどがあげられる。[2] 特別委員会所属のキャンベルはその中で、同法案については特別委員会でもまだ検討不足なので、下院本会議での検討を延期すべきだと主張した。

しかし下院ではその後の四月九日以降、上院と違い、すぐにH.R.No.364.の内容について審議が始められた。なかでも特に具体的な審議は四月一七日に行われ、複数の議員たちが大陸横断鉄道に対する公有地譲与や政府補助金について質問したり、同法案に代わりうる代替案を模索したりしている。けれども結局、同法案が全面的に否決されることもなく、法案の文言上の修正がキャンベルら数人の議員から求められただけであった。その結果この法案は、六月二五日にアーロン・サージェント議員（Aaron Sargent カリフォルニア州）が五〇〇〇部印刷することを動議してそれが承認された後、六月三〇日に下院議長が、七月二日に大統領が、各々署名して立法化されたのである［CG 37.2. 1862］。

2 CG. 37. 2. pp.1235. 1360. 1480. 1577. なお、H.R.No.364. の正式名称は、the bill to aid in the construction of a railroad and telegraph line from the Missouri River to the Pacific Ocean, and to secure to the Government the use of the same for postal, military, and other purposes. である。

以上のような議会審議の流れから次のことがすぐに見出せる。それは、戦前にあれほど紛糾し、その形態すら決まらなかった大陸横断鉄道の建設ルートが、本線と支線の間の鉄道連絡問題を別にすると、一八六二年のごく早い段階に決定したことだ。しかもその建設ルートは、戦前の両院で可決されたほど有力な案であった二本線案や三本線案ではなく、これらの案にむしろ圧倒されていた北緯四一度線近辺の一本線複数支線案であった。

連邦議会議事録だけに頼っていても、戦前の状況から見て予想外のこの結末が生まれた原因を突き止められない。しかし次のいくつかの要因を考えれば、その経過に納得しうる。まず南北戦争当時の合衆国は、法定紙幣の発行に依存せねばならないほど戦費調達に苦しみ、財政的に窮迫していた。このことにより、国家財政に大きな負担を強いる複数本線案は現実的でなくなり、建設形態の候補から外されたのであろう。その証拠にこれらの案は、一八六二年の議会で言及されることすらまったくなかった。

次に、当時の連邦議会は南北戦争の最中に開かれていたので、当然のことながら、南部選出議員をまったく欠いていた。このことは、かつて北緯四一度線ルート案の強力なライバルであった南部ルート案を支持し、前者に反対した議員の不在を意味する。それゆえ、この北緯四一度線ルート案が、議会でさほど反対されることもなく鉄道建設ルートとして選び出されたのであろう。なお、このルートの選択を促す要因は他にもあった。例えば、一八六一年末に郵便業務（overland mail service）が南部から北緯四一度線付近へ移転したことや、同じ頃に電信線（overland telegraph line）がその近辺で完成したことなどがあげられる［Meinig 1998］。

戦前と著しく異なり、大陸横断鉄道本線の位置はこうして短期間に決定した。ではその建設目的は、一八六二年にいかなる変遷を遂げたのであろうか。もしくは遂げなかったのであろうか。このことを検討する際、議会審議の流れの全体像だけだと資料が足りないので、次項ではH.R.No.364.の可決に賛同した代表的な議員が議会で個別に発言したことから彼らの目的意識を捉え、かつその変化を考えてみよう。

(3) 一八六二年の鉄道建設論議――建設目的の不変性

下院では、同法案の具体的審議が本格化し始めた四月九日と一七日に、一八六二年の両院を通じ最も多くの著名な議員によって鉄道建設の意義や目的に関する発言がなされた。その議員とは、ティモシー・フェルプス(Timothy Phelps カリフォルニア州)、ウィリアム・ケリー(William Kelley ペンシルヴェニア州)、サージェント、ウィリアム・ダン(William Dunn インディアナ州)らのことである。ケリーは九日に、「昔の河川と同様の働きをする鉄道にそって」「アメリカの文明が湧き出し(spring up)、国土は(アメリカ的な)生活様式で満たされることになろう」と述べ、鉄道の完成による合衆国東西「両岸の結合」の結果、合衆国が「よく統合された国家」になることも可能だと続けた。彼の発言には、大陸横断鉄道が、内陸開発路線や国家的な幹線鉄道として機能することへの期待がうかがえる。

ケリー発言の直後にサージェントも、「大陸横断鉄道は」「軍用に絶対必要であり、国家の保全やその名誉の維持のためにも必要であり、さらに愛国心や安全確保を念頭においた時要求されるもの」

だと説明する〔CG 37.2. 1862〕。サージェントは、この鉄道を国家的幹線として建設する軍事目的を力説した。

彼ら以上に多様な目的を示したフェルプスやダンは、次のような議論を展開した。フェルプスはケリー発言の直前に、「この偉大な（鉄道建設）計画」だけが「鉄道以外では移住を目的とした接近が不可能なほど」「巨大なテリトリー」に人々を「移住させる手段」、つまり内陸開発路線になりうることを繰り返し言及する。そして鉄道が合衆国両岸の「諸州をいっそう緊密な協調」関係におくことから、国民の「平和、進歩、幸福、安全」に必要な国内交通手段になることまで想定した。フェルプスはまた、対外戦争での領土の喪失を避けるため、合衆国の弱点である「無防備な」太平洋岸の「すべてを要塞化することは」できないことを理由に、沿岸まで「軍隊や軍需品を迅速に輸送できるような大陸を横切る鉄道をもつべきだ」とも主張する。こうした主張に、この鉄道を国家的幹線として敷く目的意識が見てとれよう。加えて彼は、大陸横断鉄道が南部の「反乱を鎮圧するため」だけでなく、世界規模で商業利益を追求し、鉄道建設計画まで進めていた諸外国（英仏露西）と国際貿易面で競争するためにも必要だと続けた。

この点に関しフェルプスは、前述のホイットニーと同じく大陸間交通路の完成後の見地から説明を付け加える。つまり彼は「ニューヨーク、中国間の貨物輸送を三〇日以内に」短縮できるこの鉄道だけが、「終戦時の合衆国にとって最大の欠陥の一つ」となるであろう綿花市場（イギリス）の喪失を、「中国市場」の開発や「アジア貿易」の独占といった形で補いうると考えたのである〔CG 37.2. 1862〕。

そして約一週間後の四月一七日には、ダンが彼らの発言内容を引き継ぎながら、そこでさほど言及されなかった目的を強調した。ダンは次のように述べる。「われわれが反乱を鎮圧しようとして」「われわれ（北軍）の強大な軍事力とわれわれ（連邦）の諸制度の安定性を示そうとしている」まさに今こそ、「この偉大な企て（大陸横断鉄道の建設）を催すのに適した時だと思われる」。この発言は鉄道建設を、国家の政治制度と軍事力に余裕があることを諸外国や南部に示すシンボルにする目的を含むものだと考えられよう。なお一八六二年の上院で、ダンと匹敵するほど包括的な目的意識を示した議員としては、六月一二日に演説したレーサムがあげられる。彼は、当時の日本や中国の開港状況まで説明していた［CG 37.2. 1862］。

以上のような各議員の発言から、一八六二年の議会における鉄道建設目的には戦前と同様、ある程度のまとまりがあったと考えられる。なぜなら、戦前から見られた鉄道建設に対する四種類の目的意識に、彼ら全員の意識をおおむね収められるからである。すなわちサージェントは「国家的な幹線鉄道」の建設という目的意識を、ケリーはそれと「（内陸）開発路線」としての役割を鉄道に期待する意図を、各々の発言で示した。また、フェルプスはそれらと「諸大陸間の交通路の完成」という目的意識を、ダンは「国力の（余裕を示す）シンボル」の創造という目標までもっていた。

ただ一八六二年の建設目的には、戦前のものと異なる点もわずかながら存在した。それは、南北戦争への言及である。例えばフェルプスとダンの二人は、南部の「反乱鎮圧」のために鉄道建設が必要だという旨のことを、ほとんど同じ表現で一言だけ述べた。フェルプスはさらに、国際貿易面から鉄道建設の必要性を説く際、なぜ「中国市場」の開発が必要なのかを、終戦時の状況の予測（綿花市場の喪失）に基づき具体的に説明した。

しかしこれらの相違点も戦前の四種の目的意識を強めこそすれ、大幅に変えるものではなかった。それゆえ一八六二年の鉄道建設目的は、同年の鉄道建設ルートに関する論議の急展開と比べれば、さほど変わらなかったと判断できる。この事態はやはり、同年の初期に建設ルートがほぼ決定したことに起因するだろう。つまり当時の各議員は、戦前とまったく異なる建設目的をあえて新たに示さなくても、議員の構成の変化や財政的窮迫等の現実的な諸条件が、彼らの望む最適ルートの選択を促すことを予期したのではなかろうか。

おわりに

以上、本章で検討してきたことを、ここで簡単に整理してみよう。

一八五五年に陸軍探検隊の報告をうけた議会はデイヴィス長官の勧告に満足せず、最南ルート案をすぐに退けたものの、残る三ルートから鉄道建設地を選べたわけではなかった。なぜなら南北戦争までの議会では、一本線二支線案や馬蹄型ルート案、複数本線案などが提示されても利便性や財政上の問題で反対され、鉄道建設の形態すら決められなかったからである。一方、鉄道建設に対する各議員の目的意識には、戦前からある程度のまとまりが見られた。彼らの意識を「（国益に資する）国家的な幹線鉄道」の建設、「諸大陸間の交通路の完成」、「（内陸）開発路線」や「国家の（特質を伝える）シンボル」の創造といった四種のものに収められるからである。彼らはルートについては互いに異なる主張をしていながら、実はよく似た建設目的を考えていた。そうした類似した目的が、さまざまな表現を用いつつ提示されたのは、議会における自説の説得力を重視したためであろう。

　このような戦前の鉄道建設論議のなかでも、戦時中、とりわけ一八六二年に激しく変化したのは、ルートをめぐる論議であった。一八六二年の議会における法案審議では、南部ルート案や複数本線案への言及もなく、北緯四一度線近辺の一本線複数支線案が早くから建設ルートに選ばれる。この背景には、当時の厳しい財政状況や南部選出議員の不在といった状況が存在した。反対に一八六二年の各議員の建設目的は、南北戦争への言及が少し現れることを除けば、戦前のものとさほど変わらない。彼らの目的意識も前述の四種におおむね収まるからである。彼らの発言のなかには、表現まで戦前と共通するものが見られたほどであった。

　このように各節の内容を整理してみると、次の状況が確認できる。まず、戦前戦中の議論を通じ、建設ルートの選択に結局最大の影響力を及ぼしたのは、地元の利害を反映した議員間の確執や連邦政府の財政状況という現実的な諸条件であった。しかしその反面、建設の目的や意義も議会で表明され続け、とりわけ「国家的な幹線鉄道」の建設という目的が最も多くの人々に意識されていたのである。この目的を意識した人物は、戦前のホイットニー、デイヴィス、ベントン、グウィン、フットらと戦時中のフェルプス、ケリー、サージェント、ダンらであった。

　彼らは他の目的も考えたが、国防など、合衆国全体の利益に資するような国家的幹線として大陸横断鉄道を敷くという目的意識のなかで、鉄道建設による国家統合の可能性まで期待した議員が増えたことを思えば、やはりこの目的が彼らの意識の中心にあり続けたと考えられる。また見方を変えれば、「(内陸) 開発路線」や「国家 (特質) のシンボル」として鉄道を敷くという彼らがもった他の目的意識も、国益の一部に資するような鉄道建設を目指したものだと考えられよう。

それゆえ本章では次の二つのことを結論として指摘したい。一つ目は、大陸横断鉄道の建設決定過程を通じ地元の利害に固執した議員はいたが、彼らが自説の正当性を主張する際、（たとえ形の上だけでも）国家全体の利益をレトリックとして使わざるをえなかった。その結果、全体として国益を重視する形になった議会は、国家的な幹線鉄道を作るという目的をさまざまな形でもち続けたのである。もう一つは、その幹線鉄道の意義が南北戦争中の議会で南部の「鎮圧」という点を付加されて、少しだけ変化したことであった。

最後に、彼らの約半数が言及した「諸大陸間の交通路の完成」という建設目的に関し、検討しておきたい。確かにこの目的意識も、合衆国全体の利益の一部に資するような鉄道建設を目指したものだと解釈できる。しかし同時にこの意識は、アジア太平洋方面における「非公式帝国」を貿易面から形成するという合衆国の欲求が、南北戦争中にも存在したことを示してはいないか。例えば、大陸横断鉄道の利用による「中国市場の」開発や「アジア貿易」の独占といった一八六二年のフェルプスの発言に、この欲求の存在を見出すことができよう。さらにいえば、二一世紀現在でも世界的に希少な綿花といういわば「国際公共財」を貿易で提供することで、アメリカはイギリスにかわり世界経済上の覇権を握ることまで視野に入れたのではないかとまで推測できる。[3]

ただし、このようなアメリカの帝国的で覇権追究型の世界経済戦略は、たとえ実在したとしても現実には成功せず、挫折した。なぜなら、大陸横断鉄道が完成したのとちょうど同じ一八六九年にスエズ運河も開通し、イギリスのグローバルな海洋覇権がいっそう強化されたからである。なおパナマ地峡鉄道は一八五五年にすでに開業し、イギリスやアメリカ東岸からこの鉄道を経てアメリカ西岸やアジアに至る航海・鉄道ルートが一八六七年に完成した。ただ、海上交通は旅客サービスから始まったため、世界経済にただちに大きく影響したとは考えにくい［Munakata 2022］。したがって、一九世紀後半の時点でパックス・アメリカーナの時代の到来とはいまだならず、パックス・ブリタニカの時代が依然として継続することとなったのであった［布施 2020］。

［付記］本稿は次の二つをもとに執筆したものである。布施将夫『補給戦と合衆国』松籟社、二〇一四年、七一―一一二頁（第二章）と布施将夫「南北戦争期の帝国的世界戦略――大陸横断鉄道の構想と覇権奪取の挫折」（京都外国語大学ラテンアメリカ研究所主催の第二一回ラテンアメリカ研究講座「南北アメリカ研究の課題と展望」（二〇二一年一二月一一日）におけるオンライン発表）である。記して謝意を表したい。

3　小川寛大『南北戦争――アメリカを二つに裂いた内戦』中央公論新社、二〇二〇年、一三頁によると、二一世紀現在でも綿花の世界生産量の六、七割はアメリカ、中国、インドのわずか三国で産出されているということである。ただし綿花にも種類があり、細糸を紡ぎ出し薄地布を織りだすのに適したアメリカの長繊維綿花が、太糸を紡ぎ出し厚地布を織りだすのに適した短繊維綿花を産するアジアで売れたかどうかは疑問である。アジアでは、薄地布は絹で織る文化なので、アメリカの長繊維綿花はむしろ売れなかった可能性が高い。川勝平太『日本文明と近代西洋　「鎖国」再考』ＮＨＫブックス、二〇一五年（第一九版）、二〇―二一、五五―五九、六八頁参照。

[参考文献]

生田保夫『アメリカ国民経済の生成と鉄道建設——アメリカ鉄道経済の成立』泉文堂、一九八〇年。

小川寛大『南北戦争——アメリカを二つに裂いた内戦』中央公論新社、二〇二〇年。

小澤治郎『アメリカ鉄道業の生成』ミネルヴァ書房、一九九一年。

——『アメリカ鉄道業の展開』ミネルヴァ書房、一九九二年。

川勝平太『日本文明と近代西洋 「鎖国」再考』NHKブックス、第一九版、二〇一五年。

長田豊臣『南北戦争と国家』東京大学出版会、一九九二年。

布施将夫『補給戦と合衆国』松籟社、二〇一四年。

——『近代世界における広義の軍事史——米欧日の教育・交流・政治』晃洋書房、二〇二〇年。

宗像俊輔「鉄道がつくったアメリカ——2つの大陸横断鉄道と国民統合」一橋大学大学院社会学研究科修士論文、二〇一六年。

Davis, J. *Speech of the Hon. Jefferson Davis, of Mississippi on the Pacific Railroad Bill, delivered in the Senate of the United States, January 1859*, Baltimore, John Murphy & Co. 1859.

Goetzmann, W. H. *Army Exploration in the American West, 1803-1863*, New Haven, Yale UP, 1959.

Gwin, W., *Arguments of the Hon. William M. Gwin on the subject of a Pacific Railroad, before the Senate of the United States*, Washington, Henry Polkinhorn, Printer, 1860.

House of Representatives, *Railroad to the Pacific: Resolutions of the legislature of Pennsylvania, relative to Whitney's plan of a railroad from Lake Michigan to the Pacific Ocean*, Washington, D.C., s.n. 1850.

Meinig, D. W., *The Shaping of America - a geographical perspective on 500 years of history – volume 3: Transcontinental America, 1850-1915*, New Haven, Yale UP, 1998.

Moody, J., *The Railroad Builders: a chronicle of the welding of the states*, NY, Yale UP, 1919.

Munakata Shunsuke, "A Road to Asia via Panama: From "Northwest Passage" to the Panama Isthmus Railroad," in *Shaping Modernity: The Railway Journey Across Two Centuries,* Radu Mârza (ed.), Cluj-Napoca, Editura MEGA, 2022.

Potter, B. D., *War and the Rise of the State: The Military Foundations of Modern Politics*, NY, The Free Press, 1994.

Rives, J., *Congressional Globe, 37th Congress, 1st Session, and Appendix,* City of Washington, Congressional Globe Office, 1861. [CG 37.1.]

———, *Congressional Globe, 37th Congress, 2nd Session*, City of Washington, Congressional Globe Office, 1862. [CG 37.2.]

Taylor, G. R. and Neu, I. D., *The American Railroad Network 1861-1890*, Cambridge, Mass., Harvard UP, 1956.

U. S. Department of State, *Foreign Relations of the United States: Message and Documents, 1861-1862,* Washington, Government Printing Office, 1861. [FRUS]

Weber, T., *The Northern Railroads in the Civil War, 1861-1865*, Indianapolis, Indiana UP, 1999.

Whitney, A., *Memorial of Asa Whitney of the city of New York, praying a grant of land, to enable him to construct a railroad from Lake Michigan to the Pacific Ocean*, Washington, D.C., U.S.G.P.O., 1845.

第2章　アメリカの冷戦戦略とCIAの秘密工作活動
――グアテマラ・アルベンス政権打倒工作への道程

大野直樹

はじめに

一九三九年から一九四五年までのおよそ六年間にわたった第二次世界大戦において、連合国の一員としてともに枢軸国と戦ったアメリカとソ連の関係は、ドイツの敗戦が濃厚となった大戦末期から悪化していった。アメリカからの援助を受けながらも、独力でドイツ軍を西へ追い返したソ連は、ドイツの支配から解放した東欧諸国を次々と自国の勢力圏へと組み込み、その影響力を拡大した。こうした動きに対してアメリカは徐々に警戒感を強めていった。そうした状況下、一九四七年二月、共産主義勢力の圧力を受けていたギリシアとトルコに対して援助を実施していたイギリスが、財政上の問題から両国に対する援助の停止をアメリカに通告した。これを受けて、一九四七年三月一二日、アメリカのトルーマン（Harry S. Truman: 1884-1972）大統領は、ギリシアとトルコに対する経済・軍事援助を議会に要請するために演説を行った。トルーマン・ドクトリンとして知られるこの演説は、米ソ二大超大国を軸として、この後四〇年あまりにわたって自由主義と共産主義で世界を二分した冷戦の公式な開始宣言になったと歴史に刻まれている。その一部を引用しよう。

世界史上のこの時点において、ほとんどすべての国家は生活様式の二者択一を迫られている。……第一の生活様式は、多数者の意志に基づくものであり、かつ自由な諸制度、自由選挙、個人の自由の保障、言論と宗教の自由……を特徴としている。……第二の生活様式は、多数者に対して強制的に課せられた少数者の意志に基づいている。それは恐怖と弾圧、出版並びに放送の統制、……個人的自由の抑圧に依拠している。……私は、武装した少数派もしくは国外からの圧力によって計画された破壊活動に抵抗している自由な諸国民を援助することが、合衆国の政策でなければならないと信じる［筆者訳］。

トルーマン大統領はこのように善悪二元論の世界観を提示し、ソ連共産主義の独裁、恐怖政治を糾弾するとともに、それに対するアメリカ自由主義の道徳的優位を唱えた。そしてアメリカと価値観を共有する諸国を支援すると宣言したのである。一九一四年に始まった第一次世界大戦にアメリカは一九一七年に参戦するが、翌年一一月の終戦後、アメリカの世論は孤立主義に傾斜した。その結果、両大戦間期のアメリカはその国力に見合った国際政治上の役割を果たすことができなかった。その反省から、トルーマン大統領は、共産主義との戦いに対するアメリカ国民の支持を獲得するために、アメリカが体現しているはずの理想に訴えたのである。では、冷戦期のアメリカは、トルーマン・ドクトリンに示された理念を実際の外交政策において実践していたといえるだろうか。その答えは明らかに否である。

トルーマン・ドクトリンの発表からおよそ七年後の一九五四年六月、アメリカのアイゼンハワー（Dwight D. Eisenhower: 1890-1969）政権（一九五三～一九六一年）は、自由選挙によって誕生したグアテマラのハコボ・アルベンス（Jacobo Àrbenz: 1913-1971）政権（一九五一～一九五四年）を中央情報局（Central Intelligence Agency：ＣＩＡ）の秘密工作によって打倒した。これはアメリカの経済的利益の維持、西半球における共産主義の拡大阻止を目的としたものであったが、民主的プロセスを経て成立した外国の政権を打倒するという極端な内政干渉であった。

本章では、グアテマラへの干渉を、アメリカが自ら唱えた自由、民主主義といった理念に反する外交政策を実施した例として取り上げ、その背景を検討する。まずアイゼンハワー政権によるアルベンス政権打倒工作の概要を説明する。そのうえで時代をさかのぼり、トルーマン政権下でＣＩＡの秘密工作活動が始まった経緯を振り返る。その後、ＣＩＡの秘密工作活動がアイゼンハワー政権下で拡大し、アルベンス政権打倒工作が実行されるまでの過程を論じる。本章の検討を通じて、トルーマン・ドクトリンにおいて示された自由な諸制度、自由選挙といった理念に反する行動をアメリカがとるに至る様が明らかになろう。

1．アルベンス政権打倒工作

（1）一〇月革命以後のグアテマラの改革路線

グアテマラでは、一九四四年一〇月に革命が起こり、ホルヘ・ウビコ（Jorge Ubico: 1878-1946）政権が打倒された。ウビコは、一九二九年に始まった大恐慌による混乱の中、一九三一年に大統領の地位に就き、軍と警察を掌握して独裁体制を築いた人物であった。しかし一九四四年六月にウビコ政権に対する学生、市民の抗議活動が公然と開始されると、ウビコは辞任に追い込まれた。

ウビコの辞任後、同年一二月に実施された大統領選挙では、ウビコ独裁時代にアルゼンチンに亡命し、大学教授をしていたホワン・ホセ・アレバロ（Juan José Arévalo: 1904-1990）が勝利した。グアテマラではこれを機に、労働組合の結成、社会保障の充実、限定的ながらも政治活動の自由化といった進歩的な改革が実施されることになる。内政のみならず、外交でもアレバロ政権は民主化路線をとり、ドミニカ、ニカラグア、ベネズエラといった周辺の独裁国家と断交して、それらの国家からの亡命者を受け入れるなど、民主的な中米・カリブ海地域の形成を目指した［山澄 2003］。

一九五〇年一一月の大統領選挙では、一九四四年の一〇月革命の際にアレバロを支持し、アレバロ政権で国防大臣を務めた軍人ハコボ・アルベンスが、軍部や労働組合の支持を獲得して勝利し、大統領となった。アレバロ政権の改革路線を継承したアルベンスが取り組んだ課題の一つが農地改革であった。グアテマラでは、一九世紀後半以降、バナナ生産の発展とともに大土地所有制度が拡大していた。その結果、人口では僅かに二%を占めるにすぎない地主層が、七二%の農地を所有するという構造的な問題があり、農民の生活水準は一向に改善していなかった［渡邉 2021］。

こうした中で大土地所有者としてグアテマラの政治、経済、社会に大きな影響力を及ぼしていたのがアメリカ資本のユナイテッド・フルーツ社（United Fruit Company）であり、五〇万エーカー（一エーカーは約四〇四七平方メートル）以上のバナナ農園を所有し、一万五〇〇〇人の労働者を抱えていた。アメリカとの良好な関係の維持を重視していたウビコ政権は、このユナイテッド・フルーツ社に対して税制面での優遇措置をとり、アメリカの権益を保護していた。

アルベンス政権が実施した農地改革は、大農園の遊休地のみを接収の対象とする穏健なものであり、アルベンス政権が打倒される一九五四年までに、一五〇万エーカーの農地が約一〇万の農家（およそ五〇万人）に分配されることになる。また接収に際しては、金利三%の二五年債権で補償金が支払われることになっていた。しかし、ユナイテッド・フルーツ社はこの方針に強く反発した。その理由として、同社が保有する土地の八五%が未開墾地であり、保有地の多くが接収の対象となったこと、そして政府からの補償金が少なすぎると同社が判断していたことがあげられる。アルベンス政権との対立が深まるなか、ユナイテッド・フルーツ社は、自らの権益維持のためにワシントンでさまざまなロビー活動を行い、アメリカ政府を巻き込んでいく。アイゼンハワー政権の国務長官はジョン・フォスター・ダレス（John Foster Dulles: 1888-1959）だったが、彼は政済界に大きな影響力をもつサリバン・アンド・クロムウェル法律事務所（Sullivan & Cromwell LLP）の弁護士として、一九三六年にはユナイテッド・フルーツ社とウビコ政権の契約交渉に関与した経験もあり、同社の権益保持に関心をもつ立場にあった〔山澄 2003; キンザー 2015〕。

ユナイテッド・フルーツ社の権益という経済問題に加えて、アイゼンハワー政権を悩ませたのは、グアテマラ内で共産主義者の影響力が高まっているのではないかという懸念であった。一九四九年に結成されたグアテマラ共産党は、翌年の大統領選挙でアルベンスを支持していた。一九五二年末に共産党がグアテマラ労働党と改称して合法化されると、アルベンス個人が労働党幹部との関係を深めていった。ただし、その党員数は四〇〇〇人程度であり、定数五六の国会でも労働党の議員はわずか四人であった。また一九五三年の議会選挙では、マニュエル・フォートニー（Manuel Fortuny）書記長が落選しており、アルベンス政権は必ずしも共産主義者の影響下に置かれているとは言い難い状況であった。しかし、グアテマラを拠点として共産主義が西半球に拡大することは容認しがたいと考えるアイゼンハワー政権は、グアテマラを敵視し、アルベンスを排除するという方針に傾いていく〔山澄 2003; 渡邉 2021〕。

(2) 共同介入案の断念からアメリカの単独介入へ

アルベンス排除という方針を固めたアイゼンハワー政権であったが、当初からＣＩＡの秘密工作活動が唯一の選択肢であったわけではない。アメリカが単独で露骨な内政干渉を行えば、フランクリン・ローズベルト（Franklin D. Roosevelt: 1882-1945）政権（一九三三〜一九四五年）以来の善隣外交の成果を無にし、グアテマラのナショナリズムを刺激することになり、またその状況を利用して共産主義者が支持を拡大するのではないかと懸念されていた。

そこでアイゼンハワー政権は、米州機構（Organization of American States）を通じた他国との共同介入を模索した。米州機構とは、一九四八年にコロンビアのボゴタで開催された第九回米州国際会議において署名された米州機構憲章（ボゴタ憲章）に基づいて一九五一年に発足したもので、国際の平和および安全の維持を主目的とする地域的国際機構である。原加盟国は、アメリカおよび中南米諸国の計二一ヶ国であった。

一九五四年三月からベネズエラのカラカスで開催された第一〇回米州会議の場で、アイゼンハワー政権は、米州機構の枠組みでグアテマラに対する共同行動を模索する。この会議に参加したダレス国務長官は、「国際共産主義運動がアメリカ大陸諸国の政治支配を目指すことは、それがいかなる国であれ、アメリカ大陸全体への脅威と見なし、アメリカ大陸の平和を守るために、適切な行動を起こすことができる」と述べて、反共産主義のために加盟国が結束することを求めた。この会議で採択されたカラカス宣言には、国際共産主義運動がアメリカ大陸のいずれかの国の政治機構を支配することは、アメリカ大陸諸国の主権および政治的独立に対する脅威を構成するものである、との文言が含まれ、反共のための結束という点でアメリカの意向に沿ったものであった。

しかし、反共という名の下にアメリカが介入してくることを懸念する諸国に配慮して、カラカス決議には、アメリカ大陸諸国が「自らの政府形態および経済体制を自由に選択し、また自らの社会的および文化的生活を営む不可譲の権利を害するためではなく、保護するために企画」されたものであるという文言も加えられていた。反共という基本的な方針で合意を得たアイゼンハワー政権であったが、アルベンス排除のために米州機構を通じて他国と共同介入を実現することは困難であると判断せざるを得なかった〔渡邉 2021〕。

そうした折、アイゼンハワー政権は、グアテマラがチェコスロバキア経由で武器を購入したとの情報を得る。一九五四年五月、武器を積載した船がグアテマラに入港すると、アメリカ政府はこの事実を公表し、共産主義がグアテマラに浸透している証拠としてプロパガンダに利用するとともに、アメリカによる単独介入を決断する。

（3）CIAの秘密作戦PBサクセス

単独介入の立案、実行を担ったのが、ジョン・フォスター・ダレス国務長官の実弟アレン・ダレス（Allen Welsh Dulles: 1893-1969）が長官を務めるCIAであった。CIAは一九五三年八月頃からアルベンスを排除する秘密作戦の検討を開始した。つまり国務省が米州機構を通じた他国との共同介入を模索するのと同時進行で、CIAはアルベンス政権打倒工作を計画していたことになる。

CIAがグアテマラへの介入作戦を検討するのは、これが初めてではなかった。トルーマン政権時代の一九五二年四月、ニカラグアの親米独裁政権を率いるアナスタシオ・ソモサ（Anastasio Somoza: 1896-1956）大統領がワシントンを訪問し、左傾化するアルベンス政権打倒のために資金、武器の提供と空爆支援をCIAに対して要請していた。この作戦は、PBフォーチュン（PBFortune）と名づけられ、極秘に準備が進められたが、実行直前にこの作戦の存在を知ったディーン・アチソン（Dean Acheson: 1893-1971）国務長官によって中止された。

未遂に終わったPBフォーチュンにおいて、グアテマラに侵攻する部隊を率いる人物として名前があげられていたのが、反アルベンス派の軍人で、亡命中のカルロス・カスティリョ・アルマス（Carlos Castillo Armas: 1914-1957）であった。PBフォーチュンの中止後もCIAはアルマスと接触を続けており、アイゼンハワー政権が一九五三年八月にアルベンス打倒工作の検討を開始した際、再びアルマスがグアテマラ侵攻部隊の指導者として担ぎ出されたのである。そして今回の作戦はPBサクセス（PBSuccess）と命名された［山澄 2003］。

作戦の初期段階にCIAは、ラジオを通じて、アルベンスはソ連の手先であり、共産主義者の影響力が強まればグアテマラは独裁化するといったプロパガンダをグアテマラ国民に対して放送した。アルマス率いる侵攻部隊はその間、ニカラグアで軍事訓練を受けていたが、一九五四年六月一八日、隣国ホンジュラスからグアテマラに侵入を開始した。侵攻部隊の兵力は数百人規模でしかなかったうえ、その部隊の一部はグアテマラの地元勢力に撃退されており、侵攻作戦は順調に進んでいるとはいえなかった。そこでCIAは、数千人規模のアルベンス政権に対する反乱軍が首都に迫っているというプロパガンダをラジオで放送した。それだけでは足りず、CIAは首都の軍事施設に爆撃を行わざるを得ない状況に陥った。

当初、アルベンスはこの侵略行為を国連安全保障理事会に提訴し、抵抗する姿勢を見せたが、作戦開始からわずか一〇日後の六月二七日、軍部に政権を委譲し大統領職を辞任するに至る。グアテマラ軍はアルマス率いる侵攻部隊に決して敗北していたわけではなかったが、CIAのプロパガンダと空爆によって激しく動揺していた。グアテマラ軍は、アルマスに対する抵抗を続ければ、アメリカ軍の介入を招くのではないかと判断し、アルベンスを見限ったのである。軍部の支持を失ったアルベンスにとって、辞任以外の選択肢はなかった［ワイナー 2008］。

アルベンスの辞任によって、一九四四年一〇月以来のグアテマラの改革路線は終焉した。アメリカの後押しを受けたアルマスが一九五四年一〇月に大統領に就任すると、アメリカはアルマス政権に対して経済、軍事援助を開始した。アメリカの後ろ盾を得たアルマスは、共産主義者を弾圧した。またアルベンス政権下で始められた農地改革は停止され、ユナイテッド・フルーツ社は再び大規模農園を手にすることになった。短期的にはアメリカの目的が達せられたかに思われたが、アルマスは一九五七年に暗殺され、翌年にはミゲル・イディゴラス・フェンテス（Miguel Ydígoras Fuentes: 1895-1982）の独裁政権が誕生する。こうしたなか、反政府勢力は山中に潜伏してゲリラ戦を展開するに至り、その後およそ三〇年に及ぶ内戦へと続いていく。

ユナイテッド・フルーツ社の経済的利益の確保、そして西半球における共産主義勢力の拡大の阻止という目的のために、民主的プロセスを経て誕生したアルベンス政権を打倒したＣＩＡの秘密工作活動は、アメリカ自らが体現すると謳った自由な諸制度や民主主義といった理念に反する政策であったことは論を俟たない。またグアテマラ政治を不安定化させ、内戦を誘発し、長期的に見てその結果は惨憺たるものであった。

2. CIAの秘密工作活動の起源とジョージ・ケナン

このようにアルベンス政権打倒工作の実行役となったのは、CIAという秘密情報機関であった。CIAは一九四七年の国家安全保障法によって、安全保障政策の最高の意思決定機関である国家安全保障会議（National Security Council：NSC）とともに設立されたものであるが、設立当初から秘密工作活動が重視されていたわけではない。第二次世界大戦期までのアメリカでは、国務省、陸海軍や連邦捜査局（FBI）などの情報機関が、それぞれの目的のために個別に情報の収集・分析を行っていたが、連邦政府全体で各種の情報を集約する組織が存在しなかった。そこで各情報機関から上がってくる情報を集約する中央情報機関として創設されたのがCIAであった。敵対国の行動を予測して、一九四一年一二月の日本海軍による真珠湾攻撃のような奇襲を防ぐことや、外交・安全保障政策を立案するために必要な情報をNSCをはじめとした政権中枢に提供することがその任務として想定されていた。しかし、すでにトルーマン政権下において、CIAの秘密工作活動は、情報の収集・分析という本業をはるかに上回る勢いで拡大していた。

(1) CIAによるイタリア総選挙への介入

第二次世界大戦中、アメリカは戦略事務局（Office of Strategic Services: OSS）や戦時情報局（Office of War Information）といった戦時機関を設立し、諜報活動や敵国へのプロパガンダ、準軍事作戦などを実施していた。こうした戦時機関は終戦直後に解体され、それに伴って秘密工作活動の規模も大幅に縮小していた。

平時への回帰という流れを逆転させたのは、言うまでもなく冷戦、とりわけ西ヨーロッパ諸国の政情不安だった。イタリアでは一九四八年四月に総選挙が予定されていたが、戦後の混乱を利用して共産党が支持を拡大しており、共産党の政権参加が現実的な脅威として認識されていた。アメリカはソ連陣営が共産党に対する支持拡大のために行っている工作活動を強く警戒しており、ソ連が衛生諸国や各国共産党、さまざまなフロント組織など利用可能なあらゆる手段を動員していると考えていたのである。

アメリカ政府内では、ソ連陣営の活動に対抗しなくてはならないという合意が間もなく形成されたが、問題となったのは、どの組織が反共勢力支援のための活動を実施するのかということであった。当初、平時における活動ということで国務省が担当することが提案されたが、秘密工作活動への国務省の関与が露見した場合、アメリカの外交政策への信頼が損なわれかねないとして、国務省は秘密工作活動の実施機関となることに強く反対した。そこで浮上したのがＣＩＡであった。トルーマン政権内部での議論を経て策定されたＮＳＣ文書は、情報の出所を明らかにしたうえで事実に基づいた宣伝活動を行うホワイト・プロパガンダは国務省の管轄と定める一方、それを補完する秘密工作活動はＣＩＡが実行することを求めた。

このＮＳＣの決定に基づいて、ＣＩＡはイタリア総選挙に介入することになった。共産党が政権参加した場合、アメリカからイタリアへの援助は打ち切られるといった内容のプロパガンダや、反共政党およびその関連団体に対する選挙活動資金の提供などが実施された。こうした工作活動がどの程度の影響を及ぼしたのかは不明であるが、総選挙ではキリスト教民主党が絶対多数を獲得して勝利した。にわか仕立てで始められたCIAによる秘密工作活動は、とりあえず成功を収めたと考えられたのである［大野 2012］。

（2）ジョージ・ケナンの二つの顔

イタリアの総選挙を経て、その後のアメリカの秘密工作活動の在り方についての議論が政府内でなされることになるが、その主導権を握ったのはジョージ・ケナン（George F. Kennan: 1904-2005）率いる国務省政策企画室だった。秘密工作活動に関する議論を追う前に、ケナンの冷戦観について触れておこう。

ソ連を専門とする外交官であるケナンの名が広く知られるようになった契機は、彼が一九四六年二月にモスクワのアメリカ大使館から送ったいわゆる「長文電報」だった。この中でケナンは、ソ連は「わが国の社会の調和が乱され、われわれの伝統的な生活様式が破壊され、わが国の国際的権威が打ち砕かれることが望ましく、また必要だという信念を狂信的に信奉する政治勢力」であると述べ、第二次大戦中の連合国の一員であったソ連との協調はもはや不可能であることを説いた。そして翌年七月に『フォーリン・アフェアーズ』誌（*Foreign Affairs*）にMr. Xの名前で寄稿したいわゆる「X論文」において、「アメリカの対ソ政策の主たる要素は、ソ連の膨張傾向に対する長期の、辛抱強い、しかも確固として注意深い封じ込めでなければならない」と主張し、「封じ込め（containment）」

という言葉を広めた。

このように「封じ込め」の提唱者としてソ連に対峙する必要性を訴えたケナンであったが、「封じ込め」にあたって最も重要なことは、アメリカがソ連のようにならずに、自由や民主主義といった理念を守ることであるとも述べていた。「長文電報」には次のような警句が含まれていた。

> 多くがわれわれの社会の健全さと活力にかかっている。国際共産主義は病気の細胞組織のみに繁殖する悪性の寄生菌のようなものだ。……われわれの社会の問題を解決し、われわれの自信、規律、士気、そして共同体精神を向上させる勇敢で鋭利な手段が……モスクワへの外交的勝利である。われわれは、過去においてわれわれが提示したものよりもさらに一層積極的で建設的な世界像をつくり上げ、他国に示さなければならない［佐々木 1993: 58］。

ケナンは「X論文」においても、「米ソ関係の問題は、本質的には、国際社会の一つの国としてアメリカがもっている価値全体が試されることなのである。アメリカが破滅を避けるためには、自分の最良の伝統を発揮し、偉大な国として存続するに値することを示すことだけが必要なのである」と論じていた。ケナンは、トルーマン・ドクトリンが描く善悪二分論の世界観に反対していたことで知られる。アメリカと価値観を共有している諸国に対する支援を公言してしまえば、アメリカの介入がギリシア、トルコにとどまらず、世界中に際限なく拡大してしまうことをケナンは懸念していた。しかし、アメリカの理念を固く信じていたという点では、「長文電報」や「X論文」とトルーマン・ドクトリンに共通点があったことも事実である〔ケナン 2000; 佐々木 2008〕。

ソ連との長期的な戦いにおいて、アメリカ自身がその価値観や生活様式を保持し続けることの重要性を唱えたケナンであったが、実は彼にはもう一つの顔があった。それは秘密工作活動の唱道者としての一面である。イタリア総選挙への介入後に行われた秘密工作活動の在り方をめぐる議論に話を戻そう。

イタリア総選挙の翌月、一九四八年五月にケナンの国務省政策企画室は、「組織的な政治戦争の開始」と題する文書を作成した。この文書で言うところの政治戦争とは、プロパガンダや反共勢力に対する資金や武器の援助、準軍事作戦までをも含む秘密工作活動全般を指す。政策企画室によれば、ソ連が仕掛ける政治戦争は歴史上最も洗練されたものであるのに対して、アメリカは平和と戦争とを完全に別個のものとして捉える傾向があり、平和と戦争の間の緊張状態が長く続く冷戦への備えができていない。しかしソ連の政治戦争の脅威を受けている以上、アメリカには「秘密の政治戦争のための資源を動員しないでおく余裕はない。将来の恐らくより深刻な政治的危機において、あわてて場当たり的に秘密作戦を開始する余裕はない」のであった。

このようにケナン率いる政策企画室は、アメリカも秘密工作活動を強化すべきだと主張するとともに、国務省の指示、統制下に置かれる組織によって秘密工作活動が立案、実行されるよう強く求めた。その結果、NSCは一九四八年六月、CIA内に秘密工作活動を担当する部署をつくることを決定した。この部署は間もなく政策調整局と呼ばれることになる。そのうえでケナンの意向を汲み、政策調整局はCIA内でも独立した組織として活動し、国務長官および国防長官が指名する代表者によって監督されることとされ、ケナンは国務長官の代表者となった。国務長官および国防長官が指名する代表者による監督という措置は、政策調整局の秘密工作活動が、アメリカの外交、軍事政策と矛盾しないようにするためのものであった。しかし、当時の議論の文脈からして、この措置が真に意味するところは、秘密工作活動を担う政策調整局が、CIA内の組織でありながらもケナンの強い影響力のもとに置かれるということであった。事実、ケナンは、「国務省の代表として、すべての作戦の目的を具体的に知ること、そして政治的決断が必要なあらゆるケースにおいて、用いられる手続きや手段を具体的に知ること」を要求すると述べて、政策調整局をコントロールしようとしたのである［大野 2012］。

(3) CIAの秘密工作活動の拡大とケナンの過信

ケナンの思惑に沿ってCIA内に秘密工作担当部局がつくられた一九四八年は、冷戦の緊張が劇的に高まった年であった。二月にはチェコスロバキアで共産党によるクーデターが発生し、非共産系と共産党の連立政権が崩壊し、共産党単独政権が誕生した。また六月には全面的なベルリン封鎖が始まり、米ソ関係は極度の緊張状態に達した。ケナンはCIA内の政策調整局のトップに対して、「国際情勢が進展するにつれて、われわれの国益を適切に守ろうとするのであれば、秘密作戦によって担われなければならない役割の重要性」が高まっていると伝えていた。

実際、緊張の度合いを高める国際情勢に応じて、CIAの秘密工作活動は一気に拡大していく。イタリア総選挙で見られたような西側諸国の反共勢力に対する支援が継続されたことに加え、ソ連およびその影響下に置かれている東欧諸国に対する秘密工作活動も必要だとするケナンの意向に沿って、共産圏諸国を対象とした秘密工作活動も開始された。民間の活動を装いながらもＣＩＡから極秘の資金提供を受けて放送された、東欧およびソ連向けのプロパガンダ・ラジオ、「ラジオ・フリー・ヨーロッパ」「ラジオ・リベレーション（後にラジオ・リバティと改称）」はその代表例である。また成果は乏しかったが、アルバニア、ルーマニア、ポーランド、ウクライナなどの地下抵抗組織への支援も実施された。そして、一九五〇年六月に朝鮮戦争が勃発すると、国防省の意向も受けてＣＩＡは準軍事作戦にも従事するようになる［ワイナー 2008］。

秘密工作活動を担ったＣＩＡの政策調整局の人員と予算は、劇的に拡大していた。一九四九年から一九五二年の間に、人員は三〇二人から二八一二人へ、海外拠点は七ヶ所から四七ヶ所へ、そして予算は四七〇万ドルから八二〇〇万ドルへと膨らんだ。ところが、この間、これと反比例するかのように、秘密工作活動の主導者であったケナンの政府内での影響力は急速に低下していく。トルーマン政権はソ連への対抗手段として軍事力を重視し始め、とりわけ一九四九年八月末のソ連による原爆実験成功によってアメリカの核独占が崩れたことを契機にその傾向を一層強めていく。一方ケナンは、ソ連の脅威の本質を軍事的なものではなく政治的なもの、すなわち戦後の混乱に乗じて共産主義者が合法的手段によって支持を拡大することを最大の脅威と捉えていた。彼は政権内で孤立を深め、一九四九年秋には国務省を離れる意向を固めた。「封じ込め」の提唱者として、ケナンは自らの意向が広く聞き入れられるものと考えていたのだろうが、実際にケナンがトルーマン政権の政策形成に大きな影響力を及ぼしたのは一九四七年と一九四八年だけであった。

「封じ込め」の提唱者としてのケナンに過信があったように、秘密工作活動の唱道者としてのケナンにも過信があった。国務省の代表者としてCIAの秘密工作活動を掌握できるというケナンの期待は裏切られた。ケナンが国務省内での影響力を低下させていたのと同時期、CIAの秘密工作活動の規模は、先述の通り彼の想定をはるかに上回る勢いで肥大化していったのである。ケナンは後年、CIAの秘密工作活動を始動させたことに関して、「自らが犯した最大の過ち」であったと後悔することになる。一度力を与えられた組織が、その創始者の手を離れて自己増殖していく将来をケナンは予見できなかったのである［Gaddis 2011; Miscamble 1992］。

3．アイゼンハワー政権の安全保障戦略とCIAの秘密工作活動

(1) アイゼンハワー大統領の信念

一九五三年一月、二〇年ぶりの共和党政権となるアイゼンハワー政権が誕生すると、前政権下で拡大していたCIAの秘密工作活動は新たな存在意義を与えられることになる。それはアイゼンハワー政権の安全保障政策の基本方針と密接に関連していた。

大統領就任にあたってのアイゼンハワーの至上命題は、財政規律の維持であった。一九二九年に始まった大恐慌対策としてフランクリン・ローズベルト大統領が実施したニューディールに第二次世界大戦中の戦時支出と、民主党政権下で連邦政府の財政支出は大きく膨らんでいた。さらに冷戦への対処を迫られたトルーマン政権下では、西側諸国に対する援助、ソ連との核開発競争に加えて、朝鮮

戦争の戦費、そして朝鮮戦争のような共産主義陣営による局地侵略に対抗するための通常戦力の拡充と、財政支出は拡大の一途を辿った。

第二次世界大戦時、ヨーロッパ戦線の連合国軍最高司令官を務めた最高位の陸軍軍人の一人であったアイゼンハワーは、軍人でありながら、いや軍人であるがゆえに、過剰な軍事支出が、アメリカの価値観や生活様式、経済を破壊すると懸念していた。一九五二年一月にアイゼンハワーは次のように日記にしたためていた。

> われわれは、アメリカの目標は単に財産、領土、家屋、あるいは生命を守るのではなく、生活様式を守るということを認識する必要があると思う。したがって対外的な脅威に対する防衛の実践は、容易に緊急事態と認識できる状況を除いて、長期的な対内的影響に照らし、よく検討、評価されなければならない。……非生産的な項目に対する過剰な出費は長期的にはアメリカ経済を破壊する。アメリカの破産は必然的に、財産の統制、没収を必要とし、そのような事態は合衆国憲法の保障、保護と全く相容れない。……適切に均衡がとれた力が戦争を回避する可能性を高める。……その力は道義力と経済力、そして純然たる軍事力の間で均衡がとられなければならない。……私は、軍事費は削減されるべきであるばかりか、政府はそのすべての活動に厳しい倹約と効率の手段を行使する上で主導権を発揮すべきだと信じる［佐々木 2008: 7-8］。

過剰な軍事支出を戒める姿勢は、アイゼンハワーがホワイトハウスを離れる日まで一貫して持ち続けたものだった。大統領職離任にあたってアイゼンハワーが行った国民向けの告別演説は、軍産複合体がアメリカ社会にもたらす危険に警鐘を鳴らしたものとして有名である。第二次世界大戦前のアメリカは、恒常的に大規模な軍を保有する国家ではなかったが、冷戦が始まって一〇年あまりが経過した時点で、巨大な軍事機構と軍需産業を保持するに至ったとして、アイゼンハワーは次のように述べた。

この巨大な軍事機構と軍需産業の結合は、アメリカ人の経験では新しいことである。その影響力――経済的、政治的、さらには精神的にさえ――は、あらゆる都市、あらゆる州議事堂、連邦政府のあらゆる部署で感じられる。……われわれはその重大な意味合いを把握しなければならない。政府の会議で、われわれは軍産複合体の不当な影響力の獲得に警戒しなければならない。……われわれは、この結合に自由や民主的過程を危うくさせてはならない［佐々木 2008: 204］。

アイゼンハワーにとって、いつ果てるとも知れぬ冷戦という長期的闘争において、軍事力がもつ意義は決して絶対的なものではなかった。軍事力は万能の解決策ではないばかりか、アメリカが守るべき自由、民主主義、健全な経済を危険にさらすものであるとアイゼンハワーは捉えていたのである［佐々木 2008］。

（2）ニュールックの骨子

軍事支出を抑制し、財政規律を守るという信念を掲げたアイゼンハワー政権は、その実現のためにニュールックと呼ばれる安全保障戦略を策定した。その特徴の一つは、軍事支出を抑制するために、陸軍を中心として通常戦力を大幅に削減することにあった。強い反発があるなか、陸軍の縮小に踏み込むことができたのは、最高位の軍人としてのアイゼンハワーの権威を抜きには考えられないことであった。そして彼は、通常戦力を削減すると同時に、ソ連による侵略を抑止し、その脅威に対抗するため、通常戦力に比べてコストが低い核兵器の報復能力に依存する方針を明確にした。これが大量報復戦略として知られるものであり、ニュールックにおいては、核兵器は他の兵器と同様に、使用可能な兵器として位置づけられていた。

軍事費を削減することによって、アメリカの普遍的価値を守ろうとしたアイゼンハワーであったが、そのためには核兵器へ依存せざるを得なかった。このようにニュールックには正と負の両面があったが、全く同じことがＣＩＡの秘密工作活動についても当てはまる。通常戦力による軍事行動には多額の費用が必要となるのに対して、秘密工作活動のコストは小さくて済む。

その秘密工作活動の主たる担い手であるＣＩＡの長官にアイゼンハワーが任命したのが、ジョン・フォスター・ダレス国務長官の実弟アレン・ダレスであった。アレン・ダレスは第二次世界大戦中、戦時情報機関ＯＳＳのベルン支局長を務め、イタリアに駐屯するドイツ軍を降伏させるための工作活動「サンライズ作戦」を成功させたことで知られる。また実現はしなかったが、大戦末期にはスイスを舞台にした日本軍の降伏交渉を指揮するなど、秘密工作活動の経験を豊富に積んだ人物であった。

すでにトルーマン政権時代の一九五一年に副長官としてＣＩＡに迎えられていたが、秘密工作活動を重視するアイゼンハワーによって長官職に抜擢されたのである。

ＣＩＡにとっては、秘密工作活動と並んで、情報の収集・分析という任務も依然として重要であったことに変わりはない。しかしＣＩＡ内で情報分析を担当した幹部たちからは、アレン・ダレスが秘密工作活動ばかりに関心を集中させていたのではないかという不満の声も聞かれた。長年ＣＩＡの情報分析部門のトップを務めた分析官は、「アレンの本心は秘密工作活動にあったのではないかという強い疑念をもっている。彼はもともと研究の士ではなかったし、……ＣＩＡの『いかがわしい行為』の方にずっと心を奪われていたと考えている。事実、実行されていたさまざまな秘密工作活動に関して、アレンには少々子どもじみたところがあった」と回顧している。また別の分析官も、アレン・ダレスが秘密工作に傾倒するあまり、「精力の五％以下」しか情報分析に割いていなかったのではないかと書き残している［クライン 1981; 大野 2015］。

（3）イラン・モサデク政権打倒工作とその後の秘密工作活動

アイゼンハワー政権下で、ＣＩＡの秘密工作活動の最初のテストケースとなったのは、中東イランだった。イランの石油権益は、イギリス資本のアングロ・イラニアン石油会社（Anglo-Iranian Oil Company）に長年にわたって牛耳られていた。そのためイランでは、石油資源をイギリスの手から取り戻そうとするナショナリズムが高揚し、一九五一年三月、イランは石油国有化を宣言することになる。これに対抗してイギリスは海上封鎖を断行するとともに、他の石油メジャーと協力してイラン産の石油を国際市場から締め出した。さらにイギリスの秘密情報部（Secret Intelligence Service: SIS。MI6の通称で広く知られる）は、一九五一年四月に民主的な選挙を経て首相に就任し、石油国有化を進めるモハンマド・モサデク（Mohammad Mosaddegh: 1882-1967）を排除する画策を進めて、アメリカのトルーマン政権に接触した。

トルーマン政権がイギリスからの誘いに乗ることはなかったが、秘密工作を重んじるアイゼンハワー政権は、CIAとSISの共同作戦によるモサデク排除計画に乗り出す。AJAXと名づけられた作戦では、SISが以前から構築していた人脈をCIAが利用して、政治家や軍人、宗教指導者などに対する買収工作を展開したり、反モサデクのパンフレットやポスターを作製するなどのプロパガンダを実施したりした。一九五三年八月には、作戦の最終段階として、CIAが雇った暴徒が首都テヘランに集結し、政府機関や新聞社などを襲撃した。また軍の一部によって自宅を襲撃されたモサデクは、最終的に投降することになる［ワイナー 2008］。

モサデク排除に「成功」した一九五三年八月は、グアテマラでアルベンス政権打倒工作の検討が開始された時期にあたる。つまり、イランでのモサデク政権打倒工作「成功」の余韻が冷めやらぬ中で、グアテマラでの作戦は計画されたのである。実際のところは、イランでの工作活動はCIAの計画通りに進んだわけではなく、CIAが政治指導者として担ぎ出した皇帝パフラヴィー二世（Mohammad Reza Pahlavi: 1919-1980）が途中で怖気づき、一時イラクのバグダッド、そしてイタリアのローマへ逃亡するなど、失敗続きだったのだが、それが明らかになるのは後のことである。一九五三年八月時点では、低いコストで成果をあげられる秘密工作に対する評価が高まっており、グアテマラでの作戦を後押しする土壌が形成されていたのである。

アイゼンハワー政権内では、イランに続き、グアテマラでも「成功」を収めたCIAの秘密工作活動を一層後押しする声が高まった。一九五四年九月、アイゼンハワー政権内で、秘密情報収集および工作活動の改善策を検討する委員会が組織された。その委員会の報告書は、あらゆる手段を用いて、いかなる犠牲を払ってでも世界支配を目指そうとするソ連との戦いには、「何一つルールは存在しない」と述べていた。そして、もしアメリカがこの戦いに勝ち残ろうとするのであれば、「長年アメリカが抱いてきた『フェア・プレー』の概念は再考されなければならない」。そして「われわれに対して用いられるものよりもさらに巧みで、より高度で、より効果的な手段によって敵を転覆、妨害、破壊できるようにならなければいけない」と断言したのである［大野 2015］。

アイゼンハワー政権時代の後半にあたる一九五九年には、キューバでフルヘンシオ・バチスタ(Fulgencio Batista: 1901-1973）大統領が率いる親米軍事独裁政権が打倒されるキューバ革命が起こる。革命の指導者フィデル・カストロ（Fidel Castro: 1926-2016）が、アメリカとの関係構築を断念して、ソ連に接近し、またキューバ内のユナイテッド・フルーツ社の土地を接収すると、アイゼンハワー政権はその任期終了間際にキューバとの国交断絶を宣言する。後を継いだジョン・F・ケネディ(John F. Kennedy: 1917-1963）政権（一九六一～一九六三年）のもとで、一九六一年四月、CIAが組織した亡命キューバ人の侵攻によってカストロ体制打倒を目指したピッグス湾事件が起こるが、この作戦は完全な失敗に終わる。この作戦が実行されたのはケネディ政権下であったが、その計画は秘密工作活動を重用したアイゼンハワー政権時代に着手されていたものだった。

おわりに

トルーマン・ドクトリンに見られたように、アメリカはソ連共産主義に対する道徳的優位を主張して冷戦を開始した。しかし、ソ連との戦いにおいては、アメリカ自らが自由や民主主義といった理念を保持することが肝要だと主張したケナンは、ソ連共産主義に対抗するためにＣＩＡの秘密工作活動を本格的に始動させた張本人でもあった。ＣＩＡの秘密工作活動がイタリアの総選挙への介入という内政干渉から始まったことに見られるように、そこには自由な諸制度や民主主義という理念に反する活動が多く含まれていた。ケナンの言動には明らかな矛盾が認められるが、彼はＣＩＡを自身の影響下に置くことによって、この矛盾を必要最小限に留めることができると考えていたと思われる。しかし、間もなくＣＩＡの秘密工作はケナンの手を離れ、肥大化していく。そしてアメリカが唱える理念を守るために軍事支出を抑制しようとしたアイゼンハワー大統領の下で、皮肉にもＣＩＡの秘密工作活動は新たな意義を与えられ、イラン、グアテマラの政権転覆工作が実行され、キューバに対する作戦も計画されていく。

アルベンス政権打倒後のグアテマラ情勢が内戦に向かって悪化していったことはすでに触れた。イランでは、モサデク追放後、アメリカの支援を受けた皇帝パフラヴィー二世が政治指導者となる。アメリカとの蜜月関係を築き上げたパフラヴィー二世は、ＣＩＡによって訓練を施された秘密警察Ｓ

ＡＶＡＫを使って反対勢力を徹底的に弾圧し、権威主義体制を確立した。しかしパフラヴィー二世が始めた近代化政策が、一九七〇年代のオイル・ショックによる原油価格の下落によって行き詰まると、反体制運動が展開され、一九七九年のイラン革命につながっていく。イラン革命によって誕生したホメイニ（Ruhollah Khomeini: 1900-1989）を最高指導者とするイラン・イスラム共和国は、反米を旗印としているが、その一因は過去に自国政権を打倒したアメリカへの怨恨に求められる。

キューバでは、ピッグス湾事件によってカストロ体制がＣＩＡに脅かされていることが明確になった。ソ連の指導者ニキータ・フルシチョフ（Nikita Khrushchev: 1894-1971）は、カストロ政権の防衛を一つの目的としてキューバに核ミサイルを配備した。ケネディ政権はこの事実を察知すると、ソ連による核ミサイルの搬入阻止のためにキューバの海上封鎖を断行し、米ソ間の緊張は核戦争の一歩手前まで高まった。一九六二年のキューバ・ミサイル危機である。またアメリカとキューバが国交を回復するのは二〇一五年のことであり、ピッグス湾事件が両国間の溝を深めたことは論を俟たない。ＣＩＡの秘密工作活動は、短期的には「成功」とされたものの、失敗に終わったピッグス湾事件に限らず、イランでもグアテマラでも、長期的に見てそれが本当に成功であったのかは疑わしい。

ラテンアメリカに関していえば、ＣＩＡが誕生する以前からアメリカは、その経済力、軍事力をもって干渉を繰り返していた。しかしＣＩＡという秘密工作の実行組織を生んだことで、アメリカは露骨な軍事侵攻に代わる新たな手段を得たことになり、内政干渉のハードルが大幅に下がったことは間違いない。アメリカにとって、秘密工作という手段がある限り、それを行使せずにいることは難しいようである。アルベンス政権打倒工作、ピッグス湾事件の後にもＣＩＡはラテンアメリカへの介入の先兵となってきたが、それがラテンアメリカ諸国に渦巻く反米主義の大きな要因となっているのである。

〔参考文献〕

大野直樹『冷戦下CIAのインテリジェンス――トルーマン政権の戦略策定過程』ミネルヴァ書房、二〇一二年。

――「アイゼンハワー大統領によるインテリジェンスの利用――CIAのソ連・東欧分析に着目して」情報史研究会編『情報史研究』第七号、二〇一五年。

キンザー、スティーブン（渡辺惣樹訳）『ダレス兄弟　国務長官とCIA長官の秘密の戦争』草思社、二〇一五年。

クライン、レイ・S（室山正英訳）『CIAの栄光と屈辱』学陽書房、一九八一年。

ケナン、ジョージ・F（近藤晋一・飯田藤次・有賀貞訳）『アメリカ外交50年』岩波書店、二〇〇〇年。

佐々木卓也『封じ込めの形成と変容――ケナン、アチソン、ニッツェとトルーマン政権の冷戦戦略』三嶺書房、一九九三年。

――『アイゼンハワー政権の封じ込め政策――ソ連の脅威、ミサイル・ギャップ論争と東西交流』有斐閣、二〇〇八年。

山澄亨「海外介入の論理と実態――アルベンス政権打倒にみるアメリカの行動」紀平英作編『帝国と市民――苦悩するアメリカ民主政』山川出版社、二〇〇三年。

ワイナー、ティム（藤田博司・山田侑平・佐藤信行訳）『CIA秘録――その誕生から今日まで　上』文藝春秋、二〇〇八年。

渡邉利夫『国際政治のなかの中南米史——実体験を通してリアリズムで読む』彩流社、二〇二一年。

Corke, Sarah-Jane, *US Covert Operations and Cold War Strategy: Truman, Secret Warfare and the CIA, 1945-53*, London and New York, Routledge, 2008.

Cullather, Nick, *Secret History: The CIA's Classified Account of its Operations in Guatemala, 1952-1954*, second edition, Stanford, Stanford University Press, 2006.

Gaddis, John Lewis, *George F. Kennan: An American Life*, New York, The Penguin Press, 2011.

Grose, Peter, *Operation Rollback: America's Secret War Behind the Iron Curtain*, Boston and New York, Houghton Mifflin Company, 2000.

Immerman, Richard H., *The CIA in Guatemala: The Foreign Policy of Intervention*, Austin, University of Texas Press, 1982.

Miscamble, Wilson D., *George F. Kennan and the Making of American Foreign Policy, 1947-1950*, Princeton, Princeton University Press, 1992.

Mitrovich, Gregory, *Undermining the Kremlin: America's Strategy to Subvert the Soviet Block, 1947-1956*, Ithaca, NY, Cornell University Press, 2000.

Roosevelt, Kermit, *Countercoup: The Struggle for the Control of Iran*, New York, McGraw-Hill, 1979.

第3章　メキシコから見た米国のマニフェスト・デスティニーと米墨戦争

牛島　万

はじめに

米国の普遍的価値観として、誰しもがすぐに想起するのは、自由や民主主義の理念であろう。それは本来、普遍的なものとして（あるいはそうあるべきと信じて）、合衆国憲法の精神や意義は他国の近代憲法にも受け容れられてきたはずである。しかし、その普遍的価値観に対する解釈が、あえて「彼らの」という形容詞を付しておくが、彼らの解釈に基づいて彼らによって変えられていった。そしてこれに異議を唱える第三世界の国や地域を中心に、反動や台頭があったことは近現代史における紛れもない事実である。

本章で取り上げる一八四〇年代の米国から生まれた領土拡張主義もその一つである。そして、この彼らの理念に真っ向から対抗する動きがメキシコから起こった。米国の領土拡張主義の理念であるマニフェスト・デスティニー（明白な天命）に武力を行使してメキシコは挑んだのである。これが米墨戦争である。この戦争が勃発する一〇年ほど前にメキシコからテキサスが分離独立を達成している。一連の米国の論理を対外的に展開することになった「南」に対する初めての対外戦争であった。本章では、米国の一八四〇年代の普遍的価値観である、自由や民主主義に加えてマニフェスト・デスティニーがいかにメキシコとの戦争状態を生じさせたか、また米国の普遍的価値観が絶対的なものではなく、メキシコとの戦争を通じて米国人自身がその理念に対して懐疑の念に陥ったという史実についても言及していきたい。

第1節では、テキサス戦争以来、米墨戦争に至るまでの歴史的流れについて論じる。第2節では、米墨戦争の戦争原因とその開戦決定過程について述べる。第3節は、米墨戦争の終戦決定過程について検討する。第4節ではヌエボ・メヒコ（ニューメキシコ）、第5節ではカリフォルニアの征服について言及する。第6節では米墨間の交渉およびグアダルーペ・イダルゴ条約（Tratado de Guadalupe Hidalgo）締結とその後の問題について若干述べたい。

1. 米墨戦争

米墨戦争とは、一八四六年四月末に始まり、一八四八年二月のグアダルーペ・イダルゴ条約をもって終結する米国とメキシコの間で起こった国際紛争である。米墨戦争の原因の一つに境界問題が挙げられる。開戦の一〇年前の一八三六年三月六日に、テキサスのサンアントニオでアラモ砦事件が起こったが、これはメキシコ領テキサスの分離独立運動の過程で勃発したものであった［牛島 2017］。一八三六年四月二一日のサン・ハシントの戦いでメキシコ軍が敗れ、テキサス独立派が勝利したことを受け、テキサス共和国（Republic of Texas）を建国する。しかしテキサス共和国とメキシコの境界については、メキシコ政府との合意がなされないまま、テキサス共和国は独立を強行した。独立後も、米国およびテキサス共和国はメキシコとの境界をリオグランデ川（以下、リオグランデと記す）とすることを要求していたが、メキシコ側はリオグランデの北二四一キロにあるヌエセス川を境界として主張していた。このような状況の中で、ヌエセス川とリオグランデの間は長らく係争地帯で、双方の軍隊はその地帯に進入することを故意に避けてきた。ところが、一八四五年にテキサス共和国は米国連邦の一州として米国に編入されることを採択したため、係争地域や境界問題が再び浮上してきた。また、その頃までに、米国はマニフェスト・デスティニーという理念に支えられた西漸運動を推進すべく、ニューメキシコ、カリフォルニアの獲得を画策していた。しかし、その交渉が失敗に終わると、両国間で戦争が勃発した。

ところで、境界をめぐる紛争は戦争の引き金となった重要な一つの要因であった。つまり、テキサスを米国へ併合したことで、米国側はテキサス州とメキシコとの境界をリオグランデにすることをメキシコに承認させようとしたが、メキシコ側はこれに反対していた。しかし、これが両国を戦争に導いた決定的な要因ではなかった。なぜなら、米国側にとって、リオグランデ境界をめぐる話し合いはすでに半ば解決済の問題として捉えられていたからである。むしろ米国政府がメキシコに要求していたのは、カリフォルニアの買収であった。しかし、メキシコは根本的にテキサスの独立およびテキサス共和国を一度も承認したことはなく、まずはテキサスの独立を承認するに当たって、米墨間の境界をヌエセス川かリオグランデのどちらに画定するのかという、いわゆる従来の境界問題に終始していたのである。

それでも米国はカリフォルニアを買収し、太平洋に至る今日の米国南西部の広範な領域を獲得することを目指したが、それが困難な場合は戦争も辞さないという考えを持っていた。このような米国の強引な領土拡張主義を精神的に支えていたのがマニフェスト・デスティニーであった。米国が他国の領域に戦争という手段を講じてまで自国領を拡大することは神から与えられた天命であり、そのための正戦は未開の地にある隷属化された人々（この場合はメキシコ人のことを指す）の解放という精神に基づいているとした。

ただし、このような考えは米国内でも論争となっていた。すでに南北戦争以前のこの時代から、米国内では北部と南部の勢力が、米墨戦争で獲得した領域に黒人奴隷制を導入するかどうかの是非をめぐって対立しており、やがてはそれが南北戦争を引き起こす遠因となったのであった。のちのニューメキシコのように、準州として自国領に編入し、奴隷制の是非については市民の採択に委ねるという折衷策を講じた場合もあった。しかし、この過程を別の側面から見ると、準州という位置付けはまさに「国内植民地」の展開として見ることもできた［高橋 1999: 20］。大切なことは、地政学的に陸続きであるメキシコの管轄権が米国の領土拡張主義を遮る障壁となっていたことである。

当時の米国人の論理や時代精神を是として成立させるためには、その範疇に含まれない、排除されるべき「他者」を創出しなければならなかった。その対象がメキシコ人とネイティブ・アメリカン（先住民）であった。後者は一八三〇年代にジャクソン（Andrew Jackson）大統領によって制定されたインディアン強制移住法により、政治・社会空間から排除されていった。前者のメキシコ人についても、人種的に劣等であることを前提に、他者化の対象とされ、これを排除すること、および劣等人種を教育や信仰によって優等に変えていくという可能性を示唆し、これを支配の正当な理由とした。他方、北東部のとりわけホイッグ党（共和党の前身で、一八三四年に民主党のジャクソンの政策に反対して発足し、一八五四年まで続いた）を中心に反戦派が多かった。彼らは他国への武力による干渉を非難し、正戦論者と真っ向から対立していた。

ところで、メキシコ側の戦争の当事者は、先住民ではなく、クリオーリョ（アメリカ生まれのスペイン系白人層）とメスティーソ（スペイン系白人層と先住民との混血）のメキシコ社会の上位層であった。先住民性は後者の混血に見られたとはいっても、むしろスペイン人（白人性）を誇示している階層であった。米国はこれらに有色人の血が流れていると決めつけ、それを劣等性および弱体性と見て蔑視の対象とした。その一方で、米国側の領土拡張の論理はメキシコ側にとっては極めて脅威であった。メキシコの国土の全部ないしは大部分の喪失は、亡国論まで唱えられ、この危機からの脱却こそがメキシコ国内の主戦派の精神的支柱となった。メキシコ全土が米国領となり、独立後わずか四半世紀にしてメキシコの亡国論が取り沙汰され、これに国民は憂慮していた。実際に米国側においても全メキシコ領獲得の世相が一時期急速に高まったことがあった。その脅威に対する不安の念は、服従よりも、彼らに闘志を燃やさせた。一八二一年にスペインから独立して二〇年足らずでテキサスがメキシコから奪われて、さらにカリフォルニアに第二の矛先が向けられたとき、一八四六年四月末に両国軍は衝突した。このように、メキシコにとって当該戦争は相手国からしかけられた消極的な戦争であった。これにより、独立後から継続している党派間抗争が解消されるほどの時の政府の求心力はなかったにせよ、どの党派もメキシコ人としての愛国心（ナショナリズム）をもって米国の侵略に立ち向かったことだけは史実として明らかにしておかねばならない。米国側に武力的に加担する者はほぼ皆無であったと見て間違いない。

結果的に、米兵の犠牲者が出たことをもって、その報復を開戦の直接的な理由とすることで、ポーク（James K. Polk）大統領は米国議会で対メキシコ戦争の承認を得た。ところで、ポークは主戦派であったかどうかという論争がある。無論、米国側においても、それに対する見解は分かれるが、一九世紀前半の当時の時代精神と同時代の国際法の理念をふまえると、戦争は領土保全の有効な手段として正当に評価されていた。そのため、米国では戦争の直接的原因を領土拡張の事由ではなく、報復によるものとして見ることによって正戦論が展開されることに反対は少なかった。そこで、ポークを批判する党派は、同政権が領土拡張のために積極的に戦争を遂行したのではないかという持論を展開したのである［Pletcher 1973］。

ところで、メキシコ人の歴史学者であるバラデス（José C. Valadés）は『対米戦争小史』（一九四七年）の中で、戦争の歴史は、愛国心を賞美するかわりに、偽証の見解を植え付ける偽善者にとって、最も好都合な領域を構築するに至ったと論じている。要するに、勇敢で献身的であったメキシコ軍の存在意義は完全に排除され、ただ敗北の屈辱だけが注視されている［Valadés 1979 (1947): xi-xii］。バラデスによると、敗北による領土割譲という歴史的事実は従来、米国の勝利と栄光として称えられ、それとは対照的に、メキシコの敗北と衰退は負の遺産に尽きるものであった。しかし、戦時中、米国議会では長期化する戦争の賠償の増額や、より広範な領域の獲得をめぐる論争が起こった。その最たるものが、全メキシコ領の獲得であった。要するに、メキシコの亡国論の肯定であった。これが極論で非道であると考える者は、その獲得領域を狭めた。そこでメキシコ中央にあるサン・ルイス・ポトシを通過し、バハ・カリフォルニアを包含する北緯二二度線上の境界を提示した。さらに良心的な連中は境界線をより北上に引くことを含め思案した。このような議論を経て、リオグランデ河口からエルパソまで遡行し、そこから北緯三二度線上を西方に直進してサンディエゴに達する境界は、米国特使のスライデル（John Slidell）が提案したものであった。しかし一八四七年九月二日、メキシコ側は先のいずれの提案も退け、より北に位置する境界線、つまり以前から彼らが主張してきた、ヌエセス川河口を上流に遡行してニューメキシコのサンタ・フェへ到達し、さらにそこから北緯三六度三〇分線上を西方へサンフランシスコ以南のカリフォルニアのモンテレーに達する境界線を断じて譲らなかったのである［Pletcher 1973: 519］。その後両国間において協議を重ねた末に、一八四八年二月二日、スライデルの提案したものに近い境界設定に落ち着くが、ここに至るまでには紆余曲折があった。この最終的合意こそ、米国人が自らの貪欲さによる恥辱を、弱者メキシコ人から訓示された結果であった、とバラデスは論じているのである。したがって、米国人の貪欲な領土拡張主義を断念させたメキシコ人の果敢な行為こそ、極めて「正義」（正当性）と栄誉に値するというのが彼の見解である［Valadés 1979 (1947): 220］。

2. 開戦の過程

米国内では、テキサス併合が決定して以降、メキシコのテキサス進攻が懸念された。ポーク米国大統領は、翌日にテキサス臨時国会の開催を控えていた一八四五年六月一五日、ジェサップ要塞（Fort Jessup）で待機していたテイラー（Zachary Taylor）米国陸軍将軍に、テキサス領内への進軍を命じた。つまり、米国側の提案受け入れがテキサス議会でまだ可決されていない段階で、ポーク大統領は、テキサス共和国領土内への進駐をテイラーに命じたのである。

七月二五日、テイラー将軍は総勢四〇〇〇人を率いて、ヌエセス川河口のコーパス・クリスティ（Corpus Christi）に到達した。コーパス・クリスティは厳密にはヌエセス川河口の南岸に位置していたが、慎重なテイラーはヌエセス川より南下することはなかった。その後、八ヶ月以上もコーパス・クリスティに駐留し動向を見守っていた。

一八四五年一二月、外交手段による解決を重視するメキシコのエレラ（José Joaquín de Herrera）

政権が、主戦派であるパレデス（Mariano Paredes y Arrillaga）による蜂起で崩壊した。そのパレデスが政権を掌握したことを受けて、一八四六年一月一三日、ポーク大統領はリオグランデ進駐を命じたが、テイラーはそれにすぐに応じなかった。しかし、三月四日、遂にテイラーは駐留し続けたヌエセス河口のコーパス・クリスティを離れ、三九二二人［DePalo 1997: 97］[1]の兵士を率いて南進した。まさにヌエセス川とリオグランデの間に挟まれた米墨間の係争地帯に侵入したのである。

その後、テイラー軍はマタモロスに直行せず、食料の補給等の目的でメキシコ湾上の米国艦隊と接触するため、メキシコ湾に面するサンタ・イサベル岬（Frontón de Santa Isabel）に向かった。サンタ・イサベルは一八二〇年代頃からメキシコ人の漁村として発展してきたが、一八二九年にはブラソス・デ・サンティアゴに砦が建設された。三〇年代には外国との交易や私掠船の到来もさかんになり、一八四二年にはマタモロスに税関ができた［Zorrilla et al. 1990: 242-246］[2]。その意味で北部メキシコの重要な経済的拠点の一つであったが、テイラー軍はこのサンタ・イサベル岬に三月二三日までに到着した［Bustamante 1847: 25］[3]。そこで、一大事件が起こったのである。サンタ・イサベルのメキシコ系住民が米国軍の進攻を目前にして、自ら村を焼き打ちして逃亡したのである。テイラー軍が到着した頃にはすでに村は火の海であった。彼はこの場所を米艦隊の基地建設地に選んだのであった［Paredes y Arrillaga 1846: 14; Libura et al. 2004: 56］。そしてテイラーはそこで食料や兵器の補給を行い、次の遠征に備えた。同月二八日、サンタ・イサベル岬を出発し、遂にリオグランデ河畔にあるマタモロスの対岸に到達したのである。

他方、メキシコ軍は、テイラー軍に対抗すべく、四月一一日、マタモロスにサン・ルイス・ポトシからアンプディア（Pedro Ampudia）が援軍を率いて馳せつけ、メヒア（Francisco Mejía）に代わって北軍（Ejército del Norte）の総指揮を執った。すでにメキシコ軍はリオグランデのマタモロス側の沿岸にいくつかの拠点を設け、迎撃の態勢を整えていた。こうしてメキシコ軍の数は総勢五二〇〇人に達し、テイラー軍を数的に上回っていた［DaPalo 1997: 99; Smith 1919: 158］[4]。

テイラーは、最初メキシコ軍から至近距離にあるリオグランデを挟んでマタモロスの対岸にブラウン要塞（Fort Brown）を建設した。テイラー軍がマタモロスへの射程範囲内に要塞を建設したことによって、メキシコ軍の視界に直接入ってくる米国側の存在がまさに開戦間近の緊迫した雰囲気を醸成していた。テイラーは、保有する一八ポンド砲四門でマタモロスの町を十分に壊滅するに足るほどの射程内にあったと記している［Pletcher 1973: 375］。他方、メキシコ軍も軍の増員をはかり戦闘の準備に余念がなかった。しかし、ワシントンやメキシコ市の政策決定者と、マタモロスのリオグラン

1　一八一二年戦争以来の最大級の軍隊であった。プレッチャーによると、テイラーがマタモロスのメキシコ軍の二倍である四〇〇〇人の軍隊に拘っていたことを述べている。

2　蒸気船が登場するのがおよそ米墨戦争前後で、帆船の時代にマタモロスが内陸にあったことから外国との通商玄関としての役割をサンタ・イサベル（プンタ・イサベル）港が担ってきた。そのため、同港とマタモロスは陸路で結ばれた。この点でマタモロスはいわゆる北部メキシコの通商の中継地としてタンピコ港と並んで発展していた。なお、その後蒸気船が使用されるようになると、リオグランデのメキシコ湾に注ぐ河口（マタモロスから約六一キロ）にバングダッド港が建設され、サンタ・イサベル以上に重視された。一九世紀半ば以降、とりわけテキサスの綿花がマタモロスを中継し、米国やヨーロッパに輸出された。それはおよそ南北戦争の頃まで繁栄し続けた。

3　三月二三日午後四時頃にメヒア将軍に派遣されたメキシコ人税関職員がサンタ・イサベル岬でテイラーと面会していたという証言があった。別の文献では三月二五日に到着したとされている。Libura et al. (2004), p.56.

4　スミスによると、北軍は砲兵隊一七五人、歩兵隊三五〇〇人、騎兵隊一一〇〇人、アントニオ・カナレス指揮下の非正規の騎兵隊四二五人、マタモロス義勇兵五〇〇人、計五七〇〇人から編成された。

デの両岸に駐屯していた双方軍隊との温度差が生じていた。[5] マタモロスのメキシコ軍の士気は敵陣を目のあたりにして概して高かったといえよう。とはいえ、それは即時開戦を意味するものではなかった。米国軍はメキシコ軍からの攻撃がない限り、リオグランデを渡河し、メキシコ軍との武力衝突は禁じられていたからである。米国陸軍長官マーシー（William L. Marcy）により、軍事や物流航路としてのリオグランデの運航、およびメキシコ軍への威嚇攻撃は禁じられ、メキシコからの先制攻撃に相当する同軍からの発砲があった場合に限り、テイラー軍に進撃の許可が与えられていた［Pletcher 1973: 364］。[6] 他方、メキシコ北軍もパレデス政権によりリオグランデを北上し係争地域に突入することが禁じられていた。このような状況のなか、リオグランデを挟んで両岸に双方の軍が対峙し、戦雲が垂れこめていたのであった。

現場と、総司令官のいるメキシコ市との温度差があったことは事実であろう。メヒアやディアス・デ・ラ・ベガ（Díaz de la Vega）のように北部タマウリパス県のマタモロスとヌエボ・レオン県モンテレイを管轄とする両司令官は、メキシコ市のパレデスに軍備と食料の補給をつねに訴えていた。またメヒアはリオグランデより北にあるコロラド川（Arroyo Colorado）に前衛軍を配置することを提案していたが、メキシコ軍中央部はリオグランデを前線として、同河川を越えることにないように命じてきた。

一八四六年二月に北軍総司令官に任命されたアンプディアが、マタモロスに到着したが、メヒア以上に開戦に意欲的であると見られていた［Bustamante 1847: 29］。四月一二日、アンプディアはマタモロスの対岸のブラウン要塞にいるテイラー軍に対し、二四時間以内にスエセス川まで退去しなければ、メキシコ軍は武力行使を辞さないと警告を発した。しかし、テイラーは、メキシコ政府が無条件で和睦を受諾するまでは、リオグランデからの撤退はありえないと反駁し、アンプディアの要求を退けた。こうして両軍は緊迫した空気に包まれていた。

ところで、メキシコ軍が米国軍に二四時間以内の撤退を要求した段階で、すでに開戦は時間の問題になりつつあった。なぜなら、テイラーがこの命令を拒絶する可能性は多分にあり、これが実際になされた場合、メキシコ政府は遂に武力行使を決断しなければならなかったからである。無論、米国軍が二四時間以内の撤退警告を無視したとしても、これに必ずしもメキシコ北軍が何らかの対応をする必要はなかったが、それができなかった理由を考えなければならない。

第一に、メキシコ軍中央部とメキシコ北軍との確執が見られたことである。加えて、メキシコ軍部になかにはキューバに亡命していたサンタ・アナの帰還を望むサンタ・アナ派と反サンタ・アナ派の対立もあった。この時はそれがパレデスとサンタ・アナの確執となって表面化していた。アンプディアはサンタ・アナの帰国を支持していたと考えられる。パレデスの命令には従わず、即時の武力行使をためらうことはなかった。その矢先の一三日、アンプディアの解任が発令されたのである。結果的に、中央政府による開戦決断にしばしの猶予が与えられることになったのである。

無論、アンプディアがパレデスと対極にあるサンタ・アナを支持していただけではない。アンプ

5　米国軍脱走兵で構成された聖パトリシオ大隊の隊長ライリーらはマタモロスのミサに参加していた。また、イギリス人ジョン・フィリップがマタモロスの対岸を戦争前夜に訪れ、そこの風景をスケッチしているが、両軍の緊張したムードとは裏腹に、庶民はそうでもなかったという。女性はリオグランデで洗濯をし、その横で米軍兵士は川で泳いでいたのである。Libura et al. *op.cit.* p.58.

6　この点に関しては、ポークは日記で、これは自らが直接行った命令ではなく、閣僚会議での決議によるものであったと強く訴え、弁明している。

ディアは北軍の統帥と軍の再編成に失敗していた［Carreño 1914: CCII］。そこで、北軍の団結と士気を高めるため、トルネル（José María Tornel y Mendívil）陸海軍大臣はアンプディアを北軍総司令官から解任し、後任にアリスタ（Mariano Arista）を任命することで態勢を整えようとしたのである。アリスタがマタモロスに到着するまで攻撃は認められていなかったため、結果的に開戦を一時的に見送ることができ、これがパレデス政権最後の足掻きとなった［Carreño 1914: CCIII］。

さて北軍総司令官に着任したアリスタにも良からぬ噂が飛び交っていた。彼の同職への着任はこれが初めてではなく、一八四四年一二月以来、彼はエレラ政権下で北軍総司令官に就いていた。その関係上、アリスタの北軍総司令官就任には地域との癒着が働いていたといわれる。彼の荘園（アシエンダ）はヌエボ・レオン県のマムリケにあったが、その経済的基盤は米国商人との密輸による私利私欲で築かれたとされている［Bustamante 1847: 24-25］。アリスタはテイラー軍や米国密輸業者と交易をしており、信頼が置けない人物と評されていた［Bustamante 1847: 24］。サンタ・アナがベラクルスを基盤として社会的に向上してきたように、アリスタはヌエボ・レオンやタマウリパスを中心に着実に勢力を拡大してきた軍人であった。一方で、アリスタの軍人としての資質には否定的な見方がされており、部下の偵察報告を軽視し、事態をふまえて予見する能力に乏しく、慎重な性格ではなかったといわれている［Carreño 1914: CCIII-CCIV］。

ここで開戦過程に話を戻すと、主戦派軍人の後押しと圧力があって、パレデスは開戦命令を決断するに至ったのである。四月二三日、パレデスは、「自衛戦争」の開始をメキシコ国民に発表した。

> 米国軍がすでに侵入しているメキシコ領の防衛は緊急を要することである。国民の前で、私が敵軍の撤退を命じなければ、この責任は重大であろう。したがって、私はあえて命を下すことにした。今日から自衛戦争が始まる。侵略や攻撃の可能性のあるわが国の全拠点を断じて防衛する所存である（傍線部は筆者）[Pletcher 1973: 375]。

アリスタがテイラー軍の兵士に対して脱走を奨励する回状を発表し、これに激昂したテイラーは開戦が近いことを悟った [Pletcher 1973: 376]。パレデスや主戦派軍部の反米感情はすでに高揚していたが、マタモロスの北軍の即時開戦を要求する動きが最高潮に達し、これに圧倒されたメキシコ軍中央部はこの時流にもはや逆らうことはできないと判断した。そこで遂にパレデスはアリスタに武力行使の開始を命じたのである。

四月二五日、アリスタは、トレホン（Anastasio Torrejón）にメキシコ軍のリオグランデ渡河を命じた。他方、テイラーは六三人の偵察部隊を早暁に出動させたが、ブラウン要塞からおよそ二四キロ上流に行った地点で大雨に遭遇し雨宿りの場所を探していたところ大きな農場を発見した。[7] そこで一人の歩哨を見張りにつけ、残り全員が農場内の捜査に入ったところ、隠れていた数百人のメキシコ人兵士が一斉に襲撃してきたのであった。逃げ場を失った米兵は苦戦し、この時ソーントン（Seth

7 ランチョ・デ・カリシトス（Rancho de Carricitos）で起こったとされているが、一説には正確な場所は不明である。

8 プレッチャーはソーントン隊長も死傷者に含めている。実際には同隊長は馬から落ちて意識を失っただけであったが当初は死亡説が流れた。一四人が死亡し、隊長を含む五五人が捕虜になったという *Niles' National Register* 紙の報告もある。他方、トレホンによると捕虜は七〇人と記録されている。

Thornton）隊長率いる軍の一六人が死傷した［Frazier 1998: 429-430; Pletcher 1973: 376］[8]。このことはテイラーによってワシントンに即時報告された。そこで米国政府は、メキシコ軍の先制攻撃によって米国人に死傷者が出たことに対する報復を戦争の正当な理由として議会にはかった。こうして五月一一日、ポーク米大統領は「戦争教書」を発表したのである。

デルノルテ（筆者註：リオグランデの別称）の国境から最新の情報が届く以前に、すでに堪忍袋の緒は切れていた。威嚇が何度も繰り返された末、現在、メキシコは米国との境界を突破し、わが国の領土に侵入した。そこで、米国の土地で米国人の血が流されたのである。メキシコは、戦闘行為がすでに始まっており、両国は戦争状態にあると公式に発表した。

わが国は戦争を回避しようとしてきたにもかかわらず、戦争が現実、メキシコの行為によって存在している以上、わが国は自国の名誉、権利、権益を真剣に擁護することこそ、すべての国民の責任と愛国心によって求められているのである［Richardson 1889: 437-443］。

3．終戦過程の再検討の必要性

米国は終戦に向けての過程において極めて苦戦する。どのように戦争を開始するのかについては、米国はメキシコに圧力をかけながら巧妙かつ慎重に進めてきたが、この戦争は予想以上に長引き、作戦や戦略の失敗によって一年一〇ケ月も続く戦争となったのである。

その最大の理由は、メキシコの党派間抗争による分裂によって、メキシコが一丸となって統制がとれる形で敵に挑むことができなかったことである。その一方で、戦争を通じてメキシコ人の愛国心が反米精神の高まりに刺激されたという見方がある。党派間抗争は戦時中も続いたが、他方、米国軍に武力的に加担してメキシコ軍と戦うという動きは分離主義的傾向が見られたメキシコ北部においてもほぼ皆無である。それどころか、メキシコ国内の党派間紛争は、米国軍へより大きな試練を与えた。一八四六年四月、パレデスの命令でリオグランデを渡河し、戦争は開始された。この時にサンタ・アナ（Antonio López de Santa Anna）は一八四五年にキューバに流刑されたままであった。ところが、四六年八月までにメキシコ軍は立て続けに敗北を喫し、八月にはサラス（Mariano Salas）将軍の蜂起によってパレデスは政権を奪取されている。その後、サンタ・アナは八月一六日にキューバから帰還、同年一二月には大統領の地位に返り咲いている。これ以降、戦争はサンタ・アナの指揮のもと進められていった。

サンタ・アナの戦争指導によってそれまでの北部戦線に大きな変更が見られた。当初は米墨辺境地帯で戦いが繰り広げられていたが、その米国軍の総司令官はテイラー将軍であった。しかしテイラー軍は一八四六年九月にヌエボ・レオン州（四六年八月二二日に連邦制へ移行、県から州に変わった）のモンテレイの戦いで勝利し、メキシコ軍の休戦条約の申し出に応じた。しかし、もともと作戦の目標が定まっていなかったうえに、メキシコの厳しい自然環境に順応できなかったため、一八四七年二月のブエナビスタ（アンゴストゥーラ）の戦いの最中、サンタ・アナ軍が夜中に突如として撤退したが、テイラー軍はこれを追跡することをしなかった。メキシコ軍はメキシコ市の防衛を強化するために、北部戦線から完全に後退した。そして、テイラー軍は、一八四七年一一月にはメキシコの戦場から戦時中に撤退し米国へ帰還している。ブエナビスタの戦い以降、作戦の重点がメキシコ市の攻略に置かれたこと、これに応じて米国政府もテイラーではなく、スコット（Winfield Scott）将軍率いる軍隊をベラクルスから揚陸させ、メキシコ市陥落を目指したように、米国軍の戦略も大きく変更を余儀なくされた。しかしこの南の戦線では黄熱病に苦しむ米国人兵士が増加し、米国軍にとっても戦況は絶望的であった。戦争の続行は米国軍にとって物理的にも精神的にも痛手であった。こうして休戦や戦争の集結や平和を希求する動きが米国軍からも起こってきたのである。

他方、一八四七年九月に米国軍はメキシコ市を陥落させることに成功するが、すでにサンタ・アナは逃亡し、メキシコ市は無政府状態と化していた。交渉相手がいないことはさらなる米国軍の誤算であった。幸いにして、メキシコ政府の和平派を窓口とし、和平交渉に乗り出した。しかしこの交渉にまたしても苦戦する。和平派は決して米国に従順ではなく、むしろこれにひれ伏すこともなく、米国政府の要求を退け続けたのである。

4. ヌエボ・メヒコ（ニューメキシコ）の支配

ヌエボ・メヒコは概して貧困層が多く、また首都のメキシコ市から離れていたこともあって、従来、反政府運動が激しい地域であった。一八世紀後半、ヌエボ・メヒコに定住していたプエブロ・インディアンはコマンチ族を倒したが、その後彼らはアパッチ族という共通の敵を前に、互いに同盟を結び、それは三〇年ほど続いた。一八二一年にメキシコはスペインから独立したが、メキシコ中央政府の重税に苦しめられ、ついに一八三七年にメキシコ政府に対する暴動が起きた。一八三五年に総督に就いたアルビノ・ペレス（Albino Pérez）はこれを制圧しようとしたが、一八三七年八月三日にはリオ・アリバ山村のサンタ・クルス・デ・カニャダやタオスでも自治を要求して反政府派の住民が蜂起した。その五日後、反乱軍はペレス軍を破り、ペレス総督を処刑した。翌日、サンタフェを占領し、新総督にゴンサレス（José Ángel Gónzalez）を選出して、九月二七日に人民評議会を開催した。同評議会の構成メンバーは、小農、牧畜業などの低所得者層が中心であった。ただし、彼らは分離独立および米国への統合を要求してはおらず、メキシコ国への忠誠を誓っていた。他方、富裕者たちはこれに反対し、九月八日、トメーでメキシコ中央集権制の復活を目指し、軍の指揮官として前総督のアルミホ（Manuel Armijo）を支持した。翌日、カバジェーロ（José Caballero）隊長が正規軍を再編成し、ゴンサレス不在のサンタフェを占領した。一一日にゴンサレスがタオスからサンタフェに戻ってきたときに、彼は投獄された。その三日後、アルミホが到着し、モントーヤ（Pablo Montoya）と交渉して、ゴンサレスを釈放した。しかし山村部住民はアルミホの辞任を要求し続けた。そこでアルミホは、四人の叛乱捕虜を斬首し、リオ・アリバ地方へ進撃した。メキシコのチワワからの正規軍がこれに合流し、一八三八年一月二七日にサンタ・クルス・デ・カニャダ近くで叛乱軍を撃退し、再びゴンサレスを逮捕し極刑にした。

米墨戦争で、一六五七人（その八割は一八四六年五月から六月にかけて編成されたミズーリ義勇兵であった）を率いてカーニー（Stephen Watts Kearny）准将（のちに将軍）が一八四六年八月二日に、アーカンザス川沿いのベント要塞を出発し、メキシコ領ヌエボ・メヒコに侵入した。二週間後にはカーニーはラスベガスを占領し、ナバホ、ユト、アパッチの襲撃から住民の財産、生命、信仰の擁護を約束した。また、地元の自治体首長（アルカルデ）と二人の民兵隊長に米国への宣誓を要求した。アルミホはアパッチ・キャニオンで三〇〇〇～四〇〇〇人の民兵とプエブロ・インディアンを率いて、カーニー軍に抵抗を試みようとしたが、八月一六日、アルミホは突如メキシコのチワワに逃亡した。こうして一八日にカーニーは無血革命によってサンタフェを占領した。八月二二日の宣言で、カーニーはヌエボ・メヒコの住民に米国籍を与えることを約束したが、当然ながら、何の確信もない無責任な発言であった。彼は自治政府を樹立し、ベント（Charles Bent）を総督に任命し、二五日、自らはカリフォルニアに向けてサンタフェを出発した。このとき三〇〇人ほどの竜騎隊を率いていったが、後に二〇〇人がヌエボ・メヒコへ戻ってきている。カーニーの部下のドニファン（Alexander Doniphan）大佐はナバホ族との戦いをへて、ウール（John E. Wool）将軍のあとを追ってチワワへ向けて南進した。

しかし、ヌエボ・メヒコにおけるゲリラ攻撃はその後も続いた。一八四七年一月一九日に起きたタオスの叛乱とは、ヌエボ・メヒコにおけるメキシコ人とプエブロ・インディアンが展開した米国人住民に対する二日間続いた虐殺事件であった。この首謀者は、メキシコ人のモントーヤとプエブロ・インディアンのトマス（Tomás Romero）であった。最初の目的はベント総督の暗殺であった。彼らは玄関に出てきたベントの顔を目がけて三回ほど弓矢を放った。ベント宅に押し入り、妻や子供の前でベントの頭をつかみ、彼の頭皮を剥がした。さらに留守中だった米国人判事チャールズ・ブビアン（Charles Beaubien）の一九歳の息子ナルシソとその友人も隠れている所を見つかり槍で殺された。のちにこれらの反逆者を裁くときに、息子を殺されたブビアンは一六人に「死刑」判決を下す時に、一六回も「死刑」の言葉を繰り返したことが記録として残っている。ところで、叛乱はさらにヌエボ・メヒコの北部に拡大し、より多くの米国人を襲った。米国軍のプライス（Sterling Price）大佐が三五三（のちに四七九）人の兵士を率いて叛乱者を鎮圧するために、二月四日、彼らをタオス・プエブロのサンヘロニモ教会の中まで追い詰め、二時間後に火を放った。このときに一五〇人ほどが死傷しているが、教会の中にいたメキシコ系の女性や子供まで犠牲になったということは米国側の史料には出てこない［Taos News, Oct.8, 2015］。死傷者のなかに首謀者のチャベス（Pablo Chávez）も含まれていた。タオス・プエブロのトマスとメキシコ人のモントーヤは逮捕され、前者は獄死し、後者は絞首刑にされた。モラという町の反逆者であるコルテス（Manuel Cortez）は町を米国軍に焼き討ちされたが、その後もゲリラ活動を展開し、それはほぼ米墨戦争が終結するまで続いた。

5. カリフォルニアの支配

すでに戦争前の一八三〇年代からメキシコ領カリフォルニアに不法に入植しようとする米国人が増加していた。そして戦争前夜、マニフェスト・デスティニーの高まりによってその入植の勢いはさらに増していた。彼らの関心はまずオレゴン領域に向けられたが、やがてはカリフォルニア全体へ広がり、メキシコ政府からの戒めがあることを懸念しつつも、土地を占拠していた。彼らはカリフォルニアの北部で一八四六年六月に分離独立運動を起こし、ソノマでベア・フラッグ共和国（熊旗共和国）を宣言した。これには米国軍将校フレモント（John C. Frémont）の軍事支援があった。他方、米海軍提督スロート（John D. Sloat）は、この独立の情報を得て、太平洋岸のメキシコの主要な港を封鎖した。七月七日には、サンフランシスコとモンテレーの両港を封鎖した。さらにサンタ・バルバラ、サンペドロ、サンディエゴの各港も同様に封鎖することに成功した。その後、先のスロートに代わってストックトン（Robert Stockton）が指揮し、八月一三日にはロサンゼルスをフレモント軍と共同で占領した。米国軍はカリフォルニアのほとんどを支配下に置き、主要ないくつかの町に自治政府を樹立させた。

これに対して、メキシコ側は抵抗と鎮圧を試みた。カリフォルニア総督ピオ・ピコ（Pío Pico）とカストロ（José María Castro）将軍は軍を召集し、米国軍に抵抗した。そこでフロレス（José María Flores）は一〇〇人足らずのメキシコ系カリフォルニア人（Californios）を率いて、九月二九日にギレスピー（Archibald H. Gillespie）中尉の四八人の兵士を捕らえたが、その後釈放した。カーニー軍がカリフォルニアに到着したのは一八四六年一二月初旬のことであった。同軍はストックトンの命令で派遣されたギレスピー軍と一二月四日にワーナーズ・ランチで合流し、サンディエゴ遠征に向けて当地から出発した。

一二月六日、カーニー軍は、サンパスクアル村にメキシコ系カリフォルニア兵のキャンプを発見し、これを攻撃したが、疲労困憊に陥っていたカーニー軍の兵士たちの士気は低く苦戦した。アンドレス・ピコ（Andrés Pico）隊長の七五人の槍騎兵によってカーニー軍の一八人の兵士が死亡し、一三人以上が負傷した。その中にはカーニーやギレスピーも含まれていた。ピコ軍の方はたった一二人が負傷しただけだった。

こうしてカーニー軍は撤退し、やっとの思いで一二月一二日にサンディエゴに到着した。そこでストックトン提督指揮下の海兵隊と合流し再編成を行った。一二月二九日、ストックトンはサンディエゴを離れ、サン・ルイス・レイに移動し、フレモントとの共同でロサンゼルスを再占領するための準備に取り掛かった。

一八四七年一月七日、フロレス主導の三〇〇人の武装した農園主たちが、サンガブリエル川を越えようとしている米国軍と衝突した。最初はフロレス軍の方が優勢であったが、米国軍の士気や武器が効力を発揮し、フロレス軍を後退させた。翌日も戦いは続き、サンガブリエル川とロサンゼルス川の間のラ・メサという場所で合戦となった。米国軍が勝利し、その勢いでさらにロサンゼルスへ進撃して、一八四七年一月一〇日、無抵抗のロサンゼルスを占領し、そこに星条旗を掲げた。フレモント軍がロサンゼルスから南下し、サン・ルイス・オビスポでフロレスの分遣隊に遭遇した。そこで、すでに道先案内人として捕虜となっていたピオ・ピコをフロレスのもとに送り、投降を説得した。フロレスは降参し、アンドレ・ピコのもとへ同軍を送り、自らはメキシコに逃亡した。アンドレス・ピコは投降に応じ、一八四七年一月一二日にカリフォルニアの独立に署名した。これがカフエンガ条約である。こうして、カーニーもストックトンもカリフォルニアの支配を完了させ、新政府を樹立した。

ストックトンはアカプルコ征服のためカリフォルニアを離れる前に、カーニーの要望を退け、一月一六日、フレモントをカリフォルニアの新総督に指名した。カーニーも渋々これに応じた。ところが、ストックトンに代わって着任したシュブリック（Branford Shubrick）提督はフレモントを解任し、カーニーを総督に任命した。一八四七年夏にフレモントはワシントンに戻ったが、このことに憤慨していた。だが彼は軍上層部の命令に従わなかったことを理由に懲戒免職処分となった。カーニーも同じころカリフォルニア征服者の名声を得て、少将に昇格した。グアダルーペ・イダルゴ条約に署名した一八四八年二月までにカリフォルニアで砂金が発見され、カリフォルニアに向けて大量の人口移動が生じ、その後の地域の発展が約束された。いわゆるゴールドラッシュである。

6. グアダルーペ・イダルゴ条約締結までの米墨両国の対応

(1) 米国側

米墨戦争の長期化は米国内を大きく分断する大問題に発展していた。戦時中に下院を通過したものの、上院で否決されたウィルモット条項（編入された新領土では黒人奴隷制を認めない）に代わる対応についても、議会では論争が続けられた。概して、戦時中においても北部のホイッグ党は従来通り戦争に反対し続けていたが、戦争の目的が領土拡張であることにも反対した。ホイッグ党は、新領土の獲得は奴隷州拡大の是非をめぐる論争に帰結する問題であり、国内分裂の要因と化すことだけは避けたかったと考えられる。他方、対抗する民主党はカリフォルニアやヌエボ・メヒコ（ニューメキシコ）の獲得に積極的であったが、奴隷制については同党内でも意見が分かれていた。北部の民主党や奴隷制反対論者は、新領土は自由州であるべきとし、南部の民主党のように新領土に奴隷制を認める立場を取らなかった。これ以外の見解として、民主党のブキャナン（James Buchanan）国務長官は三六度三〇分のミズーリ妥協ラインを設定し、これを境に奴隷州か否かを定める提案を一八四七年八月に行ったが、新領土の五分の四の領域で奴隷制が容認される結果が予測され、これに対して北部を中心に反対が起こった。さらに翌月、ダラス（George Mifflin Dallas）副大統領が奴隷制の可否は各州の人民の選択に委ねる妥協案を提案した。

連邦政府はリオグランデ境界と、カリフォルニアとニューメキシコの獲得は絶対に譲れないという考えを固持していた。ポーク大統領は議会で新領土の購入金額のうち、三〇〇〇万ドルを現金で支払うこと、リオグランデ以南のメキシコ領であるコアウイラとタマウリパスまでも併合する可能性を示唆していた。しかし、一八四七年一月には、奴隷制の問題が大きく取り上げられ、奴隷制が採用される可能性のある土地を獲得すべきではないという意見が出された。七月一九日、ポークはブキャナンを通じて、すでに和平交渉のためにメキシコへ派遣されていたトリスト（Nicholas P. Trist）に対し、ヒラ川の南を通る三二度線を境界とすることを訓示した。しかし、メキシコ側はこれを断固として拒否した。九月七日、購入金額は最大一五〇〇万ドルまでとし、米墨境界を三一度三〇分ないしは三一度線に下げ、米国側は領土拡張をさらに要求した。民主党のウォーカー（Robert J. Walker）財務長官やクリフォード（Nathan Clifford）司法長官はタマウリパスや南のタンピコまで獲得領域を拡大しようとしていた。メキシコ市が陥落したあともメキシコ側が和平交渉に応じない場合は、トリストはリコールされるべきとしたのに対し、この時点でポークはこれに反対した。

しかし、メキシコ側に和平に応じる姿勢が見られないと判断すると、ポークは従来からスコットとトリストに対して不信感を抱いていたこともあって、ついに一〇月六日と二五日付で、ブキャナンを介してトリストに対するリコールが出された。ところで、スコット軍はプエブラを出発した時点で一万人ほどであったが、一八四七年八月から九月にかけて死傷者が増え、その数は全体の四分の一にまで達していた。また、スコットがプエブラに残してきた兵士の数は五〇〇人を切っており、二〇〇〇人が入院していた。加えて、メキシコ国内ではゲリラ戦術による反撃の拡大が予期されていた。

(2) メキシコ側

一八四七年九月一四日、サンタ・アナはメキシコ市から撤退し、首都は無政府状態と化していた。サンタ・アナに代わってペーニャ・イ・ペーニャ (Manuel Peña y Peña) が暫定大統領を務め、ルイス・デ・ラ・ロサ (Luis de la Rosa) を外相に指名した。彼らはメキシコ市を離れ、ケレタロに暫定政府の樹立が図られた。メキシコ国内には、指導者のいないサンタ・アナ派、純粋派、君主派などが存在していたが、これらの党派は和平案を拒否し、戦争の続行を訴えていた。アルモンテ (Juan Nepomuceno Almonte) は大統領になるという野心を捨てられず、戦いの続行を希望した。またパレデスは亡命先のフランスから密かに帰国し、再び君主制の樹立を策略していた。ゴメス・ファリアス (Valentín Gómez Farías) をはじめ、急進的な純粋派は和平には反対であった。

他方、和平派の中心は概して穏健派であった。しかし、同派の中でも意見の対立が見られ、デ・ラ・ロサ外相とルイス・クエバス (Luis G. Cuevas) 元外相の間で確執があった。また、オテロ

(Mariano Otero) がサンタ・アナのチュルブスコの戦い以降の休戦条約締結を批判する一方で、米国側の提示する条件が良ければ和平交渉に入ることに賛同していた。ただし、オテロの考える「条件」とは、テキサス問題に限定する極めて「非現実」的なものであった。新聞報道では、『エル・ラソナドール』紙(*El Razonador*)のように和平を推進するものと、『エル・モニトール・レプブリカーノ』紙(*El Monitor Republicano*)のように、戦闘続行を唱えるものに分かれた。一八四七年一〇月に入り、純粋派であるゴメス・ファリアスは、未だ戦闘力を維持できるだけの物資を保有しているメキシコにとって、米国軍が完全にメキシコから撤退しない限り、平和交渉はありえないと訴えた。その後、穏健派の支持を受けて、暫定大統領にアナヤ(Pedro María Anaya)が就いた。彼は、平和交渉のメキシコ側の代表として、ベルナルド・コウト(Bernardo Couto)、ミゲル・アトリスティン(Miguel Atristéin)、外相ルイス・クエバスの三名を指名し、米国代表のトリストと交渉させた。他方、トリストはすでにリコールの命令を受けていたが、メキシコが和平交渉のテーブルに着くことを期待し、ポークの命令を無視して滞在を延長していた。この背景にはスコットや英国商人のソーントン(Edward Thornton)からの助言と、メキシコの和平派の要請があったことが考えられる。なぜなら、この機会を逃すと、米国がメキシコとの和平の機会を完全に失うだけでなく、メキシコはさらに分裂し、国内のゲリラ集団による反撃で戦争は長期化し、米国軍が永遠にメキシコで軍事行動を続けなければならない事態に陥ることが憂慮されたからである。加えて、米国国内における混乱やポーク政府批判へ拍車がかかることにより、一八四八年の大統領選挙で民主党が敗北する可能性が懸念されたからであった。このような中で、リオグランデから三二度線を太平洋に向けて引かれる国境線が米国側が譲歩しうる最低限の要求であった。また米国がメキシコとの和平を心底から求めていることはイギリスの仲介役を介してメキシコ側へ伝えられた。

それでもメキシコ側はこれに応じることはなかった。リオグランデ境界とカリフォルニアとニューメキシコの割譲についてはメキシコ側も譲歩しつつあったが、その過程で出てきたカリフォルニア州サンディエゴについては、トリストは交渉の中で、一度はこれを獲得領域に含まないことで合意していたが、そのあとすぐに彼はこれを撤回し、サンディエゴの獲得を主張した。また、メキシコから割譲される領域は購入を前提として、メキシコ側は三〇〇〇万ドルを要求していたのに対し、トリストは、当初は二〇〇〇万ドルだったものを一五〇〇万ドルまで下げた。しかも、ブキャナン案による三〇〇万ドルを現金で前払いし、残りを分割で払うことにメキシコ側は渋々応じた。一八四八年一月二六日、デ・ラ・ロサ外相は講和条約に署名することをメキシコの和平交渉の代表たちに認めた。ただし、署名前に米国軍は即刻メキシコ市から撤退すること、および現金の前払いを要求した。その理由として、メキシコ政府はメキシコ国内の反政府派の暴動や蜂起を懸念していたからであった。しかし、いずれの要求にもトリストは応じなかった。現金の前払いについては、かつてサンタ・アナに手渡された現金が持ち逃げされたという過去のトラウマも働いていたとみられる。

(3) グアダルーペ・イダルゴ条約調印に向けて

一八四七年秋は米国では翌年に大統領選挙を控え、両党の間では米墨戦争や奴隷制の問題が焦点となっていた。先に述べたように、ホイッグ党はポークや民主党に対し、対メキシコ問題が難局を迎えていることを糾弾した。ホイッグ党下院代表のイリノイ州のリチャードソン（William Richardson）のように、メキシコが平和を拒むのであれば、戦争という手段を講じるしかないという意見もあったが［Bauer 1974: 371-372］、特にアダムズ（John Quincy Adams）元大統領などの北部のホイッグ勢力四〇人ほどの主張が受け入れられた。最終的には一八四八年一月三日の下院では、戦争は不正で違憲であり、即時、米国軍のメキシコからの撤退と賠償請求なしの平和の確立、ヌエセス川とリオグランデ間の境界画定、米国からの借款への返済をメキシコに要求する決議案を可決した。しかし上院では民主党員が優勢で、彼らは全メキシコ領獲得を支持し続けた。しかし、その考えは数週間後の二月に入ると次第に低迷していった。この背景には全メキシコ領の獲得は戦争をより長期化させ米国軍のメキシコ駐留期間の延長が予測されること、またこれに加えてメキシコのナショナリズムの高揚による反米攻撃を懸念した前メキシコ公使のポインセット（Joel R. Poinsett）の発言に米国政府や議会が危機感を募らせたことが一大要因とみられている［Bauer 1974: 370］。

一般に、反戦派のホイッグ党が占めていた北部のニューイングランドとは対照的に、ボストンおよびニューヨーク、フィラデルフィア、ボルチモアなど中部大西洋沿岸諸州の民主党支持者においては、全メキシコ領獲得が支持されていた。彼らは、米国の名誉、自尊心、およびマニフェスト・デスティニーを説いた。加えて、メキシコ南東部にあるテワンテペック地峡の通行権、メキシコの銀山などの権益取得を奨励した［山岸 1995: 238; Faulk & Stout 1973: 168］。とくに前者はダラス副大統領やウォーカーなどポーク政府閣僚の支持を受けていた。ミシガンやイリノイなどの西部や南西部諸州も膨張主義を支持した。

この時、幸いにもメキシコから吉報が届いた。一八四六年二月二日にグアダルーペ・イダルゴ条約が両国代表の間で合意に達したのである。しかし、同条約はすぐには両国で批准されなかった。とりわけ米国では意見が分かれた。ポークはトリストの越権行為に対してよくは思っていなかったし、賠償による補償を要求していたポークにとって、現実の人命や戦費の損失を的確に考慮した条件が提示されていないことへの不満と懸念があった。しかし民主党の分裂、ひいては連邦の崩壊を憂慮し、これに妥協する考えを示した［山岸 1995: 242-3; Merk 1972: 181］。一八四八年二月二〇日、ポークは閣議をさっそく招集し、全メキシコ領獲得主義者であるブキャナンとウォーカーを除いて、閣僚の同意を得た。しかし、この段階でグアダルーペ・イダルゴ条約第一〇条の削除を求める修正案が提起された。そこで当該条項を除いた形で同条約批准のために上院に送られた。当初上院では批判意見の方が多かったが、ポークはメキシコの現状を考慮すると、再交渉の可能性はないことを強調した［Bauer 1974: 386］。これに反対する者は、主として全メキシコ領獲得主義者や平和を希求するホイッグ党員に限られた。こうして、三月一〇日、三八票対一四票で上院はグアダルーペ・イダルゴ講和条約への批准のための同意を大統領に与えたのである。[9]

さて、米国側が修正した点を確認すると、第一〇条の全文削除、および第九条の一部修正であった。アメリカ側の批准書では第一〇条（米国政府は、割譲される領土内のメキシコ人で、かつてメキシコ政府や所管官庁による土地の付与があった者に対しては、同等の権利を保障するもの）の全文が削除された。また九条は修正され、メキシコから米国へ地的管轄範囲が変更されたのちに「できるだけすみやかに」(admitted as soon as posible)、割譲領土のメキシコ人に「アメリカ市民権が認められる」(to the enjoyment of all the rights of citizens of the United States) という条文を修正し、適切な時期、つまり、議会の承認を経て (admitted, at the proper time, to be judged of by the Congress of the United States) とされた [Griswold 1990: 179-199]。

他方、メキシコ北部では一部の分離主義者による運動が続いていた。君主派や急進派などもメキシコ政府を完全には支持していなかった。米国軍はペーニャ・イ・ペーニャ政府を承認したため、これに反対するサン・ルイス・ポトシ、ハリスコ、オアハカで起こった暴動は鎮圧された。メキシコ政府はメキシコ市から米国軍が撤退しなければ、メキシコ議会で講和条約について自由に意見を交わし決定することはできないと主張した [Pletcher 1973: 566]。またメキシコ上院はほぼ満場一致で和平支持へ傾いていたが、下院には戦争続行を訴える者が多かった。戦争終結の反対派には、クエバス、ドブラド (Manuel Doblado)、プリエト (Guillermo Prieto) などが、また賛成派にはパイノ (Manuel Paino)、デ・ラ・ロサ外相などがいた。三月一九日に投票が行われ、賛成五一票、反対三五票で同条約は下院で可決された。次いで上院で五月二四日に投票が行われ、オテロを含む三名が反対しただけで、賛成三三票で可決された。一八四八年五月二六日、ケレタロで、メキシコ側は外相デ・ラ・ロサ、米国側はクリフォードとセビエ (Ambrosio H. Sevier) の間で英語版とスペイン語版による修正条約が調印された [Peña y Reyes 1930: 403-407]。翌日の二七日から主要な米国軍は撤退を始めた。六月一二日は聖パトリック大隊を含む捕虜を解放した。六月一二日、最後の米国軍であるワース (William

9 アメリカ合衆国憲法第二条第二節《大統領権限》第一項に「大統領は、上院の助言と承認を得て、条約を締結する権限を有する。ただし、この場合には、出席する上院議員の三分の二の同意を要する。(土井真一訳)(高橋和之編『世界憲法集』第二版、岩波文庫、二〇一二年、六六頁)。

J. Worth）将軍の部隊がメキシコ憲法広場に掲げられていた星条旗を降ろし、メキシコ国旗を掲揚した［Bauer 1974: 388; Roa Bárcena 1986 [1883]: 623-630］。

おわりに

米国はメキシコ領のテキサスに始まり、カリフォルニアに至るまでの領域の獲得を、一八四〇年代に高揚したマニフェスト・デスティニーに助長される形で国是として推進していった。当初は外交的手段を重視していたが、幾度のメキシコ側の拒否によって、次第に政府は武力行使を視野に入れて紛争解決を図ることを考えるようになる。しかしながら、米国内では反戦の風潮もあったため、米国政府はメキシコ側からの先制攻撃による開戦というシナリオを実現させるべく、巧妙な手口でその領土拡張政策を進めていった。テイラー軍のリオグランデ進駐はその最たるメキシコへの抑圧策であった。そして、メキシコ政府は最終的にこれと真っ向から対立し、メキシコの先制攻撃で米墨戦争は始まったことになる。

他方、終戦過程についてはいたって米国軍は入念に準備していなかったと考えられる。開戦はリオグランデ河口のマタモロス周辺でテイラー将軍の指揮のもとで始められたが、途中から戦場がベラクルスからメキシコ市の街道沿いに移った。そして、スコット軍によるメキシコ市陥落に向けての進攻が続けられた。これにより、テイラーには米墨戦争の途中で帰還命令が出される。

ところで、一八四六年九月のメキシコ市陥落の直前、サンタ・アナは逃亡し、一時的にメキシコ市は無政府状態になった。かろうじて米国政府はメキシコのなかの和平派を正当な政府として承認し、和平交渉に乗り出したが、ポークと、スコットおよびトリストとの確執、さらにメキシコの和平派が米国側の要求を何度も覆したことから、交渉はまったく進展が見られなかった。やがて米国内では主戦派と反戦派の対立、メキシコに要求される損害賠償の増額とそれに匹敵するほどの獲得領域の拡大をめぐる論争、加えてスコット軍兵士の黄熱病などの病気による死傷者増および食料調達の困難と心理的圧迫による極度の士気の低下など、複雑多岐にわたる問題が生じ、米国軍の戦争の遂行にはもはや限界が来ていた。またメキシコ側では未だ主戦派の勢いは止まらず、国内では諸党派間の抗争の激化が予見されるほどに政治的緊張が高まっていた。以上のことから、米墨両国の代表は最悪の事態を回避するべく和平の締結を急いだ。こうして相互が譲歩する形で調印されたのがグアダルーペ・イダルゴ条約であった。しかし、同条約で謳われている極めて曖昧な市民権付与をめぐる闘争はその後二〇世紀まで続く米国南西部における暴力の歴史を形成していくことになった。なによりもグアダルーペ・イダルゴ条約の五年後の一八五三年には米墨間で再び紛争が生じた。いわゆるガズデンによるラ・メシージャ地域の買収で、これにより米国はヒラ川のさらに南に境界線を画定することに成功した。それに無条件に応じたサンタ・アナは、再び売国奴の汚名を得て、自由主義者のアユトラ革命によるクーデターで失脚し、三度目の亡命を余儀なくされた。

〔参考文献〕

牛島万『米墨戦争前夜のアラモ砦事件とテキサス分離独立――アメリカ膨張主義の序幕とメキシコ』明石書店、二〇一七年。

――――『米墨戦争とメキシコの開戦決定過程――アメリカ膨張主義とメキシコ軍閥間抗争』彩流社、二〇二二年。
高橋章『アメリカ帝国主義成立史の研究』名古屋大学出版会、一九九九年。
松田武『このままでよいのか日米関係――近未来のアメリカ＝東アジア関係史』東京創元社、一九九七年。
山岸義夫『アメリカ膨張主義の展開――マニフェスト・デスティニーと大陸帝国』勁草書房、一九九五年。
山倉明弘「メキシコ系アメリカ人の誕生――アメリカ人の境界の設定における人種と市民権」天理大学アメリカス学会編『アメリカス研究』第二三号、二〇一八年、一九―三九頁。
Bauer, K. Jack, *The Mexican War, 1846-1848*, Lincoln, University of Nebraska Press, 1974.
Bustamente, Carlos María, *El nuevo Bernal Díaz del Castillo, ó sea, Historia de la invasion de los angloamericanos en México*, México, 2 vols, Imprenta de Vicente García Torres, 1847.
Carreño, Alberto M., *Jefes de ejército mexicano: biografías de generales de división y de brigada y de coroneles del ejército mexicano por fines del año de 1847*, México, Imprenta y Fototipia de la Secretaría de Fomento, 1914.
DePalo, William A. Jr., *The Mexican National Army, 1822-1852*, College Station, Texas A&M University Press, 1997.
Faulk, Odie B. and Joseph A. Stout, Jr.(eds.), *The Mexican War: Changing Interpretations*, Chicago, The Swallow Press, 1973.
Frazier, Donald S., (ed.), *The United States and Mexico at War*, N.Y., Macmillan, 1998.
Griswold del Castillo, Richard, *The Treaty of Guadalupe Hidalgo, A Legacy of Conflict*, Norman, University of Oklahoma Press, 1990.

Libura, Krystyna M., Luis Gerardo Morales Moreno, and Jesús Velasco Márquez (traslated by Mark Fried), *Echoes of The Mexican American* War, Berkeley, Groundwood Books, 2004.

Merk, Frederick, *Manifest Destiny and Mission in American History*, N.Y., Alfred A. Knoph, 1963.

Paredes y Arrillaga, Mariano, *Manifiesto del Exmo. Sr. Presidente Interino de la República Mexicana, Mariano Paredes y Arrillaga*, México, Imprenta del Aguila á cargo de B. Conejo, 1846.

Peña y Reyes, Antonio de la, *Algunos documentos sobre el tratado de Guadalupe y la situación de México durante la invasión americana*, México, Secretaría de Relaciones Exteriores, 1930.

Pletcher, David M., *The Diplomacy of Annexation, Texas, Oregon, and the Mexican War*, Columbia, University of Missouri Press, 1973.

Richardson, James D. (ed.), *A Compilation of the Messages and Papers of the Presidents, 1789-1897, V*, Washington D.C., Government Printing Office, 1899.

Roa Bárcena, José María, *Recuerdos de la invasión norteamericana, 1846-1848*, Xalapa, Universidad Veracruzana, 1986[1883].

Smith, Justin H., *The War with Mexico*, 2 vols., Gloucester, Mass, Peter Smith, 1963[1919].

Valadés, José C., *Breve Historia de la Guerra con los Estados Unidos*, México, Editorial Patria, 1979[1947].

Zorrilla, Luis G., *Historia de las relaciones entre México y los Estados Unidos*, 2 vols., México, Editorial Porrúa, S.A., 1965.

〔ニュース記事〕

"The untold story of 1847 Taos Revolt," *Taos News*, Oct. 8, 2015. https://www.taosnews.com/the-untold-story-of-1847-taos-revolt/article_1002a24e-27c8-5528-b44f-12cfe0656b21.html〔最終閲覧 二〇二二年一二月二日〕

第4章　二〇世紀親米ブラジル大統領の理念と政策
——空間のナショナリズムと米国

住田育法

はじめに

一九六〇年四月、日本の国土面積の二二・五倍に及ぶ南アメリカの広大な大陸国家ブラジルは、内陸部の原野に新首都ブラジリアを誕生させた。立役者は第二次世界大戦後の民主的な大統領選挙で登場したジュセリーノ・クビシェッキ（Juscelino Kubitschek: 1902-1976）である。「親米ブラジル大統領」として本章で取り上げるのはこのクビシェッキである。マルクス（Karl Marx: 1818-1883）・

レーニン（Vladimir Lenin: 1870-1924）主義を掲げるソ連主導の共産圏［ウェスタッド 2020 上：114］に対して、ブラジルは、米国の資本主義と民主主義を主張する陣営の開発優先政策を選択したのである。

特に本章では、ブラジルの内陸部開発の軌跡を大陸国家特有の空間のナショナリズムとクビシェッキの親米理念から考察する。一九世紀後半における北アメリカの米国は、太平洋と大西洋に面した海洋国家であり、同時に、ヨーロッパのロシアとともに広義の大陸国家でもあった［ウェスタッド 2020 上：20-24］。これに、新興国として、アジアの中国、そして南米のブラジルが二〇世紀、二一世紀に登場する。大陸国家は歴史のなかで広大な自らの空間の維持と国境付近の民からの領土獲得を求めた。空間のナショナリズムについては、日本の歴史学者・山田睦男（1941-2011）がブラジルの歴史家カピストラノ・デ・アブレウ（Capistrano de Abreu: 1853-1927）などに基づきブラジル史研究におけるこの「空間的ナショナリズム」の概念を紹介している［山田 1986: 7-10］。

1．南米ブラジル内陸部生まれの政治家クビシェッキ

（1）ヴァルガスの後継者

クビシェッキは戦間期の独裁者ジェトゥリオ・ヴァルガス（Getúlio Vargas: 1882-1954）の後継者である。ヴァルガスの「新国家体制（Estado Novo）」（一九三七～四五年）が崩壊したのは、国内問題よりもヨーロッパにおける世界情勢の変化が背景にあった。それはブラジルが参戦し連合軍が勝利した第二次世界大戦にさかのぼる。戦間期において南部リオグランデドスル州の牧場主出身である

ヴァルガスは、特定の支持政党をもたずに強権的な統治体制を維持した。その目標には、最高の包括的な「調節者」としての柔軟な態度と軍を用いる強硬な行動が混在していた。国内では極左（共産主義）に対しては極右（ファシズム）をあて、外交面ではファシスト国家に対しては自由と民主主義を主張する米国との同盟関係に賛同した。ブラジルの共産党（PC: Partido Comunista）は一九二二年に創設され、ブラジル共産党（PCB: Partido Comunista do Brasil、Partido Comunista Brasileiro）と呼ばれている。ブラジルのファシズムのブラジル統一行動（Ação Integralista Brasileira）という組織は、一九三二年にプリニオ・サルガード（Plínio Salgado: 1895-1975）によって創設された。これらの左右両派に等間隔の距離を保つヴァルガスの柔軟な態度は、曖昧で矛盾していると批判される。一方で、すぐれた平衡感覚をもちつつ、ブラジル国民には個人への好意をもたせるポピュリズムで対応したと理解されている。特に、新興ブルジョアジーには工業促進計画をとることによって、他方、都市の工業労働者には労働条件の改善と組合結成を進めることによって政治的基盤を固めた［住田 2022: 222-233］。

しかしナショナリズムと国民の道徳意識の向上を目指したヴァルガスの権威主義的な「新国家体制」は、ブラジルが第二次世界大戦に連合国側として参加したことによって、独裁者としての姿勢が民主主義側から批判されることになる。つまり冒頭で示したように、権威主義体制の独裁者でありながら、国際的には自由と民主主義を支持するという矛盾を露呈することになった。政府内では親米的なオズヴァルド・アラーニャ（Osvaldo Aranha: 1894-1960）外相（一九三八〜四四年）が民主化支持の態度を表明し、ヴァルガスと対立した。枢軸国の敗色が濃厚になると、ヴァルガスは、言論・出版検閲制の廃止や新政党結成の公約など民主主義的な政策を打ち出すものの、反ヴァルガスの気運が盛りあがった。一九四五年にヴァルガスは辞任し、リオグランデドスル州の故郷サンボルジャに戻る。並行して戦後の同じく四五年に、三〇年のヴァルガス革命以前の二四年のテネンティズムの反乱（陸軍若手将校の改革運動）によって注目されたプレステス隊のリーダーであるルイス・カルロス・プレステス（Luís Carlos Prestes: 1898-1990）の共産党が公認された。しかし共産党は政治の主流にはなり得なかった。四五年実施の大統領選挙で、ヴァルガス政権の陸軍大臣を務めた（一九三六〜四五年）ドゥトラ（Eurico Gaspar Dutra: 1883-1974）が当選し、四六年に就任（一九四六〜五〇年）したのである。

驚くべきことに、ヴァルガスは戦後、ブラジル労働者の味方として返り咲き、一九五〇年の民主的な選挙に勝利して翌五一年に大統領に就任した。共産主義と距離を置く親米の気運の高まるブラジルの民が選択したのはヴァルガスの勝利であった。この展開において南アメリカの大陸国家ブラジルのナショナル・アイデンティティの継続性に注目することができる。一九五四年にヴァルガスは自殺に追い込まれた［住田 2016: 319-340］。しかしミナスジェライス州出身のクビシェッキはこの政治的変化の過程において、内陸部開発を優先したヴァルガスのナショナリズムの姿勢を引き継いだのである。

（2）ヴァルガスとクビシェッキの略年表

ブラジル戦間期のヴァルガスの登場から戦後のブラジリア誕生に至る展開を、クビシェッキに注目して略年表で見ておきたい。

(1)ヴァルガスの登場

一九一四　第一次世界大戦勃発（〜一九一七）。

一九二九　強力なコーヒー勢力であるサンパウロ州に対抗するためミナスジェライス州（牧畜）とリオグランデドスル州（牧畜）が自由同盟（Aliança Liberal）を結成。世界恐慌発生、コーヒー産業に打撃。

一九三〇　リオグランデドスル州で武装蜂起に成功、ヴァルガスが臨時大統領に就任。医学生のクビシェッキはヨーロッパでこの「革命」を知る［Kubitschek 1974: 121-124］。

一九三一　クビシェッキ、結婚、二九歳。

一九三二　七月、サンパウロで反ヴァルガス「護憲革命（Revolução Constitucionalista）」勃発、鎮圧（一〇月）。クビシェッキ、ヴァルガス側の軍警察の軍医（capitão médico）として「護憲革命」と対立。

一九三四　憲法公布、中央集権的連邦制下で社会民主主義の理念を初めて導入。

一九三五　クビシェッキ、ミナスジェライス州選出連邦下院議員に就任（〜三七）。

(2)新国家体制

一九三七　ヴァルガスのクーデター、議会閉鎖、ヨーロッパのファシズムの影響を受けて権力的憲法［矢谷 1991: 4］成立（「新国家体制」）。

写真1. 1943年1月28日ナタルのポテンジ(Potengi)会議に集うヴァルガス大統領（前列左から2人目）とローズベルト大統領（前列左から3人目）

出所：https://pt.wikipedia.org/wiki/Confer%C3%AAncia_do_Potengi

一九三九　第二次世界大戦、勃発（〜一九四五）。

一九四〇　クビシェッキがミナスジェライス州都ベロオリゾンテ市長に就任（〜四五）。

一九四一　四月、ヴォルタ・レドンダ(Volta Redonda) に製鉄所(CSN: Companhia Siderúrgica Nacional) 創立、ワシントン協定（Acordos de Washington）に基づきローズベルト(Franklin D. Roosevelt: 1882-1945) 大統領（任期：一九三三〜四五）の米国が協力。ヴォルタ・レドンダは一九世紀にコーヒー栽培で栄えたパライバドスル川と交差するリオデジャネイロ（以下、リオと記す）州の都市。

一九四二　ドイツ潜水艦がブラジル商船を撃沈、ブラジルはドイツとイタリアに宣戦布告、日本と国交断絶。ブラジル北東部リオグランデドノルテ州ナタル（Natal）で米空軍基地開始（～四六）。ナタルは、リオグランデドノルテ州の大西洋に面した州都。

一九四三　ヴァルガスと米国のローズベルトがナタルで会議（写真1）。

一九四五　ソ連と国交樹立。ヴァルガス大統領辞任。大統領選挙でドゥトラ当選。

(3)民主主義の時代

一九四六　一月、ドゥトラ、大統領に就任（～一九五一）。クビシェッキ、ミナスジェライス州選出連邦下院議員に就任（～五一）。四五年一二月にヴァルガスが招集した憲法制定議会を経て、民主憲法公布。

一九四七　ブラジル共産党の非合法化、冷戦の影響。

一九四八　ブラジル政府、共産党員の議員資格剥奪。

一九四九　米国、トルーマン（Harry S. Truman: 1884-1972）大統領（任期：一九四五～五三）のポイントフォア計画（Point Four program）発表。

一九五〇　ヴァルガス、大統領に当選。大規模な経済開発「サルテ計画（一九五〇～五四）」開始。サルテ（SALTE）はSaúde健康、Alimentação食糧、Transporte運輸、Energiaエネルギーの略。ドゥトラ大統領により提示されるが、自動車道路網（リオ・バイーア自動車道路の完成とリオ・サンパウロ自動車道路―ドゥトラ自動車道路建設）の整備の他は中断した。

一九五一　ヴァルガス、大統領に就任（～五四）。クビシェッキ、ミナスジェライス州知事に就任（～五五）。ブラジル・アメリカ合衆国合同経済開発委員会（Comissão Mista Brasil-Estados Unidos para o Desenvolvimento Econômico、～五四）創設。

一九五二　ブラジル、日本との国交回復。

一九五三　一月、新首都位置決定に関する法令第１８０３号、認可。一〇月、ペトロブラス（ブラジル石油公社）創設

一九五四　八月、ヴァルガス自殺、七二歳。

(4) クビシェッキ大統領の誕生

一九五五　クビシェッキ、大統領に当選。

一九五六　一月、新首都誕生に向けて共和政最後のリオ市カテテ宮で就任式を行う大統領としてクビシェッキ就任（～一九六一）。二月、経済開発「メタス計画（一九五七～六一）」開始。ポルトガル語でメタスは目標（meta）の複数形。Plano de Metas は経済開発の目標を定めた計画。特に鉄鋼、機械、電力・通信、輸送機械が高い成長率を達成した。二月、米国、ニクソン（Richard Nixon: 1913-1994）副大統領（任期：一九五〇～五三）、ブラジルのヴォルタ・レドンダ製鉄所訪問。

写真２．1960年２月22日にクビシェッキ（定礎の前の右側）とともにブラジリア米国大使館の定礎式を行うアイゼンハワー大統領（定礎の前の左側）
出所：Kubitschek1975: 133

一九五七　新首都ブラジリアの建設開始。
　　　　　北東部で干ばつ。
一九五八　六月、ＦＩＦＡワールドカップのスウェーデン大会でブラジル優勝。八月、米国ジョン・フォスター・ダレス（John Foster Dulles: 1888-1959）国務長官、ブラジルのクビシェッキ、訪問。冷戦にクビシェッキ、否定的。
一九六〇　二月、米国アイゼンハワー（Dwight Eisenhower: 1890-1969）大統領（任期：一九五三～六一）ブラジリア訪問（写真２）。
　　　　　四月、ブラジリア遷都。

クビシェッキはヴァルガス独裁体制期にミナスジェライス州都ベロオリゾンテ市長（一九四〇～四五年）に就いた。戦後の一九四五年以降はミナスジェライス州知事（一九五一～五五年）となり、内陸部の政治家としての地位を固める。ついに、一九四六年の民主憲法に基づく普通選挙によって一九五五年一〇月の大統領選挙に勝利し、翌五六年に大統領に就任したのである。そして五年後の一九六〇年四月に新首都を誕生させた。建設に要したのは三年半であった。

年表から理解できるポイントは次の三点である。

① 一九四〇年以降、第二次世界大戦への参戦により民族主義的な独裁者ヴァルガスは米国に急接近した。

② クビシェッキは内陸部ミナスジェライス州を拠点に南部リオグランデドスル州出身のヴァルガスと深くつながった。

③ 新首都誕生は米国の経済協力を含む、クビシェッキの国内外における優れた人脈の結果であった。ブラジル人では建築家のルシオ・コスタ（Lúcio Costa: 1902-1998）とオスカー・ニーマイヤー（Oscar Niemeyer: 1907-2012）である。

（3）クビシェッキのルーツとブラジルの空間

ここで詳しく、内陸部生まれのクビシェッキ個人の経歴を見ておこう。彼はリオ州北側の内陸部に位置するミナスジェライス州ディアマンティーナ（図1）出身である。一九〇二年にチェコ系移民の子孫の母ジューリア・クビシェッキ（Júlia Kubitschek）と行商のブラジル人である父ジョアン・

セーザル・デ・オリヴェイラ（João César de Oliveira）の間に生まれた。満二歳のとき父が没するが、小学校の教員であった母は再婚せずクビシェッキを育てる。地元の神学校で人文科学を学び、一九二〇年には州都ベロオリゾンテに移り、一九二七年にミナスジェライス連邦大学の医学部を卒業した。一九三〇年にフランスのパリに渡航し、泌尿器科学の短期講座を専攻した。首都リオと南北につながる内陸部の歴史都市ディアマンティーナ（Diamantina）で育ったクビシェッキにとってヨーロッパでの生活は新鮮かつ有意義であった。リオは、植民地時代の一七六三年にブラジルの主都となり、一九世紀はブラジル帝国の首都として、二〇世紀戦間期には独裁者ヴァルガスのナショナリズムの拠点としてブラジル文化情報を発信した。ディアマンティーナは、植民地時代一八世紀のゴールドラッシュ期にダイヤモンドの採掘で繁栄したミナスジェライス州の都市であり、町の名前はダイヤモンドに由来する。バロック建築の保存状態がよく、一九九九年に国際連合教育科学文化機関UNESCOの世界遺産に登録されている。この歴史的文化都市出身の若きクビシェッキは、ヨーロッパ滞在中、フランスのパリ以外に母親の先祖の地、チェコスロバキアも訪問し、Kubitschek の姓がごく普通に使われていることを知る。二八歳の若きクビシェッキにとって、先祖の地を含めてフランスのパリなどで世界の芸術や思想、社会情勢に接したことは貴重な経験になったと後に自伝に書いている（Kubitschek 1974: 93-138）。

ブラジルの地域区分図（図2：一九四〇年、図3：一九六〇年、図4：一九九〇年）で注目したいのは、ミナスジェライス州の北東に位置し、大西洋に面する北東部（NORDESTE）がヴァルガスの「新国家体制」下の一九四〇年には、セアラ、リオグランデドノルテ、パライーバ、ペルナンブー

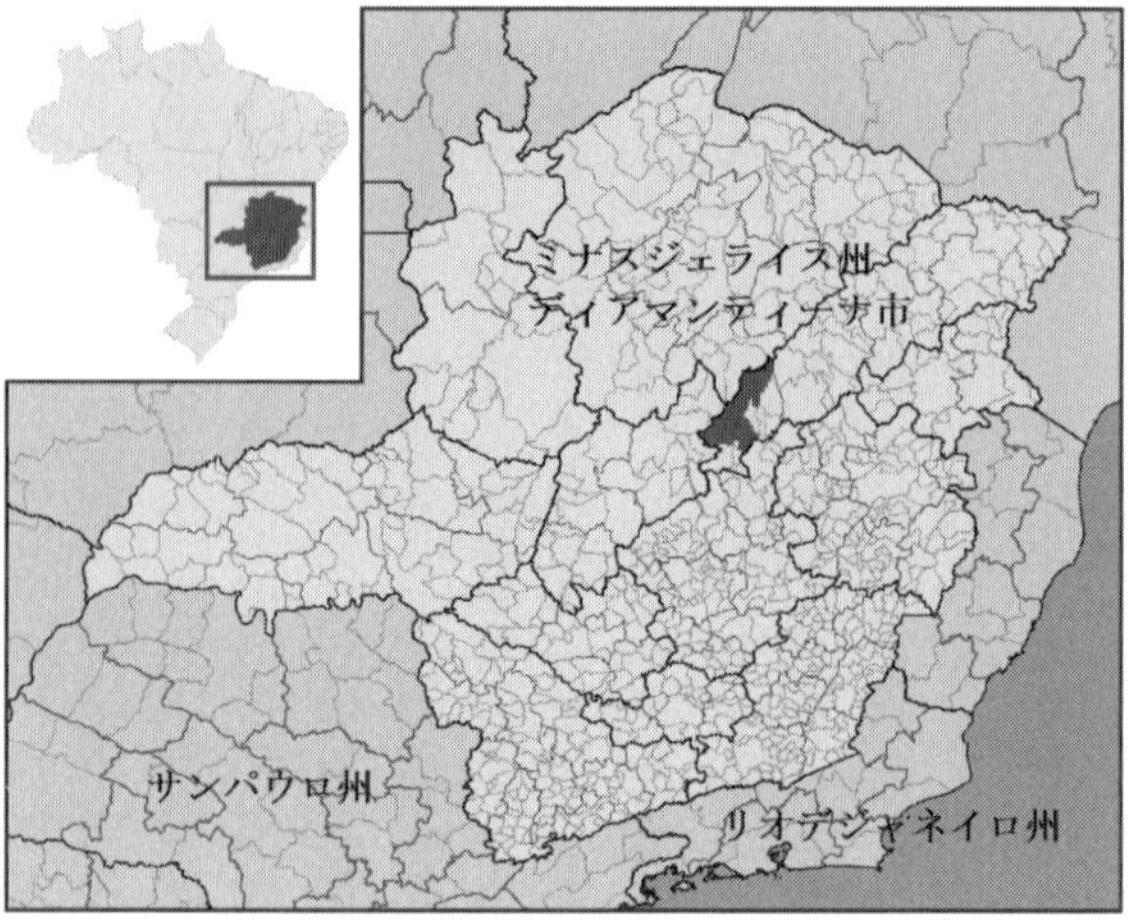

図 1. ディアマンティーナ市
出所 : Diamantina (Wikipedia)

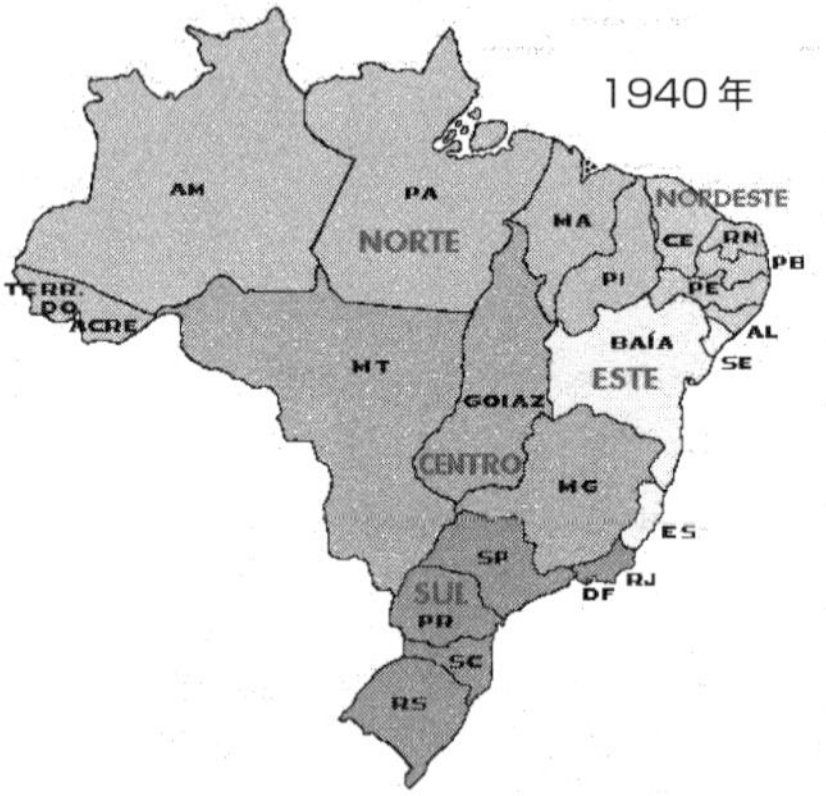

図 2. 地域区分図—新国家体制の 1940 年
出所 : Brasil: Divisão Regional do IBGE

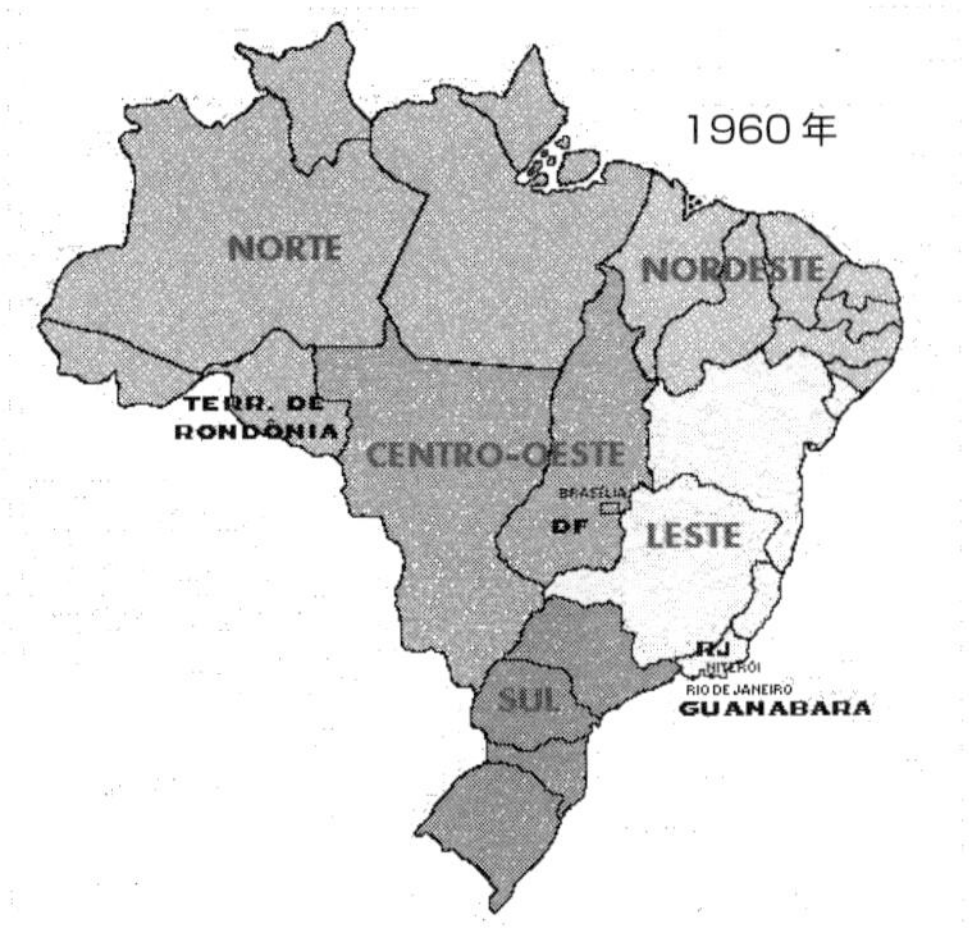

図 3. 地域区分図—新首都誕生の 1960 年
出所 : Brasil: Divisão Regional do IBGE

図 4. 地域区分図—新憲法公布後の 1990 年
出所 : Brasil: Divisão Regional do IBGE

コ、アラゴアスのわずか五州であったことである。ブラジリア誕生の一九六〇年に、マラニャン、ピアウイ、セアラ、リオグランデドノルテ、パライーバ、ペルナンブーコ、アラゴアスの七州に増えている。そして、一九八八年の市民憲法公布後の一九九〇年には、マラニャン、ピアウイ、セアラ、リオグランデドノルテ、パライーバ、ペルナンブーコ、アラゴアス、セルジッペ、バイーアの九州となった。ブラジルの二〇世紀の歴史において、中西部に加えて、植民地時代に開発の進んだ北東部地域が改めて重視されたためといえよう。クビシェッキ政権下のブラジリア建設に際して、北東部の住民の多数が労働者としてブラジリアに向かい、カンダンゴ（candango）と呼ばれた。カンダンゴはアフリカ起源の言葉であり、北東部や北部から移動したブラジリア建設の労働者に対して用いられた。クビシェッキはこのカンダンゴへの親しみを自らの演説で表現している（映画 *Os anos JK*）。民衆の好むボサノヴァの演奏などを交えた温厚な政治姿勢が、ポピュリズムのためのカリスマ性の形成に寄与したといえよう。

このように、クビシェッキが生まれ育った地域ミナスジェライス州は一九四〇年の「新国家体制」下では、ゴイアス州とマトグロッソ州とともに中部（CENTRO）となっており、ヴァルガス政権が掲げた西部への前進（Marcha para Oeste）の拠点であった。この西部への前進は、新国家（Estado Novo）体制（一九三七〜四五年）の間に、内陸部のブラジル中西部（CENTRO-OESTE）と北部（NORTE）地域を発展させ、統合するために、ヴァルガスが打ち出した公共政策であった。海岸地帯に面したブラジル植民地時代の古都サルヴァドールを擁するバイーア州は、一九四〇年には東部（ESTE）、一九六〇年にはミナスジェライス州を加えて東部（LESTE）となる。一九九〇年から現在まではバイーア州は北東部（NORDESTE）、ミナスジェライス州はリオ州、サンパウロ州、エスピリトサント州が属する南東部（SUDESTE）として区分されている。地域区分の変化によってミナスジェライス州が内陸部開発の拠点をなし、さらにその北部の新首都が重要になったという、二〇世紀におけるブラジル空間内の社会経済的重要度の移動が理解できる。

2. クビシェッキ大統領誕生への歩み

（1）医師から政治家へ

医師を目指す苦学生であったクビシェッキは、ミナスジェライス州の伝統的な政治エリートの家族のサラ・レモス（Sarah Lemos）と一九三一年に結婚することで政治家への道を切り開いた（写真3）。サラの父ジャイーメ・ゴメス・デ・ソウザ・レモス（Jaime Gomes de Souza Lemos: 1858-1922）は、連邦議員（一九一二〜二〇年）であり、いとこの何人かはジェトゥリオ・ヴァルガス大統領やエウリコ・ガスパル・ドゥトラ大統領政府の大臣であるなど、クビシェッキの妻のサラは、ミナスジェライスの伝統的なエリート家族の一員であった。さらに彼女はリオ・ヴェルデ男爵（Barão do Rio Verde: 1848）ジョアン・アントニオ・デ・レモス（João Antônio de Lemos: 1788-1864）の姪の孫、つまりひ孫（sobrinha-bisneta）にあたる。

若きクビシェッキは、軍警察の医師として入隊し、一九三二年の護憲革命で反サンパウロである政府軍の立場で働き、ヴァルガス独裁体制下で順調に政治的地位を築いた。一九四〇年にミナスジェライスの州都ベロオリゾンテ市長となり、四五年まで洗練された保守的政治家の才能を発揮した。特に、画家のカンディド・ポルティナリ（Candido Portinari: 1903-1962）の壁画と建築家オスカー・ニーマイヤー（Oscar Niemeyer: 1907-2012）の共作によるパンプーリャの近代建築群の成功を指導した手腕は、そのまま、後の近代都市ブラジリアの成功につながるものであった（記録映画 *Oscar Niemeyer*）。パンプーリャのサンフランシスコ教会についてクビシェッキは建設時（一九四三年）には反対したが、後に彼は高く評価している [Kubitschek 1976: 242-243]。

写真3. クビシェッキと妻　1948年に夫人と米国を訪問中、ニューヨークで撮影　出所：Kubitchek 1974: 369

一九五一年には戦後の民主的なヴァルガス大統領の就任と同時に、クビシェッキはミナスジェライス州知事に就任した。この地位で一九五二年にミナスジェライス電力会社（Companhia Energética de Minas Gerais）を創設し、同州の近代化を急速に進めて、開発優先と民主主義を重視する政治家としての地歩を確実にした。リオ州とサンパウロ州に隣接するミナスジェライス州は、伝統的にブラジルの中央政界に対して強い影響力をもっており、同州の支持がなければいかなる政治運動も良い結果を生まず、ミナスジェライスの不参加は運動の失敗を意味したといわれる。クビシェッキはミナスジェライスの政界を基盤に大統領に向けての態勢を整えたのである〔住田 1986: 158-159〕。第二次大戦後、ヴァルガスが民主主義の道を選ぶなかで、クビシェッキはヴァルガスの後継者として大統領に立候補し、当選を果たした。

(2) ブラジル空間の歴史

クビシェッキの新首都ブラジリア建設の開始は、東西冷戦の最中の一九五〇年代であった。第二次世界大戦後の航空機の発達が顕著な時期であったので、内陸部に建設することは、艦隊の攻撃を避けるための単に防衛上の理由からではなかった。海岸地帯ではなく、奥地（sertão）とも呼ばれる内陸部に首都を建設することの願望は、一八二二年の独立以前の一八世紀の歴史に見出すことができる。内陸部ミナスジェライスのゴールドラッシュのとき、ポルトガル領としてスペイン領の地域に広がる広大な空間を植民地ブラジルは獲得した。ブラジル領土の実効占有の歴史について、歴史家J・H・ロドリゲスは次のように説明している。

ブラジルはあまりに急激に開拓され急速に拡大したので、奥地（interior:〔筆者注〕著者のポルトガル語を訳者が奥地と和訳。内陸部と同じと考えてよい）の大部分において入植が不十分であった。それゆえ、古い入植地域に人口分布の不均衡がみられ、奥地（sertão:〔筆者注〕海岸地帯の litoral から離れた内陸部をポルトガル語ではこのように呼ぶが、一般に内陸部を意味する語 interior との大きな違いはない）住民の文化的遅れと、国土全体に及ぶ低い経済水準が結果として生じた。アングロ・サクソン系入植者が一七七六年の時点ではなおフランスよりも小さな領土しか占有せず、一八三〇年以降の数十年間に西部への大量移住によって国全体を有するに至った北米合衆国の場合とは逆に、一七世紀のブラジルにおいて領土的浸透は、人数を制限された小集団によって行われ、本格的な入植を実現できなかった。……帝政下において、住民の時期尚早の分散から極めて希薄な領土占有の情況が生じていたが、占有地域をさらに拡張するために、当初から特にドイツとスイスの外国人移住地を設立することが考えられていた。アマゾン河上流域やマトグロッソ、パラの北端と南端、マラニョン南部の三角地帯、北部ゴイアス、さらにリオグランデドスルから北部サンパウロに至りサンタカタリーナではウルグアイ川まで、マトグロッソではマラカジュ山脈まで広がる大平原などのような地図上の大無人地帯への入植を進めるために、一八七〇年にタヴァーレス・ヴァストス（Tavares Bastos: 1839-1875）は新しい県や准県の創設を提案した［ロドリゲス 1970: 96-97］。

タヴァーレス・ヴァストスは、弁護士、ジャーナリスト、政治家、公法学者であり、ブラジル北東部のアラゴアスに生まれ、フランスのニースで一八七五年に没している。ブラジル文学アカデミー第三五番席（cadeira）会員であった。要するに内陸部に新首都を建設する発想は、二〇世紀中葉に突如として発生したのではなく、本格的な入植が困難であったポルトガルの植民地の時代、特に一七五〇年の実効占有を果たしたマドリード条約からブラジルの民の願望となったのである。歴史をふりかえると、一五八〇年から一六四〇年までのポルトガルのスペイン併合によって、新世界のスペイン領とポルトガル領の境界線が曖昧となり、ポルトガル人入植者は一四九四年のトルデシーリャスの境界線を越えて西方に向けて内陸部深く開発を進めることができた。サンパウロのバンデイラ（奥地探検隊）の西方への進出、牧畜業者と軍の南西への展開、そしてスペインからのポルトガル再独立以後の一八世紀のミナスジェライスの金ブームがブラジルの境界を拡大させた。このように、マドリード条約は「占有物保有（uti possidetis）の原則」を認めて、ポルトガル側に有利な内容で、一七五〇年にポルトガルとスペインの王室間で締結された。そしてこの古くからの夢を実現させたのが、二〇世紀中葉のキリスト教の十字架を背にして荒野に立つクビシェッキ大統領であった（写真４）。

"NA Bíblia se lê
como Deus plantou,
no meio do paraíso
terreal, a miraculosa
Árvore da Vida.
Brasília é a árvore da
vida nacional,
providencialmente
plantada no Planalto
Central de nossa
Pátria." Essas foram
as palavras do
Cardeal Vasconcelos
Mota por ocasião da
primeira missa
celebrada em
Brasília. Como no
Descobrimento, a
Cruz marcou
novamente uma era
para o Brasil.

写真４. 十字架を背に荒野セラードに立つクビシェッキ　出所：Kubitchek 1975: 125

（３）南アメリカの大陸国家

一九三〇年のヴァルガス革命以前の共和政下において活発な外交政策が展開し、一八九四年、リオ・ブランコ男爵（Barão do Rio Branco = José Maria da Silva Paranhos Júnior: 1845-1912）は、武力による戦争ではなく、外交交渉によって周辺諸国との領土問題をブラジルに有利な内容で解決した。

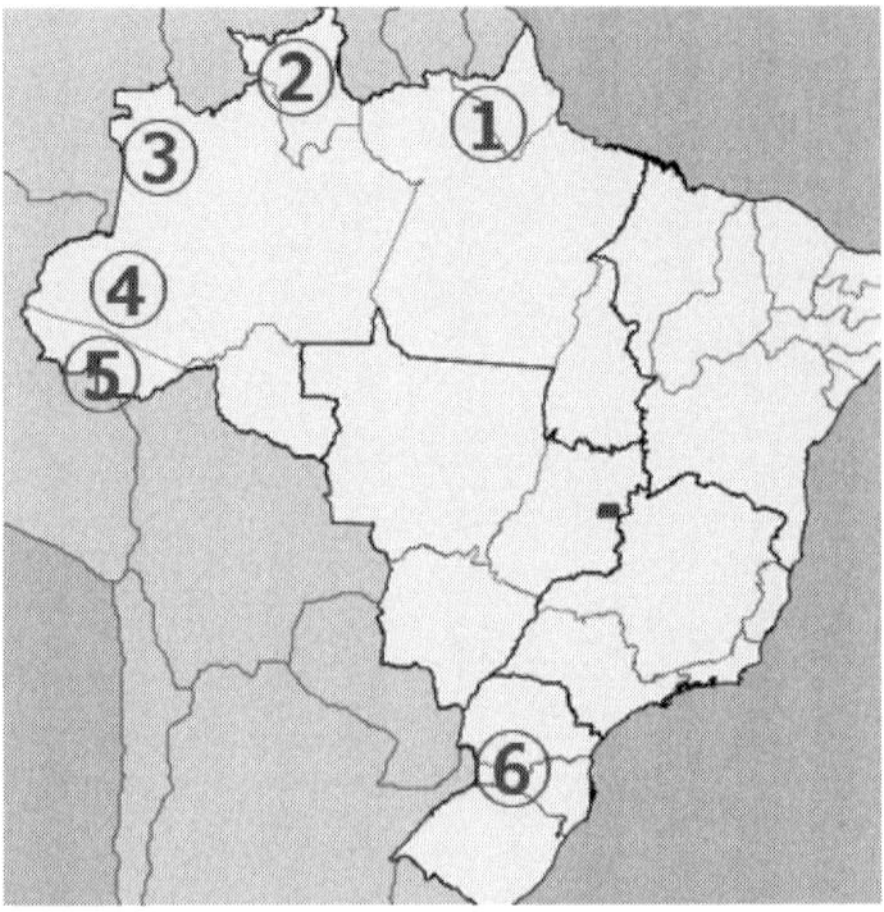

図5. リオ・ブランコによって解決された国境地域、出所に基づき筆者が作図　出所：E. Bradford Burns, *A history of Brazil*. 3rd.ed., 1993: 279

まず、フロリアノ・ペイショット大統領（Floriano Peixoto: 1839-1895、大統領：一八九一〜九四年）の特命を受け、リオ・ブランコは、アルゼンチン共和国との境界線の画定問題の解決に尽力し、翌一八九五年に広大な領土ミソンエス地域（Zona das Missões）をアルゼンチンから獲得した。図5のパラナ州とサンタカタリーナ州内陸部の⑥が、米国のクリーヴランド（Grover Cleveland: 1837-1908）大統領の仲裁裁定によって締結されたミソンエス条約を通じて一八九五年二月五日に帰属が決まった地域である。リオ・ブランコはカンポス・サーレス大統領（Campos Sales: 1841-1913、大統領：一八九八〜一九〇二年）の命で一九〇〇年九月にはスイスに向かい、図5の①の地域について、フランス領ギアナとの国境問題においてスイス連邦議会の仲裁裁定によって一九〇〇年一二月一日に獲得した。現在のアマパ州である。図5の②の地域は、ロドリゲス・アルヴェス大統領（Rodrigues Alves: 1848-1919、大統領：一九〇二〜〇六年）のもとで旧英領ギアナからイタリアのヴィクトル・エマヌエル三世の仲裁裁定によって、一九〇四年六月六日に獲得した。図5の⑤もロドリゲス・アルヴェス大統領のもとで、ボリビアから、一九〇三年一一月一七日に締結したペトロポリス条約で獲得した地域であり、現在のアクレ州に重なる。図5の③は、アフォンソ・ペナ（Afonso Pena: 1947-1909、大統領：一九〇六〜〇九年）のとき、コロンビアとの一九〇七年四月二四日の国境・航行条約（一九二八年一一月一五日に追認）によって帰属が決まった地域である。図5の④は、ニーロ・ペサーニャ（Nilo Peçanha: 1867-1924、大統領：一九〇九年六月〜一九一〇年）のもと、ペルーとの一九〇九年九月八日の国境条約で獲得した地域である。

南米ブラジルの空間のナショナリズムを考えるとき、国内政治はサンパウロ州のコーヒー農場主が実権を握るサンパウロ共和党（PRP: Partido Republicano Paulista: 1873-1937）が、反民主的な力を国政にもつようになったことに注目したい。特にカンポス・サーレス大統領の時代には州統領の政治（Política dos governadores）と呼ばれるサンパウロ州を中心とする寡頭支配体制が形成された（富野1997: 126-129）。これに対抗したのが、一九三〇年に登場する当時の新しい指導者のヴァルガスであるが、ブラジルの領土の確保の面からは、リオ・ブランコ男爵の行動が過去から未来につながるブラジルの空間のナショナリズムの理念を保障したといえる。

3．新首都ブラジリアの誕生とブラジル空間

(1) 新しいブラジルの新大統領の誕生

ヴァルガスが自殺した一九五四年八月以前の二月に、ヴァルガス政権の労相ジョアン・ゴラール（João Goulart: 1919-1976）は最低賃金の倍増を図ろうとしたため、これに反対する軍部からゴラール

の辞任を求める「左官将校の声明」（Manifesto dos coronéis）が提出されることになった。ヴァルガスはゴラールを罷免したものの、労働者の賃金は引き上げた。この決定に対して、自由主義者である『トリブナ・デ・インプレンサ』（*Tribuna da Imprensa*）紙編集長のカルロス・ラセルダ（Carlos Lacerda: 1914-1977）を急先鋒とするヴァルガス政権への攻撃が一段と激しくなった。一九五四年八月五日に、ヴァルガスの側近によるラセルダ暗殺未遂事件がリオ市内のトネレロス街で起こり、側近が誤って空軍将校（major aviador）を射殺した。つまり、ルーベンス・ヴァス（Rubens Vaz: 1922-1954）空軍少佐が反ヴァルガスのカルロス・ラセルダに同行しており、ヴァルガス側近の銃弾で死亡したのである。空軍将校グループに陸海軍も同調してヴァルガス大統領の辞任を強く要求し、二四日に大統領の免職を通告することになっていた。ヴァルガスは二四日早朝、ブラジルの民衆を感動させる遺書を残してカテテ宮殿で自殺した。遺書の最後の部分のポルトガル語文と和訳文である。

Lutei contra a espoliação do Brasil. Lutei contra a espoliação do povo. Tenho lutado de peito aberto. O ódio, as infâmias, a calúnia não abateram meu ânimo. Eu vos dei a minha vida. Agora vos ofereço a minha morte. Nada receio. Serenamente dou o primeiro passo no caminho da eternidade e saio da vida para entrar na História.

私はブラジルの搾取と闘った。国民の搾取と闘った。私は胸を張って闘ってきた。憎悪や侮辱、中傷に動じなかった。私は諸君に私の生命を捧げた。今度は、私の死を捧げる。私は何も恐れない。冷静に、永遠への第一歩を踏み出し、人生に別れを告げて、歴史のなかに入る［住田

2016: 335]。

この自殺によって、ヴァルガス時代は終わりを告げるが、反ヴァルガス派と親ヴァルガス派に分かれて、その理念的影響は後のブラジル政治に継続していったのである（Skidmore: 2007 136-146）。

ヴァルガス大統領が自殺したため、反ヴァルガスを掲げる全国民主同盟（UDN: União Democrática Nacional）の副大統領カフェ・フィリョが政権を継承したが、彼はヴァルガスの政策を否定して、反ヴァルガス派から蔵相、法相、外相を選んだ。自殺したヴァルガスの人気が高まるなか、一九五五年一〇月の大統領選挙に向けて選挙運動が進められていた。そしてこの選挙で、ヴァルガス派のブラジル労働党（PTB: Partido Trabalhista Brasileiro）と社会民主党（PSD: Partido Social Democrático）の推すミナスジェライス州出身のクビシェッキが大統領に、同派のブラジル労働党総裁であるヴァルガスと同じリオグランデドスル州の牧場主出身のジョアン・ゴラールが副大統領にそれぞれ当選したのである。ところが、得票率が低いことや軍部の反ヴァルガス派による反対などが理由で波乱含みの様相を呈した。PSDのクビシェッキが有効投票の三六％であったのに対して、対抗する全国民主同盟（UDN）のジュアレス・タヴォラ（Juarez Távora: 1898-1975）の獲得が三〇％、PSPのアデマール・バロス（Ademar de Barros: 1901-1969）が二六％、プリニオ・サルガードが八％であった。大統領と副大統領への投票は別々に行われ、PTBのジョアン・ゴラールが四四％と、クビシェッキを若干上回る得票で当選した。混乱のなかでまず、五五年一一月にカフェ・フィリョが病気となり、一時的に大統領職を離れざるを得なくなった。下院議長のカルロス・ルス（Carlos Luz:

1894-1961）が大統領職を代行することになるものの、ルスは軍事クーデター支持者を優遇しているとの批判を受けて一一月八日から一一日までのわずか三日間（九日を一日目で計算）で臨時大統領を辞した。このときクビシェッキの救世主として、陸軍大臣のテイシェイラ・ロト（Teixeira Lott: 1894-1984）将軍が選挙で選ばれたクビシェッキとゴラールの正副大統領の就任を保障するための軍の介入を行ったのである。一一月一一日にリオの陸軍部隊を動員し、政府機関、ラジオ局、新聞社を占拠させた。軍によってルスは大統領職を解任され、連邦議会が招集された。UDNの主張に反して、議会がルスの解任を決定し、大統領職は憲法に従って上院議長ネレウ・ラモス（Nereu Ramos: 1888-1958）に認定された。ロト将軍が選挙結果を支持したおかげで、軍部のクーデターは回避され、一九五六年一月三一日、クビシェッキ大統領、ゴラール副大統領の誕生となった［伊藤 2022: 255-257; ファウスト 2008: 350-351］。それでも任期中の五六年二月と五九年一二月に、鎮圧されはしたものの、クビシェッキに反対する空軍の反乱が二度起こっている。クビシェッキ大統領の誕生は、多くの問題を抱えるスタートであった。

（2）新首都の建設

クビシェッキには、民衆にアピールする魅力（写真5）、つまりヴァルガス同様のカリスマ性を指摘できる。ヴァルガスは「貧者の父」を宣伝したが、クビシェッキはブラジル大衆音楽（Música Popular Brasileira）として当時、世界的に流行していたブラジル音楽ボサノヴァ（Bossa nova）にイメージを重ねて「ボサノヴァ大統領」として民衆の人気を集めた。サンバ由来のボサノヴァはリオ市南地区の電気製品を用いる裕福な中産階層から生まれた。しかし、クビシェッキはヴァルガス同様、言葉による低所得者層への配慮を忘れなかった。例えば、すでに述べたように、カンダンゴと呼ぶブラジリア建設の労働者への親しみとブラジリア誕生のための彼らの重要性をアピールした。

すでに、クビシェッキのルーツの解説で指摘したように、彼はチェコスロバキア系移民（母方）の家系の一人としてミナスジェライス州の歴史都市ディアマンティーナに生まれ、未亡人である母親（教員）のもとで医者の教育を受けた。しかし、従来の大統領が軍人もしくは大地主など有産階級出身者であることを考えると、この経歴はユニークであった。一八八九年帝政崩壊後の初代と第二代の大統領は軍人であり、その後、地主階級出身の大統領がヴァルガスまで続いた。既述のように一九三一年に結婚した妻がミナスジェライスの政治エリートの家族出身であったことに加えて、同地域を

写真5. クビシェッキ大統領の肖像
出所：ブラジル政府提供

地盤とするヴァルガス派のＰＳＤ創設の有力者ベネディト・ヴァラダーレス（Benedito Valladares: 1892-1973）たちを通じて政界に強力なつながりをもつことが幸いした。ヴァラダーレスは一九三三年から四五年までミナスジェライス州知事を務めている。こうしたミナスジェライス州のエリート階層の支持を得て、クビシェッキは選挙で一九四〇年にベロオリゾンテ市長、四五年に

はミナスジェライス州知事に選出されたことから、ミナスの近代化を急速に進める過程で、政治家としての地歩を確実にしていった。すでに本章で指摘しているように、ミナスジェライスは旧共和政のカフェ・コン・レイテ（ミルク入りコーヒー：café com leite）体制のように、伝統的に中央政界に対して力をもってきたので、クビシェッキもミナスジェライスの政界を基盤に大統領に向けての条件を整えたのである。

選挙演説の当初より、クビシェッキは、ヴァルガスの内陸部開発を優先する経済ナショナリズムの理念を前面に押し出し、特に米国の指導を受け入れる資本主義的発展の「五〇年の進歩を五年で（50 anos em 5)」という標語を掲げた [Juscelino 1978: 17-453]。これは、本来五〇年かかる経済発展を、任期中の五年間に達成させようという、憲法によって非常に強い権限が与えられている大統領ならではの大胆な経済計画の目標設定であった。

一九五七年から六一年までの五年間に、国民総生産で年平均七%、工業生産で一二・七%、農業生産で四・八%の経済成長が達成された。この急激な経済成長の背景には、年平均三・二%の人口増加があった。国勢調査によれば、四〇年の四一二三万人から、五〇年に五一九四万人、六〇年には七〇九六万人となり、大幅な伸びを示している。クビシェッキは、通信、エネルギー、道路関連の充実をメタス（目標）計画（METAS計画）として掲げた。これを受けて重工業が発展するものの、外国資本に依存する姿勢が、後にインフレを招くことになる。ともあれ、五六年から六一年までに鉄鋼業が一〇〇%、機械工業が一二五%、電気通信工業が三八〇%、輸送用機器工業が六〇〇%の成長を示し、六〇年には、工作機械や原動機、変圧器、鉱山および運送用の機器、タービン、発電機などは国内需要の半分を製造するまでになっていた。こうした工業化の推進を、クビシェッキは官民混合型経済によって実現しようとしたが、必要とされた資本については外国資本の導入を積極的に行った。これが、ヴァルガス派でありながら、ヴァルガスのブラジリダーデ政策とは違う、外国資本に依存した工業化政策の推進であった［住田 1986: 157-160; 富野 1997: 187-194］。特に先進技術と外国資本がブラジルには必要であると強調した（映画 *Os anos JK*）。

外交面では、一九五八年にラテンアメリカの現状に対する米国の注意を促した汎米作戦（オペラソン・パナメリカナ：ポルトガル語 Operação Pan-americana）を唱えた。共産主義の封じ込めと民主主義の拡大を目的としたこの提案が一九六〇年の米州開発銀行（Inter-American Development Bank）、ラテンアメリカ自由貿易連合（Latin American Free Trade Association）設立につながった。さらに六一年三月のケネディ（John F. Kennedy: 1917-1963）大統領（一九六一〜六三年）による「進歩のための同盟 Aliança para o Progresso」提唱の先駆けとなり、五八年の外交姿勢はクビシェッキの米国への接近を印象づけた。この同盟は、米国とラテンアメリカとの経済協力関係樹立とキューバ革命に端を発する域内の共産化の阻止を目的として、ケネディ大統領が一九六

写真6. 米国ホワイトハウスでケネディと歓談するクビシェッキ
出所：Kubitshek 1978: 266

一年に提唱したのである［スコット 1965: 11-30］。大統領を六一年一月に終えるが、クビシェッキは同年九月に米国のホワイトハウスでケネディ大統領の招待を受けている（写真6）。五六年から六〇年までの外国直接投資は毎年一億ドルを超え、この間に一二の民族系企業が米国企業に買収され、三六のアメリカ系子会社が設立された。国内経済全体で見ると、五〇年代に工業プラント数は三三％、労働力は四〇％増加し、六〇年には一一万余の企業が、約一八〇万人の工場労働者を使っていた。その大部分は、サンパウロとリオに集中しており、六〇年にはサンパウロのみで国内工場の三分の一、労働者の半分、生産高も二分の一を占めていた。そうした経済発展を進めるためにクビシェッキは、国家統合と開発優先主義を公約し、この前者を表すものが新首都ブラジリアの建設とこれを中心とする国家統合の理念であり、後者が、ブラジリアを中核とする地域開発計画の実施であった［住田 1986: 157-160］。

（3）近代都市ブラジリアと空間のナショナリズム

クビシェッキ大統領の名を内外に高めたのは、ブラジルの内陸部に短期間に実現した近代的な首都ブラジリアの建設であった。クビシェッキは、一九五六年の政権引き継ぎ直後から、ブラジリアの建設と首都移転の計画を実行した。その主張は、「大統領として憲法の規定に従って新首都の建設に着手した」（映画 *Os anos JK*）というものであった。ここに民主主義とナショナリズムを重視した彼の理念がある。一九五七年には建設工事にかかり、六〇年四月には新首都を落成させた。クビシェッキにとって幸運であったのは、すでに指摘したように建築家ルシオ・コスタによる飛行機型の都市計画、鬼才オスカー・ニーマイヤーの二〇世紀の建築を代表するユニークな都市構造物のアイデアを利用できたことである。

ブラジルの首都を内陸部に移転させるという考えは、説明しているように、ブラジルの民族主義者の古き夢に根ざしていた。まず、「独立の父」(Patriarca da Independência)と呼ばれたジェゼ・ボニファシオ(José Bonifácio: 1763-1838)らによってブラジル独立の一八二二年ごろに提唱され、次いで一九世紀末の共和国憲法の立案者の賛同を得て、一八九一年に憲法三条にその考えが組み入れられたのである。

第三条　共和国の中央高原に位置する一万四四〇〇平方キロメートルの地帯をブラジル連邦政府に属することとする。そこに将来の連邦首都を創設するために、時宜を得て、境界画定する。

Art. 3º - Fica pertencendo à União, no planalto central da República, uma zona de 14.400 quilômetros quadrados, que será oportunamente demarcada para nela estabelecer-se a futura Capital federal.

第一次共和制下の一八九三年、反乱軍に包囲された経験をもつフロリアノ・ペイショットは将来の新首都の候補地を求めて中央高原に調査団を派遣し、内陸部移転への強い願望を明らかにした。その後、ヴァルガス時代を経て、戦後の一九四六年憲法に首都を内陸部の中央高原に移転させる要求が

図6．新首都の位置とブラジル空間の三水系地図

出所：https://www12.senado.leg.br/noticias/especiais/arquivo-s/brasilia-a-capital-que-precisou-de-150-anos-para-sair-do-papel

暫定条文第四条として盛り込まれた（Art. 4° - A Capital da União será transferida para o planalto central do País.）。

この大きな構想を現実のものとしたのがクビシェッキ大統領であった。

新首都ブラジリアや大自動車道路の建設、資本財生産部門の強化など華やかな経済政策を実行した。その資金は、外国企業の進出や国際通貨基金からの融資に依存した。外資系企業の活動では、自動車部門への進出が著しく、西ドイツ（当時）のブラジル・フォルクスワーゲン社（Volkswagen Brasil 一九五三年サンパウロに創立）や米国のゼネラル・モーターズ社（General Motors do Brasil 一九五九年公式にサンパウロに創立）、フォード社（Ford do Brasil 一九一九年サンパウロに創立）の市場独占が顕著となった。特にこうした米国系企業に依存した工業化の促進とインフレを抱える開発政策は、彼の経済路線に対する批判へと発展していき、ブラジリアの都市機能に見る理想と現実の乖離の問題と並んでクビシェッキの評価は大きく揺れることになった。

しかし、広大な国土を短期間に開発するためには大胆な経済計画が必要であり、工業化にとっても外資を積極的に導入して自由貿易を進める政策が好ましかった、と評価できる。

一九六〇年に誕生したブラジリアは、ブラジル空間の三つの水系の源流域となっている（図6）。ブラジリアは、豊かな水資源に恵まれた空間に建設された。植民地時代においては、人の移動を助ける河川交通の働きをなしていた。交通について、ブラジリアは、米国同様、勝れた自動車道路網を利用して、四方への交通を可能にしている。さらに、自然の豊かさを、ブラジルの土地占有の理念に従って、カンダンゴに始まった民の生活圏として確保している。衛星都市と呼ばれていた地域に向けた、バス交通、地下鉄交通が整備されている。

おわりに

伝統的なブラジル空間のナショナリズムの展開において、一九六〇年に誕生した新首都ブラジリアは、歴史の必然とも呼べる成果であった。しかしそこには、一九三九年から四五年に至る第二次世界大戦とそれ以降の冷戦構造が強く影響を与えたのである。さらに、内陸部で育った気鋭の政治家クビシェッキの存在が大きかった。

ブラジルは米国の資本主義と民主主義の理念を、独自のブラジル高原の自然環境に適応させて、植民地時代からの過去を引き継ぎ、二一世紀の民の豊かな未来に向けての拠点ブラジリアを構築したのである。ユネスコの世界遺産に登録された（一九八七年）背景も、そうした過去と未来をつなぐ「永遠に生きる都市」の理念にあるといえよう［中岡 2014: 293-307］。

過去をふりかえると一八二二年九月にポルトガルの植民地ブラジルが本国から独立を宣言するが、その承認を最初に行ったのは、一八二四年五月の米国であった。本国のポルトガルが独立を承認するのは一八二五年八月の条約によってであった。つまり一九世紀においてブラジルは親米の関係を基盤に国家の誕生と形成を進めたのである。二〇世紀ブラジルの親米関係は、クビシェッキ大統領の登場による経済発展と民主主義政策の結果としての新首都誕生によってピークを迎えた。

本章ではまず第1節「南米ブラジル内陸部生まれの政治家クビシェッキ」で「ヴァルガスの後継者」であったことを説明した。ヴァルガスはすぐれた平衡感覚をもちつつ、ブラジル国民にはヴァルガス個人への好意をもたせるポピュリズムで対応したと理解されている。さらに「ヴァルガスとクビシェッキの略年表」によって民族主義的な独裁者ヴァルガスが一九四〇年以降、第二次世界大戦への参戦により米国に急接近したこと、クビシェッキが内陸部ミナスジェライス州を拠点に南部リオグランデドスル州出身のヴァルガスと深くつながったことを確認した。また、新首都誕生は米国の経済協力を含む、クビシェッキの国内外における優れた人脈、特に建築家のルシオ・コスタとオスカー・ニーマイヤーが重要であったことを述べた。続けて「クビシェッキのルーツとブラジルの空間」において、クビシェッキが生まれ育った地域ミナスジェライス州が一九四〇年の「新国家体制」下では、ゴイアス州とマトグロッソ州と共に中部（CENTRO）となっており、ヴァルガス政権が掲げた西部への前進の拠点であったことに注目した。

第2節「クビシェッキ大統領誕生への歩み」では、医師を目指す苦学生であったクビシェッキがミナスジェライス州の伝統的な政治エリートの家族のサラ・レモスと一九三一年に結婚することで政治家への道を切り開いたことを説いた。続く「ブラジル空間の歴史」では、クビシェッキの新首都ブラジリア建設は、艦隊の攻撃を避けるための単に防衛上の理由からではなかったとの考えを示した。海岸地帯ではなく内陸部に首都を建設することの願望は、一八二二年の独立以前の一八世紀の歴史にあった。内陸部ミナスジェライスの一八世紀のゴールドラッシュのとき、スペイン領の地域に広がる広大な空間を植民地ブラジルはポルトガル領として獲得したのである。「南アメリカの大陸国家」では、一九三〇年のヴァルガス革命以前の共和制下において活発な外交政策が実施されたことに注目した。戦争ではなく、外交交渉によって周辺諸国との領土問題をブラジルに有利な内容で解決したのである。

本章のまとめである第3節「新首都ブラジリアの誕生とブラジル空間」で「新しいブラジルの新大統領の誕生」は、多くの問題を抱えるスタートであったと指摘した。クビシェッキの救世主として、陸軍大臣のロト将軍が選挙で選ばれたクビシェッキとゴラールの正副大統領の就任を保障するための軍の介入を行ったことで、反クビシェッキという軍部のクーデターが回避されたのである。続いて「五〇年の進歩を五年で」という標語を掲げた大胆な経済発展計画の中心にクビシェッキが据えた「新首都の建設」について説明した。つまりブラジリアを中核とする地域開発計画の実施である。最後の「近代都市ブラジリアと空間のナショナリズム」ではまず、クビシェッキの政治理念を取りあげた。それは、一九五六年の政権引き継ぎ直後からブラジリアの建設と首都移転の計画を実行し、その主張は、「大統領として憲法の規定に従って新首都の建設に着手した」というものであった。強調できるのは、ブラジリアが豊かな水資源に恵まれた空間に建設されたことである。植民地時代においては、人の移動を助ける河川交通の働きを為していた。近代交通については、米国同様、勝れた自動車道路網を利用して、四方への交通を可能にしている。ブラジルの民への政策では、ブラジルの土地占有の理念にしたがって、カンダンゴに始まった民の生活圏を確保している点に注目できる。

ブラジル独立二〇〇周年に遷都六二年を迎えたブラジリアであるが、その誕生と発展の歴史は、米国の資本主義と民主主義の理念を反映している。そしてその立役者が内陸部出身の大統領クビシェッキであった。

〔引用・参考文献〕

ウェスタッド（益田実監訳、山本健・小川浩之訳）『冷戦ワールド・ヒストリー（上）』岩波書店、二〇二〇年。

スコット、ジョン（井沢実訳）『進歩のための同盟（上）』時事通信社、一九六五年。

住田育法「第二次大戦とポプリズモ」山田睦男編『概説ブラジル史』有斐閣、一九八六年。

――「戦間期ブラジルの独裁政権とナショナリズムの高揚」根川幸男・井上章一編『越境と連動の日系移民教育史――複数文化体験の視座』ミネルヴァ書房、二〇一六年。

――「テネンティズモとガウーショ」「1930年革命」「新国家体制」伊藤秋仁・岸和田仁編『ブラジルの歴史を知るための50章』明石書店、二〇二二年。

富野幹雄、住田育法『ブラジル――その歴史と経済』啓文社、一九九七年。
ロドリゲス、ジョゼ・H（富野幹雄、住田育法共訳）『ブラジルの軌跡――発展途上国の民族と願望』新世界社、一九七〇年。
ファウスト、ボリス（鈴木茂訳）『ブラジル史』明石書店、二〇〇八年。
矢谷通朗編訳『ブラジル連邦共和国憲法１９８８年』アジア経済研究所、一九九一年。
Burns, E. Bradfror, *A history of Brazil, 3rd. ed.*, Colombia University Press, 1993.
Anuário Estatístico do Brasil - 1964 Ano XXV, Conselho Nacional de Estatistica-IBGE, 1964.
Kubitshek, Jucelino, *Meu caminho para Brasilia, 1° volume, A experiencia da humildade*, Bloch Editora, 1974.
———, *Meu caminho para Brasilia, 2° volume, A Escalada Politica*, Bloch Editora, 1976.
———, *Meu caminho para Brasilia, 3° volume, Cinquenta Anos em Cinco*, Bloch Editora, 1978.
Skidmore, Thomas E., *Politics in Brazil 1930-1964: An Experiment in Democracy*, 40th Anniversary Edition, Oxford, Oxford, Univ. Press-N.Y., 2007.
Skidmore, Thomas E., *Politics in Brazil, 1930-1964*, Oxford, Oxford Univ. Press-N.Y., 1967.
［映画　ＤＶＤ］
ブラジル記録映画 *Os anos JK - uma trajetória política*. 一九八〇年製作、監督 Silvio Tendler、政治家クビシェッキの没年までの記録。
フランス記録映画 *Oscar Niemeyer - Un architecte engagé dans le siècle*. 二〇〇〇年製作。監督 Marc-Henri Wajnberg、建築家ニーマイヤーを登場させ作品を紹介。二〇〇三年ナウオンメディアが日本版発行。

〔インターネット資料〕

http://estadoedemocracia.blogspot.com/2007/09/plano-dutra.html - Blog do Professor Itamar Nunes da Silva - "Plano Dutra"

〔写真、図〕

写真１　１９４３年1月28日ナタルのポテンジ（Potengi）会議に集うヴァルガス大統領とローズベルト大統領

https://pt.wikipedia.org/wiki/Confer%C3%AAncia_do_Potengi〔最終閲覧日：２０２３年1月15日〕

図６　新首都の位置とブラジル空間の三水系地図

https://www12.senado.leg.br/noticias/especiais/arquivo-s/brasilia-a-capital-que-precisou-de-150-anos-para-sair-do-papel〔最終閲覧日：２０２３年1月15日〕

コラム1

継続する親米の世界秩序

住田育法

大航海時代以降一八・一九世紀の南米ブラジルの開発問題を熱帯農業に特化した世界システムとして考えるとき、植民地本国のポルトガルも植民地のブラジルも、ヨーロッパの中心国イギリスの周辺地域として自らの経済を機能させたと理解できる。この従属システムを提供した空間がアフリカ、南米、ヨーロッパをつなぐ大西洋圏であった［川北 1990: 95-276］。このようにイギリスが世界経済の中心として競争力のある毛織物業の工業化に力を入れ、大陸のフランスと対立する一八世紀において、ポルトガルはイギリスの側に立ったのである。やがて一九世紀初頭の一八〇八年にフランスのナポレオン（Napoléon: 1769-1821）軍の侵攻を逃れて、ポルトガル王室は、植民地のブラジルに首都を移した。

この経緯を詳しく見ると、一八〇六年にフランスは大陸封鎖令を公布し、ポルトガルに対してイギリスとの断交を求めた。ポルトガルは重要な植民地のブラジルを失わないため、イギリスの保護を選択する。ポルトガルのマリア一世（Maria I: 1734-1816）と摂政ドン・ジョアン（Dom João: 1767-1826）は、総勢一万五〇〇〇人と伝えられる王族をはじめとする人々とともに一五隻の船団で一八〇七年にブラジルに逃れた。出港の翌日リスボンはフランス軍の手に落ちる。ブラジルに逃れたポルトガル王室は一八〇八年にブラジルを友好国に開港し、ポルトガル植民地体制は事実上崩壊した。ナポレオンの敗北後のウィーン会議により、一八一五年に植民地ブラジルが本国とともに連合王国を形成することになった。翌一六年には女王マリア一世が死去し、摂政ドン・ジョアンは「ポルトガル・ブラジル・アルガルヴェ連合王国」の国王ジョアン六世（João VI）として即位する。この国王が二一年に本国のポルトガルに戻った翌二二年、その王子ドン・ペドロ（Pedro: 1798-1834）がポルトガル王国からの独立を宣言してブラジル帝国のペドロ一世（Pedro I）として戴冠を果たした。これは武力ではなく、一八二〇年に本国で起こった自由主義革命を契機として、ブラジルに残ったポルトガル人とブラジル支配層が妥協した結果であった。この歴史の展開が、スペイン系ラテンアメリカ諸国の独立運動との違いとなっている。ブラジルにはスペイン語圏のシモン・ボリーバル（Simón Bolívar: 1783-1830）のような革命家はいなかった。ブラジルでは皇帝が諸県を引きつける中核をなした。注目すべきは、ブラジルの独立を一八二四年に世界で最初に承認したのがジェームズ・モンロー（James Monroe: 1758-1831、大統領在位：一八一七〜一八二五年）大統領の米国であったことである。米国は一八世紀の一七七六年の独立宣言以来、不干渉主義をとっていたが、一九世紀におけるコーヒーの輸入をめぐるブラジルとの貿易・外交関係が緊密となっていく。

本書第1章の布施論文「南北戦争期アメリカの国家戦略——大陸横断鉄道の建設構想と覇権奪取の夢」はブラジルの親米主義の歴史的背景を考えるための視座を与えている。大陸横断鉄道でグローバルな計画を実施した米国の姿勢である。布施は結論でつぎの二点を指摘した。一つ目は、大陸横断鉄道の建設決定過程を通じ地元の利害に固執した議員はいたが、彼らが自説の正当性を主張する際、国家全体の利益をレトリックとして使わざるをえなかったことである。もう一つは、その幹線鉄道の意義が南北戦争中の議会で南部の「鎮圧」ということに付加されて、少しだけ変化した点である。「諸大陸間の交通路の完成」という建設目的意識も、米国全体の利益の一部に資するような鉄道建設をめざしたものだと解釈する。同時にアジア太平洋方面における「非公式帝国」を貿易面から形成するという米国の欲求が、南北戦争中にも存在したことを布施は示している。続けて布施は、二一世紀現在でも世界的に希少な綿花というい わば「国際公共財」を貿易で提供することで、米国はイギリスにかわり世界経済上の覇権を握ることまで視野に入れたのではないかと推測する。しかし大陸横断鉄道が完成したのと同じ一八六九年にスエズ運河も開通し、イギリスのグローバルな海洋覇権がいっそう強化されたと結ぶ。

同じく一九世紀の展開では、第3章で牛島が「メキシコから見た米国のマニフェスト・デスティニーと米墨戦争」について書いている。米国の普遍的価値観として、誰にもすぐに想起されるのは、自由や民主主義の理念であろうと述べ、それは本来、普遍的なものとして米国の精神や意義は他国の近代憲法にも受け容れられてきたはずであると続ける。ただしその普遍的価値観に対する解釈が、米国や英国、さらに第三世界を中心とする国や地域においては多様であったと指摘する。特に一八四〇年代の米国から生まれた領土拡張主義がその一つであるという。この米国の理念に真っ向から対抗する動きがメキシコから起こったと述べて、メキシコは米国のマニフェスト・デスティニー（明白な天命）に武力を行使して挑んだのであり、これが米墨戦争であったという。さらに牛島は、米国の一八四〇年代の普遍的価値観である、自由や民主主義に加えてマニフェスト・デスティニーがいかにメキシコとの戦争状態を生じさせたか、また同時に、米国の普遍的価値観が絶対的なものではなく、メキシコとの戦争を通じて米国人自身がその理念に対する懐疑の念に陥ったという史実についても説明している。

二〇世紀を扱う大野は、第2章「アメリカの冷戦戦略とCIAの秘密工作活動——グアテマラ・アルベンス政権打倒工作への道程」において、グアテマラへの干渉を、アメリカが自ら唱えた自由、民主主義といった理念に反する外交政策を実施した例として取り上げ、その背景を明示している。まず、アイゼンハワー政権によるアルベンス政権打倒工作の概要を説明する。そのうえで時代をさかのぼり、トルーマン政権下でCIAの秘密工作活動が始まった経緯を振り返る。その後、CIAの秘密工作活動がアイゼンハワー政権下で拡大し、アルベンス政権打倒工作が実行されるまでの過程を論じる。これらの検討を通じて大野は、トルーマン・ドクトリンにおいて示された自由な諸制度、自由選挙といった理念に反する行動をアメリカがとるに至る状況を明らかにしている。

以上のように、布施、牛島、大野の三名が一九世紀のグローバルな米国の政策、一九世紀メキシコの反米の姿勢、二〇世紀の反米、親米の情況を説明している。第1部〈アメリカ合衆国の普遍的価値観とその受容〉について、読者の皆さんは南北ラテンアメリカにおける「かつての親米」、「かつての反米」の展開を理解できるであろう。

四人目の住田は南アメリカからの視座として第4章で「二〇世紀親米ブラジル大統領の理念と政策——空間のナショナリズムと米国」について解説した。伝統的なブラジル空間のナショナリズムの展開において、一九六〇年に誕生した新首都ブラジリアは、歴史の必然とも呼べる成果であった。その背景は、一九三九年から四五年に至る第二次世界大戦とそれ以降の冷戦構造にあった。さらに、内陸部で育った気鋭の政治家クビシェッキの存在が大きかったのである。冷戦の開始時期に親米大統領が新しい首都を建設したことによって、ブラジルは米国の資本主義と民主主義の理念を、独自のブラジル高原の自然環境に適応させることができた。つまり、植民地時代からの過去を引き継ぎ、二一世紀の民のための豊かな未来に向けての拠点ブラジリアを構築したのである。ユネスコの世界遺産に登録された（一九八七年）背景も、そうした過去と未来をつなぐ「永遠に生きる都市」の理念にあるといえよう。

そして二一世紀のいま、米国は南のラテンアメリカ諸国の新しい構図に直面している。それは多数の左派政権の誕生である（参照：図1）。外務省の中南米地域に示されている独立国が南米大陸には一二ヶ国あり、カリブ海に面したギニア高地に英語圏のガイアナとオランダ語圏のスリナムに並んで独立していないフランス語圏のフランス領ギアナがある。カリブ海には一三の島しょ諸国、そしてメキシコを加えた地峡地域には八ヶ国を数え、中南米地域の独立国の合計は三三ヶ国となる。コロンブス以前はすべて先住民の言語であったが、二一世紀の現在、スペイン語を公用語とする国が一八、ポルトガル語が一、英語が一〇などとなっている。これらの国の政府が二一世紀のいま、左派と右派に分かれている。右派の政府はおおむね自由と民主主義を掲げ、親米の姿勢を取る。

ブラジルやアルゼンチンは左派であるが、第4章で取り上げたブラジルは、二〇世紀において一貫して親米の外交路線をとってきた。二〇二三年一月に中道左派のルーラ（Luiz Inácio Lula da Silva: 1945-）政権が誕生するが、米国とのつながりも緊密である。さらに地政学上重要な南の円錐（スペイン語：Cono Sur, ポルトガル語：Cone Sul, 英語：Southern Cone）と呼ばれる南米南部ラプラタ川流域地域を抱くウルグアイとパラグアイが右派政権である意味は米国にとって重要である。そして、南米大陸北部の天然の要塞ギアナ高地の英語圏ガイアナ、南米と北米大陸をつなぐ地峡のパナマ、太平洋に面する赤道直下のエクアドルがすべて右派の親米政権である。二〇世紀の冷戦構造とは異なる新しい多様な親米世界秩序の姿が予見される。

［参考文献］

ウォーラーステイン、I（川北稔訳）『近代世界システムⅡ』岩波書店、一九九〇年。

図1　ラテンアメリカ・カリブ海諸国右派・左派政権地図　出所：日本国外務省の国・地域情報と日経新聞記事に基づき編者住田が作成

コラム❷

二一世紀南北アメリカの現在
――親米、反米の関係性を乗り越えて

牛島　万

米国は建国以来、ラテンアメリカ、とりわけ北半球にあるメキシコ、中米、カリブ海地域のスペイン系アメリカを支配することに努めてきた。そしてラテンアメリカ諸国が米国に対抗すれば反米、従属すれば親米といつしか区分されるようになった。一九六一年に社会主義宣言をしたキューバの事例を除けば、ラテンアメリカは多かれ少なかれ政治的かつ経済的に長年米国に従属してきた国や地域といえるであろう。一九八〇年代のラテンアメリカは「失われた一〇年」と言われ、メキシコの債務危機を契機に、これがブラジルやアルゼンチンにも飛び火した。メキシコはこの危機により、それまで米国と一定の距離を置いて推進してきた輸入代替工業化に基づく独自の発展モデルを放棄することを余儀なくされた。そして再建計画には米国モデルである新自由主義的改革が強制的に導入された。緊縮政策と構造改革は結果的に多くのメキシコ国民の生活を圧迫した。また八〇年代は、米国がこれまで支援してきた多くのラテンアメリカの軍事政権が崩壊し、その後はメキシコと同様、新自由主義と民主化が押し進められていった（近年、新自由主義を批判する動きがないわけではない）。これらの軍事政権では六〇年代から八〇年代にかけて米国の援助と支援のもとで反共産主義政策が実施されたが、反面、軍事政権では人権弾圧などの国家権力の横行が見られた。しかし八〇年代に入ると、アルゼンチン（八三年）、ブラジル（八五年）、チリ（九〇年）など立て続けに民政移管した。

また一九八〇年代の中米では、米国の軍事介入が積極的に行われた。その代表的なものが八〇年代のレーガン（Ronald Wilson Reagan）政権の中

米紛争への軍事介入である。これは、冷戦下での代理戦争の様相を呈していたまさにベトナム戦争を彷彿とさせるものであった。一九八三年にはグレナダ侵攻が行われた。また、パナマの反米トリホス（Omar Efrain Torrijos Herrera）独裁政権下で米国ＣＩＡ（米国中央情報局）につながっていたノリエガ（Manuel Antonio Noriega）は、一方でキューバなどの反米国家とも関係を結び、私腹を肥やしていた。そこで麻薬密輸とマネーロンダリング（資金洗浄）の容疑で彼を逮捕しようと、一九八九年に米国軍はパナマに侵攻した。

一九九〇年代になると、九四年にはＮＡＦＴＡ（North American Free Trade: 北米自由貿易協定）が発足し、メキシコは米国との経済的連携と自由化を急速に進めていった。メルコスール（Mercosur: Mercado Común del Sur: 南米南部共同市場）が発足したのも九五年である。他方、一九九四年にはサパティスタ民族解放軍（EZLN: Ejército Zapatista de Liberación Nacional）というメキシコ政府のＮＡＦＴＡ推進に反対する武装集団が蜂起した。さらには、同年メキシコで起こった通貨危機のしわ寄せを大多数の国民が被ることになり、米国への出稼ぎを余儀なくされて不法入国し強制送還された人数はそれまでの最大であった八〇代後半よりわずかに少ない年間一六一万人にも達した。しかし、これが二〇〇〇年代に入ると、二〇〇一年九月一一日のニューヨークのテロリズムの影響で、米国政府による国境警備や退去強制が強化されたために、次第に不法入国者数は減っていった。現在、タイトル四二（アメリカ合衆国法典第四二編）というトランプ（Donald John Trump）政権及びバイデン（Joe Biden）政権において用いられている法律（コロナ禍の緊急事態に限り、庇護申請を認めずに即刻メキシコへ退去させる取り決め）によって、強制送還された数は二三八万人（二〇二二年）にまで上っている。加えて、二〇二二年にはこれまでにない新たな傾向として、ベネズエラ、キューバ、ニカラグア出自の不法入国者（五七万一一五九人）が中米のホンジュラス、グアテマラ、エルサルバドル出自のそれを上回った（五二万六〇二人）。その他、近年では、中米以外に南米のパナマ、エクアドル、コロンビア出自の不法入国者が増えている。これらの不法入国者の増加はラテンアメリカの新自由主義経済とコロナ禍における経済低迷が抱える問題の深刻さを浮き彫りにしているといえるのではないだろうか。そして米国自体も、この不法入国者の急増に危機感を募らせており、移民や不法入国の問題はこの国を二分する重要な政治争点となっている。

これまで米国によって、ならず者国家とレッテルを貼られた国からの不法入国者は犯罪歴がないなどの一定の要件を克服している場合、難民は厳しくても庇護の対象として認められる傾向にあった。民主主義こそ米国が自負する普遍的価値観であり、その擁護者である米国は比較的容易に米国への短期滞在を認めたものだ。しかし現在は必ずしもそうではない。キューバ、ニカラグア、ベネズエラからの不法入国者が二〇二一～二二年度に急増したため、規定の人数枠を超える者については強制送還にされている。もはや米国は国の威信よりも国内の分断の危機を回避することを優先し、受け入れを見送っているのが実情のようである。

コロナ禍において、米国内では銃乱射事件が多発している。その多くが人種差別と関係したものである。二〇一九年のテキサス州エルパソのショッピングモールの事件はわれわれの記憶に新しい。犯人は白人で、犠牲者の買い物客はヒスパニック系が多かった。また犯人は人種的差別感情を持っていたことが判明している。その他、コロナ禍において、アジア系に対する暴行による被害が続出した。またウクライナ戦争の影響でロシア系に対する差別や暴力まで起こっている。米墨国境を越境しようとする者のなかにウクライナ人が含まれていることは特筆に値する。

さてブラジルでは二〇二二年に大統領選挙が実施され、接戦の末に右派のボルソナロ（Jair Messias Bolsonaro）を破り左派のルーラが政権に返り咲いた。従来親米といわれてきたコロンビアでもグスタボ・ペトロ（Gustavo Francisco Petro）が当選し左派政権が誕生した。現在、メキシコ、ブラジル、ベネズエラ、アルゼンチン、チリ、コロンビアはすべて左派政権である。このことが外交面における中南米の結束に大きく寄与することが期待される。例えば、ベネズエラのマドゥロ（Nicolás Maduro Moros）政府と野党連合の話し合いにメキシコが仲介役を買って出ている。二〇二二年一二月七日、ペルーではペドロ・カスティジョ（José Pedro Castillo）大統領の弾劾を議会で可決したあと暴動が続いているが、メキシコは元大統領の家族の亡命を受け入れた。

この意味でもメキシコの事例は注目に値する。米国との経済自由貿易協定である新NAFTA、つまりUSMCA（US-Mexico-Canada Agreement: 米墨加協定）を継続させながら、米国が敵視しているベネズエラの政治問題の解決にも協力するなど、他のラテンアメリカの左派政権との結束をより深めている。これは中南米諸国の協調や連帯を重視する八〇年代のコンタドーラ・グループ（その後リオ・グループ、さらにラテンアメリカ・カリブ諸国共同体CELACへ発展して現在に至る）の姿勢を連想させるものである。ラテンアメリカの連帯は決して新しい話ではない。現代ボリーバル主義の根底にあるのは一九世紀の独立指導者であったシモン・ボリーバルによるラテンアメリカ連帯の精神の追求である。他方、中国のラテンアメリカ市場への参入によるプレゼンスの向上も注視しなければならない。

以上のことから、現在の左派はかつてのそれではないことがわかる。つまり、冷戦期の右派と左派の関係ではなく、左派もかつてのイデオロギーに翻弄されているわけではない。近年、価値観が多様化してきている中で、その政治意識においても「現実」をより注視してきている。そのための選択も多元的で、かつ米国の押し付けを嫌い、自らの自決権を重視してきていることを強調しておきたい。他方、米国の中道右派や中道左派の勢力は弱まってきているとよくいわれるが、ラテンアメリカの場合はどうか。対話と調整を重ねて政治を行っていくという地道な努力や姿勢が見られないことは、とかく分断の危機に見舞われていると酷評される米国の政治にもつながる危機的状況である。

近年、ラテンアメリカの「市民」の力には見違えるものがある。二〇二一～二二年にかけて、ペルー、チリ、コロンビア、ブラジルでは左派政権が誕生したが、とりわけチリやコロンビアなどでは選挙前から貧富の格差拡大など経済的困窮を訴える市民デモや暴動が激化していた。またNGOや草の根運動、地域社会におけるコミュニティの自助組織活動などさまざまな形で市民が参加している。他方、二〇一八年頃から本格化した米国への庇護要請のために中米からメキシコを通過して国境まで数千キロを移動するキャラバン（移民の大移動）はその後も不定期で続行されている。目標である米国との国境まで辿りつける者もいれば、断念を余儀なくされる者もいる。途中で国家権力に強制的に制止させられ、あるいは道中を犯罪組織等による拉致、暴力、殺人などの危険にさらされる者などさまざまであるが、出自の異なる個人が相互にSNSによってつながり、情報を共有、拡散させることで、群れを成して国家権力に挑む姿勢は、かつてのサパティスタのインターネットゲリラ戦術を彷彿とさせるものである。

これを執筆している最中にブラジルではボルソナロ支援者がブラジル議事堂等を占拠したというニュースが入ってきた。トランプ支持者による米国議事堂占拠事件を想起させ、模倣事件のようにも思われる。れっきとした犯罪行為であり、その手段は決して容認できるものではない。しかし、キャラバン同様に、これからの二一世紀の個人と国家の関係について考えさせられる事件であった。不確定な過渡期の時代が続くだけに今後どのようになっていくかは誰にも予測できず、予断を許さない。しかしいえることは、米国もラテンアメリカも従来の状況から脱皮し変わろうとしているのではないだろうか。それゆえに、われわれは断片的な出来事に一喜一憂することなく、方向性の定まらない海原を、いかに舵を切って船を進めていくかが肝要であろう。

［参考文献］
Gómez, Laura E., *Inventing Latinos: A New Story of American Racism*, The New Press, 2022.

第2部

南北アメリカのマイノリティ

第5章　アフリカ系アメリカ人の音楽文化と「意味」の実践
――「モラル」と「差異」の間で

辰巳　遼

はじめに

黒人音楽は、アメリカという国の影響力の大きさと相まって、世界中に消費されると同時に、人種差別への抵抗の手段、声を上げる手段の成功例として紹介されることが多い。しかしながら、人種の問題は単純ではなく、地域や時代によっても異なり、またコミュニティによっても違いがある。例えば黒人という「差異」は特定のコミュニティで特定の意味で使用されるため、アメリカの黒人表象を考える際は、ラテンアメリカ地域の黒人という枠組みとは全く異なる解釈が必要になるだろう。ただし、黒人の文化運動という視点で見ると、一九五〇年代以降の、時代が大きく動く時期からは、世界各地の相互関係性も見えてくる。ブラジルのダンスや音楽は、アメリカのジャズ文化と呼応してボサノヴァのブームを引き起こしたし、アメリカは常にラテンアメリカ地域とつながりが深いことはいうまでもない。

ただ、あらゆる人種と音楽のつながりの中で、「アメリカの黒人音楽」がこれほどまでに注目されたのはなぜだろうか。その理由の一つに、「共存のあり方としてのモラルの問い直し」という側面があげられる。さらにはその実践が「差異」という複雑な概念をめぐって実行されていくことで、一九九〇年代以降の多様性の議論に大きな影響を与えたことがある。

本章では、アフリカ系アメリカ人の音楽であるジャズを、誰かと異なる、ただ違うという単純な違いを示す差異をめぐる実践や、差異を平等な立場として認めてほしいという承認をめぐる実践として捉えるのではなく、差異とは何かという「差異の概念」そのものをめぐる実践として問い直していきたい。同時に、差異という概念がもっている特性と矛盾が、いかにモラルを考える際に重要であるかを明らかにしたい。特にオーネット・コールマン（Ornette Coleman: 1930-2015）の実践に注目し、モラルがそれぞれの時代に生きる人々の感覚に基づいていることを前提に、差異をめぐる実践とモラル構築の関係性を見ていくことにする。

1．アメリカのモラルと音楽

アメリカのモラルに関して最初に確認しておきたいのは、それは人々の共存のあり方として長らく議論されてきたことである。もちろんモラルは道徳や倫理観、社会正義につながる議論だが、その源に数多く存在した多様性をいかにアメリカという場において統合するかという命題が建国の時期からあった。いうまでもなく、移民の集合体であるアメリカは、同じ道徳感や正義感を、つまりともに生きていくために必要な共通の価値観を国民にもたせるために、植民地時代において共有し得るモラルを構築する必要があったわけである。そこには当然、人々を結びつけるための「物語」が必要であり、アメリカの場合は宗教的な「約束の地」へたどり着く道程であった。「差異」の生産や共存の仕方も含めたアメリカの共通の感覚を本章でのモラルと定義する。

一方でモラルは時代や環境、状況によって異なるということもここではっきりと述べておかねばならない。建国当時のアメリカのモラルは主に宗教的信条によって構築された「明白な天命」にその基礎を見つけることができる。モラルは人が正しいと考える道徳的な基準であるため、当時の生活やアイデンティティ、目標などのすべてがこの基準のもとで導かれている。このことから今の感覚で当時のモラルを説明することは容易ではない。ただ後に述べるように、このモラルこそが差異の生産、すなわち「異なるもの」としての意味を作り出すことや、アイデンティティを構成するプロセスに強い影響を与えているのである。モラルがこのような意味の生産を導くとすれば、モラルと意味を作り出すこととの関係は切り離すことができないものであり、それらの関係はメディアにおける実践として見ていく必要があるだろう。ここでいうメディアとは、「媒体」のことであり、いわゆるコミュニケーションを成立させる「ことば」そのものでもある。メディアにおける実践とは、コミュニケーションの媒体である「ことば」をいかに「意味」として社会の中で使用するか、あるいはされるかに関することだといえる。

本章では特に音楽をその分析対象として取り上げる。なぜなら黒人の文化的実践のみならず、アメリカの建国当初から音楽は讃美歌や詩篇の合唱によって人々の生活に根付いており、マサチューセッツ州での最初の出版物である聖書の詩篇を集めた *The Bay Psalm Book*（1640）に代表されるように、説教や集会などと同様にモラルを伝えていく大きな役割を果たしていたからである。すなわち、はじめから音楽はモラルと密接に関わっており、黒人音楽はその音楽自体を問い直したといえるからである。

法や規則の外側においてのみ、つまり、彼らは白人の視点の外側でそれを実践することができた。同時にそれは、法の外側からのモラルの問い直しにもつながっていた。したがって、彼らがモラルを再構成する場は、いわゆる「無法地帯」であったといえる。その具体例として、ジャズやヒップホップにおけるラップミュージックなどをあげることができる。例えばジャズは、禁酒法の裏で盛えた賭博場や娼館という場所がより黒人の演奏機会を増やしたことでその発展につながった。またラップにおいては、ギャングと関連したグラフィティやドラッグなどの違法な行為が多く発生する場で発展してきた歴史がある。当たり前であると思われていた規範や法の外側にいた人々による音楽文化の形成が結果的に、白人とは全く異なる、黒人ならではの音楽や文化を生み出していたことが重要なのである。本章で見ていくように、黒人の音楽は、それまでの白人に抑圧された人種の「差異」の意味、すなわち黒人＝劣等人種という意味を変えていこうとしたわけであるが、この「差異」の抱える問題について少し言及しておきたい。

2. 差異の問題とメディア

まず「差異」というものは紛れもなく「意味」の生産であり、現前した瞬間に、その「意味」以外に現れる可能性のあったすべての「意味」を抑圧するプロセスである。言い換えれば、「黒人」ということばが現前すると、「黒人」以外にことばとして現れる可能性のあったすべての「意味」を抑圧することになる。われわれが主体として、また活動者として社会生活に入り込むとき、そのすべてが他者に依存することになる。例えば、私たちが社会の中で主体となるには、名前や出身地のような自分が誰かということを表すために、「ことば」や「意味」によって「自己」を見出す必要があるが、自己は自らの「ことば」だけで見出すことはできない。その一番端的な説明としては、われわれがアイデンティティを構成するときに、「私」という存在を意味あるものにするためには、差異が必要であり、その差異は紛れもなく他者に対峙する差異なのである。この意味において、「私がこうあるべきである」といったことや「社会でこういう行動を取るべきである」といったようなモラルの源は、自己に対峙するすべての他者との関係性に求められる。*Why Study the Media*（1999）の中でロジャー・シルバーストーン（Roger Silverstone）が述べているように、自己のアイデンティティが他者の「ことば」や、「意味」によって構築されるのなら、私が他者を認識できたときにすでにその社会で他者たちが共有しているルールや常識に従う者、つまりモラルをもつ人間として、私は存在することになる［Silverstone 1999］。この時、私は「意味」を有する表象として、社会的に生産される。

差異は社会的に生産されたその瞬間に、そこに存在する可能性のある他のすべての選択肢を「抑圧」する。言い換えれば、白人から見た黒人とは、肌の色が異なる人種としての差異が、全面的に黒人に対する「意味」を支配していて、一人ひとりの出生や話す言語、能力の細部などそのすべてが「抑圧」されるのである。差異とはメディアの実践によって、ことばが実際に「意味」として使用される中で生産される単純化された「記号」にすぎない。社会的に理解、認識されている「モラル」の中の「記号」である。「記号」とは、ことばとして私たちが意味を理解しているものであり、特に文化的に共有しているものである。問題なのは、「記号」が共有できるのは特定の文化の中においてであるため、本質的に決定されたものではないことである。

シルバーストーンは、われわれはあらゆるメディア空間を移動していて、この連続的な移動の経験によって得られる情報が、われわれの認識を形作っていることを明確に説明している［1999］。黒い肌をもっている人たちは、アメリカの場での「意味」として構築されたその時点で、白人の視点を通したモラルをもつことを意味する。

黒人音楽が「黒人」としての差異を問い直すために白人中心の社会的通念になっている「意味」の外側、つまり通常のモラルが機能しない「無法」の空間こそ、新しい差異を生産する唯一の場であろう。しかしその場は単純に新しい「アフリカ系アメリカ人」のもつ意味がつくられる時空間として定義してしまっていいものであろうか。単純な差異の移行として捉えるのではなく、むしろそれは実践の繰り返しの中で生産される「意味」に少しずつズレをもたらしていくプロセスとして考えるのが妥当である。なぜなら「意味」は突然変容するものではなく、アメリカ社会において受け入れられるために、少しずつ社会に浸透していく中で変わっていくものだからである。

3. ジャズ音楽と人種の差異

黒人霊歌やブルース、ゴスペルといった黒人の感情を表象してきた音楽が、一九〇〇年代以降、産業の発展に伴いそれぞれ同時進行的に娯楽音楽へと展開していった。その過程で生まれたジャズは、特に一九五〇年代後半から六〇年代にかけてオーネット・コールマンの*Free Jazz*（1961）やソニー・ロリンズ（Sonny Rollins: 1930-）の*Freedom Suits*（1958）に代表されるように、自由と平等を表すものが増えていった。しかしジャズは初めから表現の自由を追求する「黒人音楽」というわけではなかった。

一九世紀後半、自由奴隷が増え、南部の街で楽器を弾くアフリカ系アメリカ人が徐々に増えていった頃、ピアノを用いて楽曲を演奏するアフリカ系アメリカ人がいた。クラシックで多く使われるピアノは、西洋の楽器の代表のようなもので、アフリカ系音楽には適してないように思われたかもしれない。そのピアノを駆使し、アフリカ独特のリズムを採用し、シンコペーションのメロディを奏でたのがラグタイムと呼ばれる音楽である。そこにはブルースの影響が見られたのと同時に、西洋の楽器が使用された。それはピアニストのスコット・ジョップリン（Scott Joplin: 1868-1917）等によって演奏され、後のジャズに決定的な影響を与えたといわれている。

スコット・ジョップリンが生まれたのは一八六八年であるが、リンカンによる奴隷解放宣言（一八六二〜六三年）は、黒人がアメリカで生活する市民として一定の自由を法的に得ることを意味していた。この時期から黒人は音楽を、自己を表現する方法として意識し始めた。もちろんその時点で白人社会において黒人音楽に対する価値どころか文化としても認められることはなかった。しかし奴隷解放によって多くの文化的交錯が起こったことを立証する一つの理由は、アフリカのリズムにクラリネットやコルネット、トランペットやトロンボーンといった楽器が組み合わされることによって、アフリカ系アメリカ人達が演奏する音楽はますます独特さを増していったからである。その過程でジャズというジャンルが生まれていくのである。

しかしながら一九〇〇年代前後に生まれたとされるジャズはそもそも多種多様な音楽の混成によって育まれたものであるため、一概にその起源を一つに求めることはできない。ただジャズを語る際に、その発生地とされるニューオリンズを無視することはできない。ニューオリンズの独自性は、ジャズそのものの特性として語られてきており、その地域の関連がなければジャズは顕在しないからだ。

ニューオリンズを州都とするフランス領ルイジアナは七年戦争（フレンチ・アンド・インディアン戦争）の結果、一七六三年にミシシッピー以東をイギリスに、ミシシッピー川以西をスペイン人に割譲したが、一八〇〇年にフランスの占領下となる。そして一八〇三年に、第三代アメリカ合衆国大統領のジェファーソン（Thomas Jefferson）がナポレオンから一五〇〇万ドルでミシシッピー川以西のフランス領ルイジアナを購入した。スペインやフランス、そしてイギリスやその他の移民たちの文化から持ち込まれた多様性は、多くのクレオールといえる混成文化を生みだした。ニューオリンズは、混成の混成という捉えどころのない脱中心化され雑種化された音楽を生成する都市空間であった。

油井正一は『ジャズの歴史物語』の中で、「ニューオリンズで演奏されていた音楽は、『世界の縮図』をそのまま反映したものであった。この町ほど、音楽と市民生活が密着していた都市は他に類がない。音楽会などをわざわざ聴きにゆかなくとも、市民社会イコール音楽だったとさえいえるのである」という［油井 2009］。こうしたクレオールを含む多様な人種が混在していたニューオリンズという場所性がジャズに大きく影響している。アフリカ的なビート感を加えたラグタイムピアノから、舞踏会でのマズルカやポルカ、ワルツなどのダンス音楽、ブラスバンドのマーチ、煙突掃除や苺売りによる宣伝の歌声、世界各国語で歌われる民謡、黒人労働歌、教会歌、そしてカリプソなどといった音楽の記憶がすべてジャズに影響を与えていたのである［油井 2009］。

この地域とのつながりがジャズにとって欠かせないのは、植民地の歴史過程や、アフリカ音楽とフランスやスペインなどの多様な音楽との出会いから生まれたもので、ジャズがアングロ・サクソン的な要素とある程度の距離がとれていたという点である。いまやアメリカを代表する音楽の一つであるジャズがニューオリンズから生まれたということは、アメリカ文化がアングロ・サクソン文化を核とした一元的なものから脱したと考えられる。しかし決してジャズはアメリカのアングロ・サクソン文化から隔離されていたというわけではない。ニューオリンズでさまざまな文化の交差点に浮上したジャズは、アフリカと西洋の出会いと称されることが多い。ただし、アメリカの黒人にとってのジャズとは、ブルースも同様であるが、アフリカと西洋の出会いよりも、あくまでアメリカという場所で、白人優位でありながら多文化が入り混じる混沌とした社会と自らの主体をつなぎ合わせ、自己をいかに見つけ出すことができるのかという音楽的実践だった。ジャズは紛れもなく黒人を筆頭に展開されてきたサブカルチャーであり、アメリカでの「意味」の変容をめぐる文化の闘争として見ることができる。

しかしジャズ音楽は完成されたものではなく、演奏者や時代によって変わっていく。この意味でジャズ音楽とは変容可能な要素をもっていると考えられるが、逆にその「意味」は確立していなかった。核のない主体なき不安定さが、ジャズの新しさを感じさせたのである。ディック・ヘブディジ(Dick Hebdige)も論じているように、楽譜や歌詞カードに忠実なクラシックやその他の音楽に対して、ジャズの演奏者は再現できないほどに自由で、悲劇の歴史を覆し、社会に潜む矛盾を浮かび上がらせ「束縛のなかの自由」を手に入れることに成功した[Hebdige 1979]。またジャズの演奏が個人に委ねられたことで、ジャズは楽譜に基づくクラシックのような自律性をもつのではなく、演奏者である黒人の身体にすべてが委ねられる。すなわち楽譜単体で価値を見出すクラシック音楽の要素を切り捨てて、個々の演奏が演奏者の価値判断に委ねられたのである。アメリカの黒人にとってジャズ音楽は、それが文化として独自の領域を形づくっていくのと同時に、即興演奏を軸にすることでクラシックとは異なる独自の表現方法となった。

そもそもニューオリンズは一九世紀以降に貿易港として急速に繁栄し始めた都市である。酒場や賭博場、娼館などが建設されるようになり、街は一大歓楽街となっていた。当時の市の助役であるシドニー・ストーリー（Sidney Story）は娼館の経営を公認し、それらを一か所にまとめ、その区画を自分の名前にちなんでストーリーヴィルと名づけた。ピアノや弦楽器が音楽を奏で、豪華な店内を誇るルル・ホワイト（Lulu White）経営のマホガニー・ホールを筆頭に、ストーリーヴィルの酒場や娼館では音楽が演奏されるようになり、演奏家が仕事を手にすることができるようになったのだ。この特異な場が、人種や階級を越えた空間を創り上げていた。同時にクラシック音楽の教養を受けた演奏家がラグタイムといったアフリカ系のリズム音楽に出会うことでジャズは輪郭を現していた。つまりこの時、娼館や酒場などの盛り場の文化と音楽文化を横断しながら、黒人によるジャズ文化という「差異」が構築されていった。

第一次世界大戦の影響により、一九一七年一一月にストーリーヴィルが閉鎖され、その影響はジャズの演奏者に直接的なダメージを与えた。仕事を失った演奏家は南部から北上し始め、産業構造の変化と相俟ってカリフォルニアからさらにシカゴ、ニューヨークへと移動し、ジャズは拡散されていくのである。

やがて第一次世界大戦が終わり、一九二〇年一月一六日に禁酒法（ヴォルステッド法）は発効され、その翌日に施行された。ギャングの支配下によって経営されたマフィア文化ともいえる暗黒街、すなわち法律の目をかいくぐる形で酒場等が繁栄したことで事態は変わった。黒人たちがそのような場で演奏の機会を与えられたことによってジャズはより一層発展していったのだ。

「無法地帯」ともいえる特異な場所で共有される音楽は、一種の連帯の領域を創り上げた結果として、サブカルチャーのような型を見せはじめる。なぜなら「無法地帯」は常識である規範や制度の外側で意味の破壊や交錯を実践させるからである。

アフリカ系アメリカ人のジャズの演奏家は、管楽器やドラム、バンジョーを好む傾向にあった。特にコルネットやトランペット、サックスは非常に好まれた。その理由は、楽器の演奏方法に関係している。トランペットやサックスは演奏の仕方によって強烈なヴィブラートをかけることや、サウンドを変化させることができ、唇の操作でさまざまな音の表情を作り出すことが可能である。自己の表現としてブルースを歌っているのと同様に、ジャズの演奏もまた、自己の差異を表現するための声として、音に色々な表情をつけていく。

その表現の場が、即興演奏である。バディ・ボールデン（Buddy Bolden: 1877-1931）を皮切りに盛り上がりを見せたとされるジャズは、ルイ・アームストロング（Louis Armstrong: 1901-1971）等の影響のもと、声に近い演奏ができるトランペットやサックスを使用した個性の強い即興演奏が、さまざまな演奏者から生まれていくことになる。

ジャズの文化的、テクノロジー的実践の代表的な例の一つが、一九三〇年代から四〇年代にかけて短い間ではあるが活躍したチャーリー・クリスチャン（Charlie Christian: 1916-1942）である（ベニー・グッドマン（Benny Goodman: 1909-1986）の楽団で演奏していたギタリスト）。ギターは他の管楽器などと比べて音が小さいということもあって当時あまり目立つ楽器ではなく、伴奏中心の役割だった。しかしチャーリー・クリスチャンはそのギターをアンプにつなぎ、アメリカで初めてギターを使ってソロを弾いた人物である。史上初のエレクトリックギタリストである彼は、ブルースを基調に単音でメロディを奏で、ピアノやサックスと同等に演奏していた。その結果、チャーリー・クリスチャンは後に、「ビバップ」と呼ばれる黒人色が濃いといわれるジャズ・スタイルに大きな影響を与えていった。マイルス・デイビス（Miles Davis: 1926-1991）のトランペットの演奏にも影響を与え、ジミー・ブラントン（Jimmy Blanton: 1918-1942）、ディジー・ガレスピー（Dizzy Gillespie: 1917-1993）、チェット・ベイカー（Chet Baker）のみならず、フランク・シナトラ（Frank Sinatra: 1915-1998）やナット・キング・コール（Nat King Cole）のフレーズにも、彼の演奏は影響を与えたといわれる。マイルス・デイビスの自伝 *Miles The Autobiography* によれば、チャーリー・クリスチャンは管楽器のようにギターを弾き、ベース・プレイヤーのオスカー・ペティフォード（Oscar Pettiford: 1922-1960）がギターのようにベースを弾くという新しい奏法を生み出すきっかけとなったという［Davis 1990］。

また一九〇〇年代初頭において、ラジオやレコードは集団の形成という意味で重要なメディアであった。アメリカにおけるラジオのはじまりは一九二〇年一一月二日にイースト・ピッツバーグで行われたKDKA（ウェスティングハウス電機会社によって設立された放送局）によるハーディングとコックスの大統領選挙についてだった。それ以降ラジオは新聞に勝る情報量と影響力をもつことになる。ジャズがアフリカ系アメリカ人の音楽として定着していたのは、時間や空間の境界を超越し、他者と結びつく共同体の感覚がラジオやレコードによって形成できたからである。西洋の音楽理論に裏打ちされた楽譜主義のクラシックに対して、ジャズはラジオやレコードによって、個人の即興演奏を中心とした口承的な音楽文化として確立された。

ジャズ専門のレコード産業の出現とアフリカ系アメリカ人向けのジャズを流すラジオ局の誕生は、ルイ・アームストロングやデューク・エリントン（Duke Ellington: 1899-1974）といったスターが出てくるなかで、ジャズの大きな転機となった。これによってジャズに対するプレイヤーとオーディエンスの関係が変容し、アフリカ系アメリカ人のコミュニティに決定的な影響を与えることとなる。それまで生で音を聴き、ダンスを踊るといったことが主流だったジャズが、ラジオやレコード盤さえあればどこでも聴くことが可能になったのである。プレイヤーとオーディエンスの相互関係の質が根本的に変化したことで、ジャズに対する受け止め方も一曲を聴き入るという作業を通して大きく変わった。即興演奏の多いジャズでは演奏ごとに毎回異なったものとなるが、レコードは全く同じテイクを何度も聴くことを可能にした。これによって即興の連続であった演奏に個性がもたらされた。そして各々のアーティストと音の並びを結びつけ、名演と呼ばれるテイクを生んでいった。このときジャズ・アーティストは、アメリカ中の黒人を先導するヒーローやリーダーと見なされたのである。

演奏手法、即興演奏、ラジオやレコードの普及といった相互作用によって、ジャズは黒人文化として全国的に認知されていく。演奏の場に居ずしてジャズが聴けるようになったことは、ジャズを拡大させるのと同時に、アフリカ系アメリカ人の音楽文化として、そして彼らのアイデンティティの源としての差異の表現方法に大きな影響と変化をもたらしたのである。

しかしながら、意味を構築していく実践としてジャズを問いなおしてみると、実際にはジャズは最初から多様性を内包しており、一九五〇年代以降にさらに強く黒人と結びつけられるようになっていった。大和田俊之が『アメリカ音楽史――ミンストレル・ショウ、ブルースからヒップホップまで』において「ビバップやその発展形としてのハード・バップの〈黒人性〉がふたたび強調されるのは一九五〇年代後半のことである。とりわけ六〇年代以降、モダン・ジャズの正当性をそのエスニシティに求める主張が目立つようになった……ジャズを黒人文化として占有しようとするこのような主張が、同時代の公民権運動を反映した主張であることはいうまでもない」[大和田 2011] と述べるように、黒人によって演奏され、語られていく過程で黒人＝ジャズという関係が強化されていったのである。

ただし、多文化的な要素を簡単に組み込めるというジャズの音楽性が、差異のあり方に変化を促していく。確かにアメリカ全土にジャズが拡大する過程で、ジャズと黒人はより結びついていった。ジャズ形成のプロセスや即興音楽の主体性という観点から見たときに、すでに黒人の差異は変容し始めていたというのが妥当だろう。つまり「意味」としての黒人は、奴隷時代の黒人の「意味」から社会的に変わりつつあった。黒人の差異を根本的に変化させる即効力はなかったものの、多様性の実践としてのプロセスの一部として見ることも可能なはずである。

ジャズのもっと詳細な歴史的展開をここで記述する余裕はないが、いくつかに分割されているジャズ史において最も注目すべき転回点は、やはり一九五〇年代から六〇年代にかけてのクール・ジャズからフリー・ジャズにかけての変革だろう。一九五〇年代までのジャズが黒人文化としての強調であったとすれば、一九六〇年以降はそれとは全く異なる意識を反映していた。一九六〇年頃の人種意識の高まりは、ジャズをはじめとした音楽と互いに関連し合っていた。大和田が詳述するように、一九四〇年頃のビバップに代表されるモダン・ジャズと一九六〇年代以降のジャズでは大きな意識の隔たりがあったのである［大和田 2011］。ビバップの時代にジャズが目指したのは、どうにかして白人に追いつくということだった。モダン・ジャズの到達点は、黒人的かつ実用的なものから、自律的かつ絶対的な評価を与えられる芸術性への格上げであったという。白人と黒人の違いを埋めるためのモダン・ジャズの役割は、西洋の高級音楽的なイデオロギーに対抗するというよりは、そのなかに入り込んで上から認められるという受け身な態度に終始してしまっていた。言い換えると、一九六〇年代までのジャズは黒人という差異の意味内容を問い直す実践であったといえる。

しかしそのモダン・ジャズ時代の経験を経た一九六〇年代からのモード・ジャズやフリー・ジャズに代表される変遷は、社会的、文化的、政治的な要素と絡まり合いながら、アメリカでのアフリカ系アメリカ人のアイデンティティ変容と直接関わっていた。ニール・キャンベル（Neil Campbell）とアラスデア・キーン（Alasdair Kean）は、ジャズは伝統の鎖の輪として自己の創造的表現を可能にするとし［Campbell. Kean 1997］、その表現が公民権運動などの政治運動の中で明確なはけ口となり、また政治的なプロセスにおいて重要な要素となったと述べる［Campbell. Neil 1997］。

ジャズは、ジャズの演奏者やレコード会社の人々、クラブの経営者、聴衆たちが、生産と消費の複雑なネットワークによってその音楽の特質を構築してきた。言い換えれば、ニューオリンズというローカルな場から、多くの文化的背景とグローバルな拡大によって育まれてきたジャズ・ミュージックは、その実践に参加する人々のネットワークによって、多種多様な価値観や差異をつなぎあわせながら形成されてきた。多くのアーティストを記述することは不可能なため、ここでは時代を動かすほどの影響をもち、時代への挑戦という側面を極めて強く示したオーネット・コールマンを取り上げ、差異をめぐる実践を見ていきたい。なぜなら彼の実践は、差異とモラル形成を考える上で多くの示唆を与えてくれるからである。

4. オーネット・コールマンのフリー・ジャズ

ジャズの特質を活かし、急進的な方法で音楽を創造した演奏者は一九六〇年代までに数多く存在した。その一人にオーネット・コールマンがいる。一九三〇年三月一九日に、ランドルフ・デナード・オーネット・コールマンは、テキサス州のフォートワースで生まれた。グレン・ミラー（Alton Glenn Miller: 1904-1944）を筆頭にトミー・ドーシー（Tommy Dorsey: 1905-1956）などビッグ・バンドが絶大な人気を誇るスウィングの時代に育ったコールマンは、フォートワースで見たバンドのサックスに惹かれていた。経済的な理由により誰かに学ぶということができなかったため、彼は独学で音楽を習得していったという。独学を可能にしたのはジャズを流していたラジオであり、この経験がコールマンの異常なまでに特化した音楽の土台となった。コールマンはＡＢＣＤＥＦＧという音階は音楽のアルファベットであり、その順序はどの音楽でも変わらないと思いこんでいた。しかしピアノの楽譜を参考にしていたがゆえに、移調楽器のアルトサックスでＣの音を弾いていても、それはＡの音を弾いていると思い違いをしていたのだ。ただこの経験は、西洋で築き上げられた音楽理論以外にも、音楽理論が打ち立てられることをコールマンに気づかせた。目的に向かう道や方法は一つではなく、別の自分自身の方法でたどり着ければ、それが法則になると彼は考えた。この独学の経験、しかもラジオの音という口承的な練習の仕方は、西洋音楽の型、つまりクラシックにおける楽譜主義から脱して、マウスピースの使い方による音の出し方まで変えていくことで、既存の手法を超えた独特な彼のスタイルを創り上げていった。

一九五八年に発表されたデビューアルバム *Something Else!!!!* は、浮き出たようなサックスのサウンドや音使いの独特さがあり、それまでのジャズ・サックスの演奏とは少し異なる雰囲気をもっていた。六〇年代というアメリカ史の転換期における変革の欲望に呼応するかたちでのコールマンの演奏である。

Something Else!!!! 発表後、ニューヨークから一〇〇〇キロ離れたシカゴでは、即興を楽しむインプロヴァイザーや作曲家たちがコールマンの作品の中で芽生えたアイディアを用いて、サウンドやリズム、曲の形式、構成における新しい概念を発展させていた。ジョン・リトワイラー（John Litewiler）は『オーネット・コールマン――ジャズを変えた男』において、大西洋を越えたヨーロッパ大陸にまで、コールマンの「自由」の概念が自由なインプロヴィゼーションを引き出し、彼の音楽を手本として演奏し、ヨーロッパ独自のジャズ音楽を生んでいったと述べている［リトワイラー 1998］。

The Tomorrow is the Question!（1959）や *The Shape of Jazz to Come*（1959）、*Change of the Century*（1959）などはタイトルからもわかる通り、新しい時代やスタイルの到来を意識させる言葉が使われている。市民権に対する黒人の要望が高まっていくなか、アメリカの聴衆たちの意識の反映が、コールマンの音楽を創り上げていった。それまでの作品を継承しつつ発表した *This is Our*

Music（1960）の演奏は、各ボリュームのバランスからして同時進行的に溶け合うハーモニーを極力避け、ただ結果としてハーモニーになっているかのように個人の演奏を浮き出させている。コールマン独自の演奏路線は、コールマンの「身体」を複雑で、白人に対する黒人ではない何か不安定なアフリカ系アメリカ人の姿へと映しだしていく。なぜなら彼の身体による実践は、他の黒人とも異なる要素があり、聴衆が共有できる「意味」では明確に理解できなかったためである。このときコールマンは、白人社会からの束縛から解放された、新しい「意味」を生産する可能性を内包した身体として存在したのである。

コールマンほど「音楽の自由」という言葉に結びつけられたジャズ・ミュージシャンはいない。一九六〇年代に話題を呼び、二つのカルテットによって演奏され収録されたコールマンの *Free Jazz*（1961）は、その名の通り、束縛から逃れ、個性や感情を失わずに自由に演奏するというものだった。

彼は西洋音楽理論のみならず、基本的土台とされていたコード進行やハーモニー、調性に従わず、完全に独自の理論を構築し、演奏したのである。油井は「オーネット・コールマンは和声理論を否定しましたが、個性的なサウンドと、メロディとリズムというジャズがもたねばならぬ要素を何ひとつ失っていません。ジャズの『先祖がえり』現象ともみられます。しかしやみくもに大昔にかえったのではなく、彼が音楽を通じて表現しているものは、民族意識に目覚めた現代黒人の思想なのでありま す」［油井 2009］と分析し、彼をジャズの歴史における最重要人物だという。この主張によれば、コールマンは奴隷以前から続く黒人の、つまりアフリカの伝統を反復しつつ、アフリカとつなぎあわせながら、アメリカという場で、アフリカ系アメリカ人の「意味」を再生産している。つまり、油井が現代黒人ということばを使っているが、一九六〇年代におけるコールマンは、アメリカにおいて、「黒人」とも「アフリカ人」とも異なる身体を表象していたといえる。

一見すると*Free Jazz*は調性、つまり曲のキーを完全に無視した数人の即興によって不協和音を出しているかのように思えるが、それがどれだけ不協和な音の重なりであろうと、演奏したその時点で音楽として、一つに調和されたものとして扱う。

このようにコールマンがなげかけた音楽は、聴取側の理解や解釈を必要としていて、音楽が相互依存の、演奏され聴取されるというプロセスであることを示したのである。それまでの美的価値観から切り離されたその新しい即興音楽は、多様性の共存に向けた道筋を示唆していた。ジョン・リトワイラーはコールマンについて次のように記す。

> 彼は真剣だった。自分のアイディアを伝えるテクニックを高めたい、と考えていた。そうなれば、教えられるほうも、自分たちの考えを伝えられるようになる……彼は音楽には癒しの力があるし、人にはそれぞれの音楽があると信じていた。お互いを排除し合うやり方には反対だった（例えば、『〝ジャズ〟の伝統と〝クラシック〟の伝統』を分けて考える）。この考え方は、『ハーモロディック』理論にもはっきりと表れている。人が自分の感情や自分自身を、音楽を通して表現する方法として彼が考え出したのが、この理論なのである。［リトワイラー 1998］

ハーモロディクス理論とは、オーケストラのために彼自身が作曲した*Skies of America*（1972）の時代に初めて言及されたコールマンの考えた演奏体系のことである。コールマンは、音楽による自己の差異の表象を意味として機能させる方法を、一つの音楽理論のように説明した。コールマンにとって、ハーモロディクス理論は、文学作品や詩を書くときにも使用でき、一つの方向だけでなく、多面的な見方で豊かなアプローチをとることを可能にし、人間の自然の衝動が最もうまく解き放たれる方法だった。つまりハーモロディクス理論はハーレム・ルネッサンス時代から継承する実践の手法である。端的にいえば、どの音も脇役ではなく、主音として機能するよう実践させる理論である。

オーネット・コールマンはハーモロディクス理論を人に教えることで世に広めたが、どちらかといえばそれは、演奏の技術や手法というよりも、自分の差異を主張し自由に生き方を選択する身体を通した音楽の実践だったといえる。なぜならこの理論の最終目標は自らが主体となり、自由に奏でることであるからだ。ハーモロディクスは、音の配列やノートに対するハーモニーといった部類ではなく、プレーヤーが自分自身の個性、差異を保有しながら、演奏の可能性をいくらでも広げていけるものである。コールマンはマリオ・ルッツィ（Mario Luzzi）とのインタビューの中で、「ハーモロディの概念は声を使うことと同じです。一人一人は完全に自分のものである声の種類を使って、自分を表現します。例えば、あなたが話すと、私はあなたがあなたであることがわかります。その声が他の誰でもない、あなたのものだからです。ハーモロディのシステムも同じことです」［ルッツィ 1984］と主張する。西洋の価値観から離れた形での演奏手法は、新しい自己としての主体を確保する手段となったわけである。またコールマンは多種多様な音楽について次のように話す。

私はいろいろな音楽を聞いてきたが、モロッコで聞いたのも確かに一つの音楽だった。だがここで、私は二つのことに気づいた。同じように聞こえても、周りの空気がまったく違うこと、そしてミュージシャンを囲んでいる人びとの動きを、音楽が変えていくこと……このような体験は、モロッコのほかにも、ナイジェリアで味わった。中国の音楽でも、同じことを感じた。英語名で呼ばれない音楽は、いつも豊かな想像力をかき立ててくれる。［リトワイラー 1998］

他者の音楽に触れたとき、コールマンは音楽の価値観が国境を越えて共有し得ることに気づいた。そして音楽は共有できる自己の「意味」や生き方も変えていく手段となる。中野はコールマンの音楽について「無調そのものもそうだが、そこに託された〈何か〉は、ジャズというジャンルに共通する固有性、黒人という別個の存在性に、まったくかかわらない」という［中野 1984］。コールマンにとって差異の実践とは、決して「アフリカ系アメリカ」という差異に固定されるものではなかったのである。

おわりに

フリー・ジャズの商業的成功は、多くの人々に消費されたことから、「ジャズ」や「黒人」のようなことばの意味を変容させていく実践として見ることができるだろう。フリー・ジャズは調性を完全に無視した数人の即興によって不協和音を出しているかのように思えるが、ここで重要なのは、このいわゆる不安定なもの、音楽的なモラルとして受け入れられなかったものを差異の共存としてではなくて、差異の変容として見せたことである。言い換えれば、すでにある個々の差異を重視するよりも、その「差異」そのものを変えていこうとしたのである。

楽譜がないだけでなく、基準となるコードもない以上、そこにあるのは曲の開始点と終着点だけである。このような実践は、集団としての差異を脱し、不安定な身体として、意味として捉えられない戯れの様相を投げかける。また *Free Jazz* のレコードのジャケットに使用されたジャクソン・ポロック（Jackson Pollock）の『白い光』もまた、そのスタイルから察することもできるように、理解しづらい不安定な意味の戯れとして現れてくる。コールマンの曲における差異の変容は、それまでの価値観では許されなかった「意味」の共有を感覚的、瞬間的に導く実践である。

コールマンの音楽を通して考察できる差異の問い直しは、差異の共存というモラルの形成過程がもはやアメリカという一つの国の領域だけでは問えないことを示唆してくれる。モラルの問い直しには極めて大胆な実践が要求される。グローバルな文脈を避けて通れない現代において、モラルは参加をめぐる場の問題となるだろう。差異をいかに共存させ、多様性を内包させるかを含むモラルの議論は、コールマンが「音楽で問う」ことを示唆するように、常に問われながら「評価」を再構成していく場が必要なのである。

〔引用・参考文献〕

大和田俊之『アメリカ音楽史――ミンストレル・ショウ、ブルースからヒップホップまで』講談社、二〇一一年。
本田俊夫『ジャズ』新日本出版社、一九七六年。

中野収「孤絶と熱狂——ジャズシーン・フラグメント」『ユリイカ——ジャズ・変貌するポップス』一月号、第一六巻第一号、青土社、一九八四年。

油井正一『ジャズの歴史物語』アルテスパブリッシング、二〇〇九年。

リトワイラー、ジョン（仙名紀訳）『オーネット・コールマン——ジャズを変えた男』ファラオ企画、一九九八年。

ルッツィ、マリオ（細川周平訳）「ジャズ、来るべきものたち——オーネットコールマンは語る」『ユリイカ——ジャズ・変貌するポップス』一月号 第一六巻第一号、青土社、一九八四年。

Campbell, Neil, Alasdair Kean, *American Cultural Studies: An Introduction to American Culture*, NY, Routledge, 1997.
［徳永由紀子訳『アメリカン・カルチュラル・スタディーズ』醍醐書房、二〇〇〇年］

Davis, Miles, *Quincy Troupe, Miles: The Autobiography*, New York, Simon and Schuster, 1990.

Hebdige, Dick, *Subculture: The Meaning of Style*, London, Routledge, 1979.

Silverstone, Roger, *Why Study the Media?*, London, SAGE Publications, 1999.

———, *Media and Morality: the Rise of the Mediapolis*, UK, Polity Press, 2007.

第6章　ブラジルのシリア・レバノン人移民

伊藤秋仁

はじめに

ブラジルにおいてエスフィーハ（スフィーハ）、キベ（ブルグル）、タブーレなど中東起源の料理は日常的に食されており、おそらく多くのブラジル人はスパゲティやピザがイタリア料理であると同程度の認識で、アラブ起源のそれらの料理に親しんでいる。日本料理も全世界的なブームがブラジルに輸入されて、鮨や焼きそばなどが浸透しつつあるとはいえ、そこまでの定着には至っていない。

ポルトガルを母体とするブラジル社会と親和性の高いラテン系のヨーロッパ文化はブラジルに広

く浸透している。同時に植民地時代に起源を有する先住民やアフリカ系の文化も存在感を示している。一方、新来であり文化面において異質性が際立つアラブ系の文化がここまでブラジルに浸透したのは、もちろん潜在的なポピュラリティを有していた側面はあるものの、人為的な「成果」であるともいえる。エスフィーハ、キベなどは、ブラジル全土に展開されたシリア・レバノン人移民がオーナーを務める商店のショーケースで販売され、時とともに多くのブラジル人に認知されていったと思われる。

もちろん認知されたのは料理だけではない。シリア・レバノン人系の人々もブラジル社会のあらゆる分野に進出し「目に見える」存在になっている。エンターテインメント、文学、スポーツ、医学のほか、ビジネスや政治の世界でもシリア・レバノン系ブラジル人の活躍は際立っている（カルロス・ゴーン〈Carlos Ghosn: 1954-〉もレバノン系ブラジル人である）。その数五八〇万とも一〇〇〇万ともされるシリア・レバノン系ブラジル人であるが［黒木 2013］、二億人以上の人口を擁するブラジルの中ではマイノリティに過ぎない。

本章の目的は、シリア・レバノン人移民の来し方を解明し、その子孫の社会統合の過程を明らかにすることにある。

1. 移民現象

(1) トルコ人

ブラジルにおいて「トルコ人」の呼称は、「トルコの民」を指すとは限らない。一九世紀末以来、ブラジルは多くの移民を受け入れており、当時から現在に至るまで、中東出身者ならびにその子孫は、しばしば「トルコ人」と呼ばれている。中東出身者の大部分が現在のレバノンとシリアに相当する地域（図1）からの移民であったが、受け入れ側のブラジル居住者が出身地や民族の差異を意識することはあまりなかった。レバノンとシリアからの移民は、双方ともアラビア語やその方言を話す人々であり、外見による民族的区分が困難であることから、ブラジル居住者が中東出身者を一律に扱うことについてはそれなりの合理性が認められる。

好むと好まざるとにかかわらず類型化や分類は行われるが、「トルコ人」のレッテルにシリア・レバノン出身者が納得しているとは思えない。彼らを「アラブ系」に分類することについては間違いではないであろうが、「アラブ系」では指示する範囲が広すぎる。より正確にいえば、シリア、レバノンにパレスチナとヨルダンを加えた地域を伝統的に示す「シャーム の地」の出身者などを用いることもできた。ではなぜ誤った呼称である「トルコ人」が用いられることになったのか。

その理由は、一六世紀にさかのぼる。東地中海の覇権をめぐってオスマン帝国とマムルーク朝が、一五一六年、アレッポ北方で相対した。オスマン軍が大勝し、ほどなくしてマルムーク朝は滅亡し、エジプトと歴史的シリア（「シャームの地」とほぼ重なる、図2）は、オスマン帝国の領土となった。オスマン帝国の支配は、第一次世界大戦で同国が解体されるまで継続した。一九世紀末から二〇世紀に入るまで、レバノンやシリアの出身者が海外に渡航する際に所持するパスポートはオスマン帝国が発給した。そのため同時期のシリア人およびレバノン人の移民は、ブラジル居住者にとってまさに「トルコ人」であった。

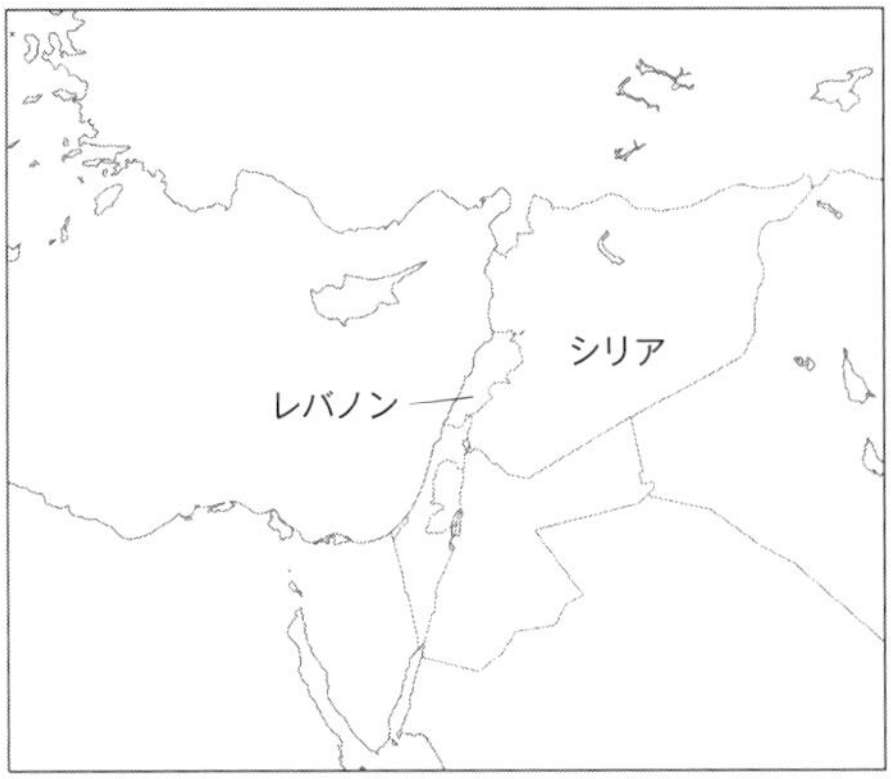

図1．シリアとレバノンの位置

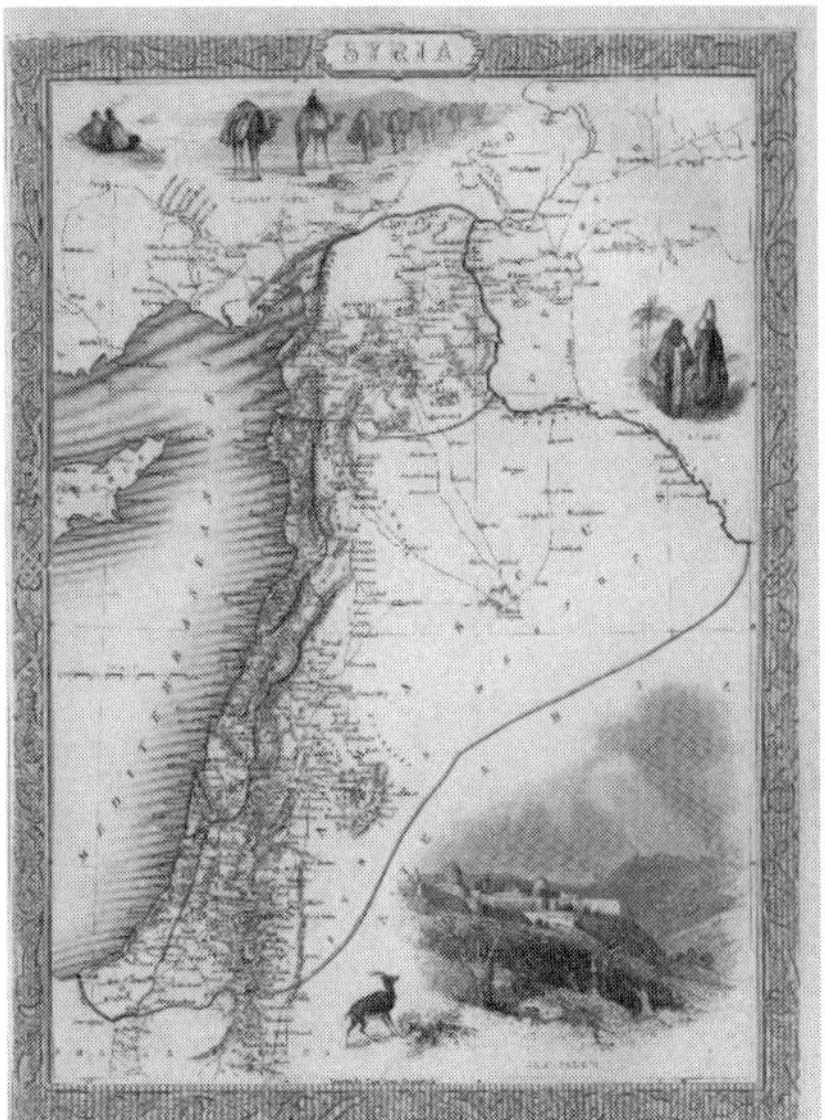

図2．歴史的シリア
出所：1851 Henry Warren Map of Syria
(https://www.davidrumsey.com/)

（2）シリア・レバノンの地

シリア・レバノンの多様性の一端は、内包するさまざまな自然環境に起因する。日本の本州とほぼ同じ緯度に位置し、地中海に面する海岸平野から二〇キロほど東にはレバノン山脈、アンティ・レバノン山脈が南北に連なる。シリア・レバノンの高地には、かつてフェニキア人が商いその名を馳せたレバノン杉が広く自生していた。山脈の東側にはレバノン山脈に水源をもつオロンテス川が北に向かって流れていて、南北に盆地が連なっている。その東にはステップ地帯があり、小麦の大生産地をなす。北部はユーフラテス川、ハーブール川、ティグリス川が流れるメソポタミアの地である。ステップ地帯の東から南にかけてはシリア砂漠が広がる。

シリア・レバノンには、アレッポ、ハマー、ダマスカス、ベイルートなど歴史上最も古く、現在も存続している都市が数多く存在する。歴史的シリアは、小麦の栽培や文字、宗教など人類史上最も重要な文明が生まれた地域であり、東西の交流や交易の拠点の一つとなってきた。一方、歴史上、地域全体を平定し全体を統治する国家がほとんど出現せず、オスマンなど他地域の帝国の支配は受けても、有力な諸都市はまとまることはなかった。シリア・レバノンという国家が成立したのは一九四〇年代以後のことであり、地理的境界は、第一次世界大戦中にイギリスとフランス双方の戦後の利益をめぐる鞘当ての中で定められたものだった。

他方、シリア・レバノンは宗教・宗派が入り混じった地としても知られている。大まかにはレバノン山脈近辺の住民はキリスト教の信者が多く、その他の地域ではイスラム教徒が優勢である。オスマン帝国は、属地を支配する際に、非トルコ系・非ムスリムの住民に対し、それぞれが属する宗教的共同体による自治を認めていた（これをミッレト制と呼ぶ）。オスマン統治下において、キリスト教徒とイスラム教徒は比較的平和に共存した。しかしながらオスマン帝国に崩壊の兆しが生ずると、フランスとイギリスをはじめとするヨーロッパの列強が介入し、宗教や宗派の差異に乗じて、対立を煽った。

宮田はシリアの民族・宗派を以下の五つに分類する。

> およそ三分の二がスンニ派アラブ人……。少数派のアラウィー派とクリスチャン、クルド人はシリアの全人口のおよそ一〇％を構成する。クリスチャンは、ギリシア正教会、マロン派カトリック、ローマ・カトリック、アルメニアなどに細分される［宮田 2013］。

レバノンの状況については次のように記している。

> レバノンは、民族的にはフェニキア人、ギリシア人、アルメニア人、アラブ人の血が混ざりあう形で発展してきた。現在でもシリア語はキリスト教マロン派の教会で使われている。レバノン社会では、七世紀以降、イスラムが進出すると、イスラムの諸宗派が定着していっそう複雑な様相を見せるようになった。レバノンはイスラムが多数派の宗教になり、イスラムの中ではシーア派とスンニ派が最大宗派で、イスラムの異端派とされるドルーズ派は少数派である。マロン派はキリスト教コミュニティの中では最大で、正教会系ではギリシア正教会がもっとも

大きく、……。さらに、小規模なユダヤ教コミュニティも存在する［宮田 2013］。

一方、黒木は、シリア・レバノンにおける人口の八割をスンニ派が占めているが、山脈を境にした西側においてはその存在感が一変すると述べる。

……スンニ派がもはや多数ではなく、あまたの宗派の合間に入って急にマイノリティになる。レバノン国内の分布は、ベイルートやトリポリ、シドンといった沿岸都市部とベカー高原の一部にほぼ限定され、山間部の町村にはほとんどプレゼンスがない［黒木 2013］。

そのため、レバノンについて、カトリックのマロン派とドルーズ派を主流であると見なす立場がある（スンニ派はレバノンをこのように断ずることに異を唱えている［黒木 2013］）。

地理的にも宗教的にも多様性を有するこのような地域の住人の帰属意識は、特に独立以前においては国家にはなかった。複雑な地勢は地域を分断し、他の村落とのコミュニケーションを困難にした。地域主義が顕著であり、帰属意識は共通の宗教を信奉する出身地域や村落にあった。また、その基盤は「家族」にあり、家族により脈々と受け継がれてきた価値観やその名誉を重んじた。

シリア・レバノンの出身者はほとんどがアラビア語を話したが、「アラブ世界」への帰属意識や「汎アラブ主義」への共感もおそらくは希薄であった。

（3）移民のはじまり

一九世紀末、資本主義と人口増加の波はシリア・レバノン地域にも達し、同地のそれぞれの村落で営まれていた自給自足経済に打撃を与えた。大量生産の商品が流通するようになり、家内制の繊維産業などを衰退させた。都市化の影響が農村にも及び、それぞれの家族が先祖伝来の土地で細々と営んでいた農業では、家族全員を包含し生活を維持することが困難になった。編入されない家族員にとって海外への出稼ぎも重要なオプションの一つとなった。

新大陸への出稼ぎの口火を切ったのはレバノンのキリスト教徒であった。初めて新大陸に渡ったパイオニアがもたらした富を目の当たりにした村人の多くが、「移民熱」に感化された［Truzzi 1999］。多くの家族が、生活苦を軽減し、新たな農地を購入し、すべての家族員の編入を可能にし、さらに家族を繁栄に導く資金を得るため、移民を試みるようになった。家族の中から適当な「独身男性」を選択し、渡航費を調達し新大陸へと送り込んだ。移民は家族の紐帯を維持するために行われたものであり、その多くが数年間の出稼ぎを念頭に置いていた。出稼ぎに向かう若者もすでに出稼ぎ先にいる親類や同国人を頼りに海を渡り、先に移住している者が新来者を扶助するシステムが確立していった。

出稼ぎに行った多くの青年は、故郷のわずかながらの土地で奮闘している家族を思い、その家族に送金するため懸命に働いた。ある程度の貯金ができると送金した。家族は送金を原資に土地を買い求めたり、事業を拡大したりした。出稼ぎによって顕現化した所得格差に、故郷に残った家族の中の働き手も新大陸での就労を選択するようになった。すでに新大陸に渡った家族や同郷人の資金援助を受けて多くの者が渡航した。新大陸での働き手の多寡が家族の威信に影響するようになると、出稼ぎは村や地域をあげてブームの様相を呈した［Truzzi 1999］。

（4）移民の推移

シリア・レバノン人移民に関する統計資料は全面的に信頼できるものではない。当初彼らが有していたパスポートは、トルコ政府が発給したものであり、「トルコ人」のカテゴリーの大半がシリア・レバノン人であったにせよ、オスマン帝国出身者はじめ非シリア・レバノン人も含まれている。シリアもレバノンも国家として独立したのは一九四〇年代で、統計上のカテゴリーとして「シリア・レバノン人」が確立するまで、トルコ系アラブ人やトルコ系アジア人など、かなり曖昧なカテゴリーに分類され、正確な数を反映していない。

ブラジルの地理統計院のデータ（表1）によれば、一八八四年から一八九三年の間にすでにシリア・レバノン人のブラジルへの入国が記録されている。一八九四年以後徐々に増え始め、ピークは第一次世界大戦前の一九一三年であった。第一次世界大戦中は中断したが、戦後、移住の動きは再開し、一九二〇年代は年間約五〇〇〇人が入国したとされる。しかしながら一九三〇年代に入ると、世界恐慌および外国人移民の入国を制限したブラジルの一九三四年憲法の影響でその数は減少した。

移民の波は、マロン派や正教会などのキリスト教徒から始まったが、その後、スンニ派やシーア派のイスラム教徒にも及んでいる。ブラジルは母国における政治・宗教上の対立や軋轢に際しての脱出口にもなった。その波は一九七五年に始まったレバノン内戦時にも生じている。シリア・レバノン人移民のキリスト教徒は、当時、ブラジルにおいて圧倒的多数派であったカトリックの中に埋没しが

表１．時期・国籍別ブラジルへの入国者数

国籍	時期									総数
	1884-1893	1894-1903	1904-1913	1914-1923	1924-1933	1934-1944	1945-1949	1950-1954	1955-1959	
ドイツ	22,778	6,698	33,859	29,339	61,723	N/D	5,188	12,204	4,633	176,422
スペイン	113,116	102,142	224,672	94,779	52,405	N/D	4,092	53,357	38,819	683,382
イタリア	510,533	537,784	196,521	86,320	70,177	N/D	15,312	59,785	31,263	1,507,695
日本	--	--	11,868	20,398	110,191	N/D	12	5,447	28,819	188.723
ポルトガル	170,621	155,542	384,672	201,252	233,650	N/D	26,268	123,082	96,811	1,391,898
シリア・レバノン	96	7,124	45,803	20,400	20,400	N/D	N/A	N/A	N/A	189,727
その他	66,524	42,820	109,222	51,493	164,586	N/D	29,552	84,851	47,599	596,647
総数	979,572	852,110	1,006,617	503,981	713,132	N/D	92,412	338,726	247,944	4,734.494

出所：ブラジル地理統計院

ちであったが、イスラム教徒はブラジル社会で異彩を放った。

2. 商業活動

(1) 行商

シリア・レバノン人移民は、出身地ではその多くが農民だったけれども、ブラジルの地では、農業に従事しようとしなかった。資金をもたない独身男性の単身での移民が主であったため土地所有は不可能であり、農業を行うのであれば、コーヒー農場で契約労働者として働く必要があった。働き手の数が直接収入に結びつくため、農業雇用労働者は通常家族で就労した。雇用労働者は資金を貯めて、それを元手に小土地所有者になったり、都市部で事業を始めたりすることを目的としたが、貯金をするのは容易ではなく、自立するのに多くの歳月を要した。加えて、農場での労働者の待遇はよいものとはいえず、天候や市場の影響で失業などのリスクも付随したことから、短期間で貯金し故郷への送金を目指したシリア・レバノン人移民の若者の選択肢に農業は存在せず、その多くが都市部へと向かった。サンパウロやリオデジャネイロの都市部における新興の工業部門で賃金労働者として働くという選択肢もあったが、同様にその労働条件は決して良好ではなかった。

商業分野で成功した先達がおり、規模の大小はあれど全国に市場が存在したことから、当初より、彼らの多くは雇用労働者でなく自営で働くことを選択し、民族全体が商業に従事するようになった[Truzzi 2005]。自身で店舗を開設する資金をもたない者ができる商業活動が「行商」であった。行商を行うのに特別な資格も能力も必要でなく、健康で頑丈な肉体と意志さえあれば誰でも行うことができた。シリア・レバノン人移民の多くにとってのブラジルでの経済活動の原点がこの行商であった。行商には失業の懸念や主従の重しがなく、自身の努力と収入が直結するという利点があった。数年間の滞在を念頭に、故郷への送金を最重視するシリア・レバノン人移民にとって、行商は最適の職業であった。

同郷人や一族郎党が新来移民の行商を後押しした。先達は移民にノウハウを伝授するだけでなく、さまざまな便宜を図った。ブラジルに到着した移民は、その多くがすでに店を構えた先達のもとに寄宿した。先達は移民に商品を運ぶ木製の背負い箱を準備させ、商売のやり方や最低限必要なポルトガル語のフレーズを伝授した。商品を先渡しし、行商後、売上げにより精算が行われた［Duoun 1944］。時を経て移民が店を構えるようになると、今度は彼が新来移民に同じような便宜を図った。このような関係は世代を重ねても繰り返され、シリア・レバノン人の店舗がブラジル中に増殖した。このシステムにより一族や同郷人の絆が強まるだけでなく、ブラジル社会の中でシリア・レバノン人の商人は確固たる地位を得ていった。

生活費を切り詰めながら懸命に働き、貯金をして故郷に帰るという第一義の

図3．行商人のブロンズ像（リオデジャネイロ市リアシュエロ総合技術センター）

表2．1920年と1940年のブラジルの主な州におけるシリア・レバノン人の分布

州	1920年		1940年	
	人数	%	人数	%
サンパウロ	19,285	38.4	23,948	51.4
リオデジャネイロ／連邦区	9,321	18.6	12,412	26.4
ミナスジェライス	8,684	17.3	5,902	12.7
リオグランデドスル	2,565	5.1	1,903	4.1
アマゾナス、パラ	2,271	4.5	1,309	2.8
小計	42,126	83.8	45,474	97.6
ブラジル全土	50,246	100	46,614	100

出所：Truzzi, Oswaldo, *Sírio e Libaneses*, São Paulo, Companhia Editora Nacional, 2005, p.24より筆者が作成

目的は、少なくとも第一次大戦の終わりまでは維持されていたが、ブラジルでのビジネスの成功とともに変容した。故郷の家族との紐帯《ちゅうたい》は変わらぬものの、帰郷後のヴィジョンがない者は帰郷しても再び出稼ぎ先に帰還した［レッサー 2016］。その多くが独身男性だったことから、新たに築いた家族——妻や子ども——を連れてブラジルに戻った。

(2) 国内展開

表2は、シリア・レバノン人の国内分布の一九二〇年のデータと一九四〇年のデータを比較したものである。ミナスジェライスは、一八世紀初頭から第3四半世紀まで大量の金が生産された。その後同地では牧畜業が栄えた。コーヒーブームは、一九世紀中ごろから一九世紀末まではリオデジャネイロで、一九世紀末から二〇世紀中ごろまではサンパウロで起こった。一九三〇年以後は工業化が顕著になった。リオグランデドスルは伝統的にラプラタ地域との関係が深く、牧畜を中心に発達していた。ミナスジェライスの金の時代以来、鉄道敷設以前の陸路の輸送に用いられたラバの生産地であり、シャルケと呼ばれた干し牛肉を南東部を中心

に域外にも供給した。同地域はヨーロッパ人移民を中心とした入植地が数多く点在し、住人たちはタバコ、米、トウモロコシ、豆などを栽培し、同地の農業を多様化した。後にワイン製造や繊維産業などが興った。アマゾナス州とパラ州は、一八八〇年から一九一二年の間、天然ゴムの好景気に沸き立った。電話の発展に伴った送電線の絶縁チューブ、ダンロップの自転車チューブに自動車タイヤと天然ゴムの需要は高まり続け、天然ゴムは一八九八年から一九一〇年の間、ブラジルの輸出の二六%を占めた〔ファウスト 2008〕。アマゾン地域に富と人口が集中し、ベレンとマナウスは大都市へと変化したが、一九一〇年代、アジアで天然ゴムが生産されるようになると、アマゾンの天然ゴムの景気は瞬く間にしぼんでいった。

(1)アマゾン地域

天然ゴムがもたらす富に引き付けられたのは資本やゴム園で働く労働者だけではなかった。都市化や人口増に伴う需要に応じてチャンスを摑もうとする人々も引き寄せた。そしてその中にアメリカ大陸への移住を始めたばかりのシリア・レバノン人移民もいた。シリア・レバノン人移民は、天然ゴムのビジネスに直接関与することはなく、ブラジルにおける彼らの正業である商売に従事した。

シリア・レバノン人移民は商売を行うのに、マナウス、ベレンのような大都市などに拠点を置いた。行商は、都市部の住人相手から始まり、アマゾン川（図4）をさかのぼり、アマゾン奥地の住民に対しても行われるようになった。船を用いるその行商は「レガタン」と呼ばれ、アマゾン川の上流や支流の風物詩ともいえる存在になっていった。彼らが行商で用いる船は木製で側面はペンキを塗った板で囲んであった。後ろ半分を帆布で覆い、さまざまな商品を満載した。蒸気船がそれらの船を支流や上流へのポイントまで曳航する。そこからは漕ぎ手（二人かそれ以上）を雇用し、櫂を使って無数にあるアマゾン川の支流をめぐり、行商を行った。

彼らの商う商品はさまざまであった。裁縫道具（縫い針、さまざまな色の糸、ボタン）、衣服など（ズボン、シャツ、下着）、農具（鍬、太刀）、狩猟・漁獲用具（ライフル、銃弾、釣り針、投網）、生活用品（蠟燭、マッチ、石鹸、化粧石鹸、蚊帳、ハンモック、七輪、扇、編み上げ靴、麦藁帽、皮革、紐）、食品（キャッサバのペースト）、嗜好品（ピンガ、タバコ）、装身具（イアリング、指輪、ブレスレット）、薬品（トウゴマの下剤、硫酸マグネシウム、甘汞《かんこう》）、楽器（ギター、フルート）などで、その多くは粗悪品だった［Truzzi 2005］。

彼らにとっては「服さえ着ていれば」すべて客であったが、顧客のほとんどが天然ゴムを採取する労働者（セリンゲイロと呼ばれる）であった。天然ゴムの農園には農園主が営む売店があり、ほかに選択肢のない労働者たちはそこで生活必需品などを「掛け」で購入する。商品のほとんどが割高であり、そうして労働者たちに支払われるわずかな給金が農園主に還流するシステムが確立していた。そのような農園主にとってレガタンは目の敵であったが、セリンゲイロにとっては喜びをもたらす使者であった。セリンゲイロたちは農園の売店よりも安く（たとえ粗悪品であっても）バラエティ豊かな商品に眩惑された。加えてレガタンは、都会や各地のさまざまなニュースをもたらす存在でもあった。セリンゲイロとレガタンは農園主や使用者の目が届かぬ場所で売買を行った。両者の間には信頼関係が成立し、売買はしばしば天然ゴムとの物々交換で行われ、分割払いも認められた。

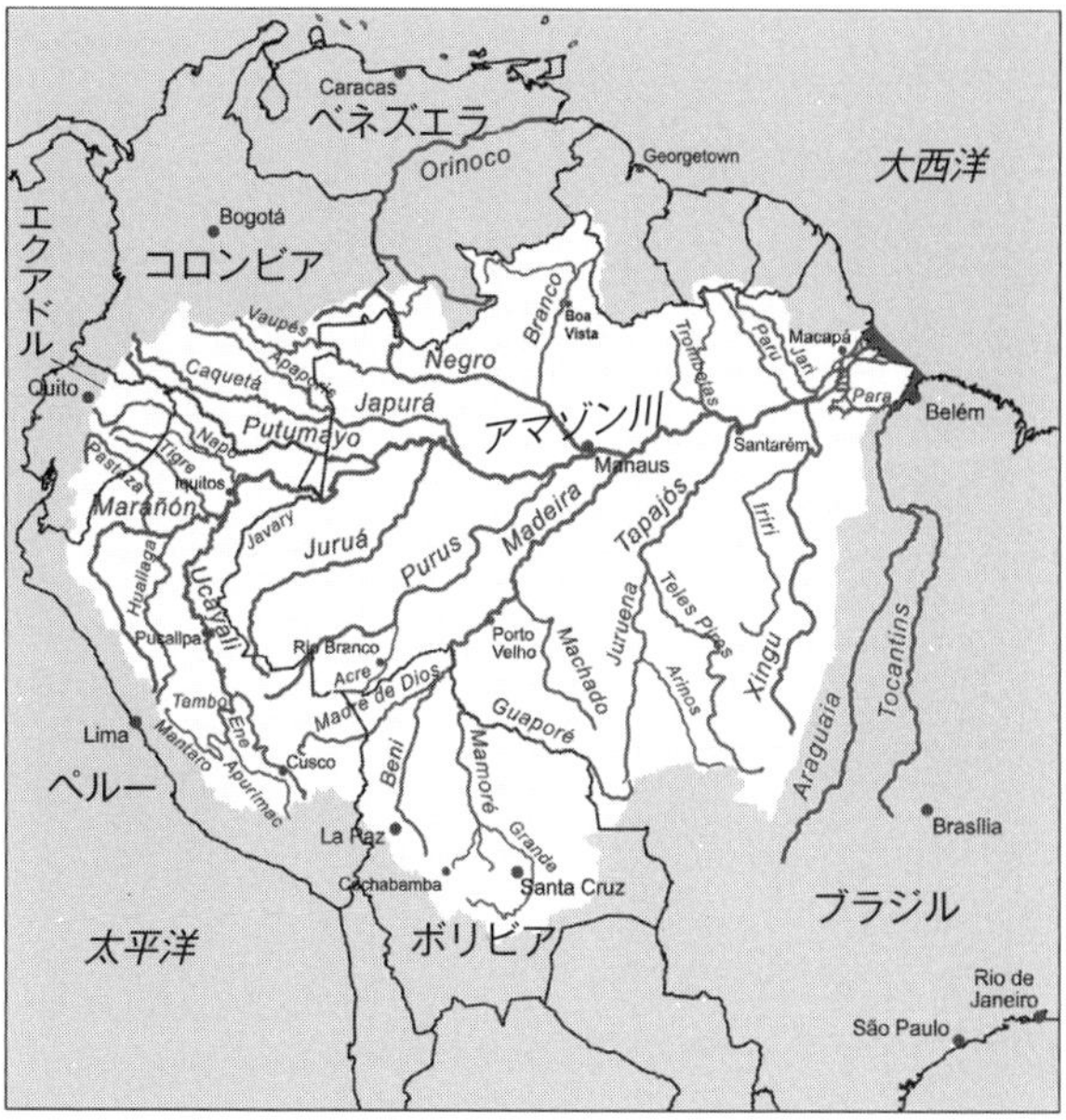

図4．アマゾン川流域　出所：https://commons.wikimedia.org/wiki/File:Amazonriverbasin_basemap.png?uselang=ja

行商で得た資金を元手に同地で商店を開業したり事業を起こしたりする者が現れた。シリア・レバノン人移民の商店が見られたのは大都市だけではなかった。ペルーやボリビアと国境を接するアクレ州からアマゾナス州、パラ州の大西洋岸に至るまで、ある程度の規模の集落にはきまってシリア・レバノン人移民の商店が存在した。一九一〇年代にはアマゾンの天然ゴム生産が衰退し、アマゾン奥地を行き交うシリア・レバノン人のレガタンは姿を消した。その多くがブラジルのその他の地域へ移動したけれども、現在でもアマゾン地域の各地にシリア・レバノン人起源の商店が残存し、僻地の住民の生活を支えている。

(2) サンパウロ

① 25・デ・マルソ通り

一九世紀後半よりコーヒーの主要な生産地となったサンパウロは、一八八〇年代より大量の外国人移民を受け入れてきた。そのほとんどがイタリア、ポルトガル、スペインの三ヶ国の出身者であり、大半がコーヒー農場での雇用労働者であった。一九〇八年から一九四一年の時期に限定すれば、ポルトガル人が最も多く、スペイン人、イタリア人、日本人、ドイツ人の順であった。シリア・レバノン人はそれに次ぐ第六位で、州に入国した外国人移民全体の四%を占め、その数は四万八三二六人であった［Truzzi 1999］。前述の通り、シリア・レバノン人は、コーヒー農場には向かわず、主に都市部に商業の拠点を構えた。表2の通り、年を経るごとにその割合は増え、一九四〇年には同国人の半数近くがサンパウロ州に集中した。一九三四年の調査では、そのうち三分の一以上が州都（サンパウロ市）に居住し、市の商業地区であるサンタ・イフィジェニア地区とセ地区に集中していることが確認された［Truzzi 1999］。

中でも25・デ・マルソ通りはシリア・レバノン人が集中したことで知られている。一八六七年にタマンドゥアテイ川の一部が埋め立てられ、25・デ・マルソ通りとジェネラル・カルネイロ通りの交差点に市立市場が作られると、多くの商人が集った。一八九三年には近辺に鉄道駅もでき、人通りがさらに増えた。一八八〇年代にはレバノン人移民の店舗も現れ、徐々にシリア・レバノン人が集中し、コロニーを形成するようになった。

表3．1910年から1934年までサンパウロ州に入った国籍別外国人移民の数

時期	イタリア人	ポルトガル人	スペイン人	日本人	その他	合計
1910-1914	88,692	111,491	108,154	14,465	40,096	362,898
1915-1919	17,142	21,191	27,172	12,649	5,530	83,684
1920-1924	45,306	48,200	36,502	6,591	60,713	197,312
1925-1929	29,472	65,166	27,312	50,573	117,418	289,941
1930-1934	6,946	17,015	4,876	76,527	23,535	128,899
合計	187,558	263,063	204,016	160,805	247,292	1,062,734

出所：Paiva, Odair da Cruz & Soraya Moura, *Hospedaria de Imigrantes de São Paulo*, São Paulo, Editora Paz e Terra, 2008, pp. 88-89 より筆者が作成

いったんコロニーが形成されると、サントス港に入国したシリア・レバノン人の多くが（親類や同郷人のいない者も）25・デ・マルソ通りに向かうようになった。たとえ関係がなくとも、ポルトガル語のできない彼らに母国語で手を貸してくれる者がそこには存在したからである。彼らは付近の安下宿や古い一軒家の地下室などに居住し、商売に従事するようになった。到着したばかりのシリア・レバノン人移民のほとんどが行商から仕事を始めた。母国で農業を行っていた者がほとんどであったため、実地で行商を学んだ。当初は助手から始めた。四〇×五〇×八〇センチの蓋つきの大箱に商品を詰め込み、先達の後について地理を学び、言葉や商売のコツを身に付けた。先達は片手にガラガラをもち、音を出して到来を知らせると、鋭い触れ声を発した[Araujo 1940]。商売を学んだ新来移民は、後払いで商品を融通してもらい、市中から郊外へと行商に向かった。

一九世紀末当時、商業の多くはポルトガル人移民が担い、ドイツ人やイタリア人も参入していた。ポルトガル人は農業製品、装飾品、布地の販売を独占し、ドイツ人は機械・金物、イタリア人は建築資材の販売のほかクリーニング屋、パン屋、理髪店、仕立て屋などを営んでいた。表3の通り、一九世紀末から二〇世紀初頭に大量に流入し

たイタリア人は、その多くがサンパウロのコーヒー農場へ向かい、その後、小土地所有者として農業を行ったり、都市部に移動したりした。サンパウロの町は移民であふれ、商業に従事する者も現れた。資金のある者は店を開き、資金のない新規参入者は行商から始めた。当初、行商を行っていたのは主にイタリア人移民であり、シリア・レバノン人の行商人と競合した。ほどなくしてイタリア人の行商人が店舗を構えるようになると、シリア・レバノン人が行商を独占した。専門化と集中効果によるシリア・レバノン人移民の全般的な社会上昇の傾向は顕著となり、さらに行商人から商店主へのよりはっきりした道筋が現れるようになった。一八九三年の記録によれば、シリア・レバノン人の経営する店舗数は六軒に過ぎなかったが、一九〇一年には五〇〇軒を超えた［Truzzi 1999］。25・デ・マルソ通りはシリア・レバノン人の店であふれ、その他の外国人移民を圧倒していった。店舗を構えたシリア・レバノン人の多くが店舗の上階に居住し、親類や同郷人、同国人を受け入れ、売上高を増やしていった。25・デ・マルソ通りはシリア・レバノン人の町として知られるようになった。

②繊維業界の独占

シリア・レバノン人移民が商店や行商で扱う商品は次第に布地・装飾品・既製服に特化していった。25・デ・マルソ通りおよびその周辺のそれらの小売りをほぼ独占すると、卸売りに進出した。第一次世界大戦による輸入の中断がシリア・レバノン人移民の商売を後押しした。それまで、それらの商品の卸売り業者のほとんどがポルトガル人であり、25・デ・マルソ通りの東側を南北に走るフロレンシオ・デ・アブレウ通りにその事業所が集中していた。小売りで成功を収めたシリア・レバノン人は次々に卸売りにも参入し、同所に事業所を設けていった。

一九二〇年代は工業化の時代でもあった。第一次世界大戦で被害を受けたヨーロッパから、戦後、輸出再開の動きが本格化すると、ブラジルでも資本財の輸入が増加していった。イギリスから繊維関係の機械設備が輸入され、一九二一年から二七年の間に繊維工業の工場が約五〇％増加した［Truzzi 1999］。シリア・レバノン人は製品の卸から製造にも進出していた。当初の資金はごくわずかで、ささやかな作業場に中古のミシンを置いて、家族を中心とした数人の従業員が働いた。男手は経営と行商を行い、工場で生産された製品はすぐさま行商人の手で販売された。製造業で成功者が現れると、多くの者がその後に続いた。一九二〇年時点で、シリア・レバノン人が経営する製造業の事業所は九一ヶ所あり、既製服を製造する事業所が六五ヶ所、布地が一二ヶ所であった［Truzzi 1999］。中には失敗や倒産もあったが、全体としてシリア・レバノン人の製造業への進出は順調であった。シリア・レバノン人の事業所は次第に数を増やし、大型化していった。一九二〇年代、繊維産業はまさに黄金期を迎えていた。そしてその主役は紛れもなくシリア・レバノン人であった。

一九三〇年代以降、シリア・レバノン人は世界恐慌に起因する不況を脱すると、離合集散を重ねながらも協力し、ビジネスを拡大していった。布地・装飾品・既製服の小売り、卸売り、製造の分野をほぼ独占し、収益を再び投資し、事業を拡大させていった。

③サンパウロの奥地《インテリオール》

行商人は、有望な地域に目を付けると、その地域に足しげく通った。その地域の人々の馴染みになり顧客が増えると、行商人は貯金を元手にその地域内もしくは近隣に商売に適した物件を探して店を開いた。そのような店が核になり、親類や同国人の従業員を店で働かせたり、行商させたりして、ある程度の成功を収めるとさらに店を増やした。都市化が著しいサンパウロ市内に多くのシリア・レバノン人の商店が現れた。

行商人にとって、農村も重要な市場であった。サンパウロ奥地のコーヒー農場の労働者にとっては、行商人は農場主が経営する売店以外の重要なオプションであり、農場主からのさらなる搾取から逃れることを可能にするだけでなく、農場主の売店の価格の適正化にも影響した。そのため農場の雇用労働者らはシリア・レバノン人の行商人を歓迎した。シリア・レバノン人の行商人の支払い条件は常に寛容であり、売り手・買い手の間の信頼関係も深まった。行商人は奥地のあらゆる農場を訪れて商売をした。どこかしらに家があると聞けば、労を厭わず訪問し、「箱の中から取るに足らない土産物や余り布を進呈し」て顧客を喜ばせた［Truzzi 2005］。

一八九八年にはすでにサンパウロ市内から北西に四〇〇キロほど離れたリオ・プレトという小村に商店主として定着していた。同所は「一二〇家族以上、少なくとも一〇〇〇人の住人がいて、すでにシリア人は商店主であった。一二の店があったが、そのうち八軒が彼らの手にあった」［Truzzi 2005: 31; Almeida 1943］。行商を経由し、サンパウロ州のみならず、国内のある程度の住人を有する集落で商店を開業し、その地域に根付いていった。

(3) リオデジャネイロ

サンパウロ州以外で、シリア・レバノン人移民の集中地として名高いのは、連邦直轄区のリオデジャネイロ（一九六〇年以後はリオデジャネイロ市）である。商業や文化の中心地であるリオは、一八世紀の金の生産から一九世紀後半にコーヒーの生産の中心地がサンパウロに移るまでの間は輸出の拠点でもあり、大いに賑わっていた。その中心街、現在のプレジデンテ・ヴァルガス大通りとパソス大通りの交差点の南側、東西に走るアルファンデガ通り、セニョール・ドス・パソス通り、ブエノス・アイレス通りの近辺にシリア・レバノン人移民が集中した。彼らの多くは、同地域の西に位置するレプブリカ広場の安宿に居を定め、商業に勤しんだ。彼らが店主を務める商店や行き交う行商人の姿から、アルファンデガ通りは「トルコ人通り」の異名で民衆に知られることになった。その後、他の民族や移民の子孫も進出し、一帯は国際色豊かになってはいるものの、ブエノス・アイレス通りには「行商人公園（Praça do Mascate）」もあり、シリア・レバノン人の町の歴史の痕跡は今も残っている。

レプブリカ広場の東にサン・ゴンサロ・ガルシア・エ・サン・ジョルジ教会がある。同教会は二人の聖人の名を冠している。一人はインド生まれのポルトガル人で日本で殉教し聖人となったゴンサロ・ガルシアで、もう一人は竜退治の伝説で名高い聖ジョルジである。トルコのカッパドキアでの竜退治を行った聖ジョルジはシリア・レバノンのマロン派やギリシア正教の信者にとって身近な聖人であり、同地域のキリスト教徒のシリア・レバノン人から篤い信仰を集めている。それらの通りにはクリスマスシーズンになると、中東から輸入されたクルミ、ハシバミの実、ナツメヤシの実が並ぶ。店内には白馬に乗った聖ジョルジの像が飾られ、四月二三日のその聖人の日は盛大に祝われる。一九六二年、シリア・レバノン人のキリスト教徒、イスラム教徒、ユダヤ教徒らはこの地域に商人の親睦団体を作った。「アルファンデガ通り近隣地区友好協会（Sociedade de Amigos das Adjacências da Rua da Alfândega）」と名付けられたその団体は、頭文字を取ってＳＡＡＲＡと呼ばれている。ＳＡＡＲＡの構成員はずいぶん変化したものの、伝統的な商店が連なり、かつてのリオを思い出させる重要な観光地となっている。

3．社会統合

⑴ 可視性

シリア・レバノン人移民が行商に励む姿は、ブラジル全土で当たり前の光景になった。その特徴的な姿と独特の訛り（/p/ がしばしば /b/ に置き換わる）や商売方法はブラジルの民衆にとって馴染み深くなった。

シリア・レバノン人移民がブラジル社会において醸し出す異国性は隠しようがなかったが、商業を行う上においてその異国性は大いに役立った。ディエゲス・ジュニオルは、シリア・レバノン人移民の店の外観を次のように描写している。

ショーウインドウにはガラクタの陳列棚があり、シャツが吊るされ、化粧石鹸が紐でぶら下がる。通学鞄に子どものおもちゃもある。つまり陳列された色と物のヴァリエーションがすぐさま町の外観にシリアもしくはレバノン的な性格を与えるのだ［Diégues Júnior 1976］。

異国性は商売の障害にはならなかった。シリア・レバノン人は、行商で培った交渉力やコミュニケーション能力をいかんなく発揮し、地域の顧客と継続的で濃厚な関係を築いた。行商では定価を設けず、たとえ利が薄くなろうと、客が支払える額で商品を売った。金《かね》がない客には物々交換でも物を売った。商品と交換でゴム、家畜、コーヒー、金《きん》を受け取った。割賦販売も行い、商品を先渡しし、一年までであれば支払いを猶予していた。事実、シリア・レバノン人はそれまでのブラジルの商習慣を変革した。信用売りを制度化し、利鞘を小さくしても販売量全体を増やし、在庫の回転率を上げるために清算セールを行い、消費者の必要性や動向に注意を払った。利益が出ればそれを自身のビジネスに再投資していった。それまで商業の分野で優勢であったのはポルトガル人であったが、彼らの商売は消費者から旧弊と見なされ、伝統的な手法では太刀打ちできなくなり、各地で撤退を余儀なくされていった。

パイオニアたちには大都市を中心に比較的明確な成功への道筋が示されていたが、第一次世界大戦後、再開した新来移民に残された成功の可能性は限られており、活動地域は大都市から地方都市、各州の州都、さらにはその奥地の町へと移った。シリア・レバノン人の行商人はブラジル中を踏破し商いを行った。

（2）コミュニティ内における相互扶助と競合

家族の中から選ばれた若い独身男性がブラジルへ渡り、数年間働き、貯金し帰国するという当初の予定は、ブラジルと母国の経済格差や母国で将来への展望が見えないことから、変更を余儀なくされた。帰国してでも再びブラジルに戻ったり、帰国せずに商売を続けたりした。収入の安定を機に、兄弟・姉妹から両親までも呼び寄せた。家族での滞在が当たり前になると、家族の労働力を有効に利用することが商売の成功の鍵となった。多くは店舗の奥や店舗の二階に居住し、全員で仕事に取り組んだ。事業の拡大の際には母国から同郷人や知人を呼び寄せて雇用することも容易であった。

加えて、シリア・レバノン人の集住地では、見知らぬ同国人であっても職や宿舎を提供するなど、相互扶助の伝統が息づいていた。相互扶助は、行商から小売り、卸業、製造業に至るあらゆる段階で行われた。このようなシリア・レバノン人の特性を表す次のような俗諺《ぞくげん》がある。「すべてのレバノン人は従兄弟だ。最初の倒産までは」（原文は以下の通り。"Todo libanês é *brimo* até a *brimeira* falência". p の文字が b に置き換わっている）。彼らは同業に集中し、信用を供与したり便宜を図ったりすることも気前よく行った。その恩義を受けた者は、時を経て、しばしば同業者として独立した。馴染みのある通りや商売に適した地域を新たに選択することもあったが、もとの主人の店にほど近い場所に出店することもあった。同業種が一地域に集中することで、より大きな集客を可能にした。ブラジルの人口増と都市化の進行で成功の可能性が大きくなる一方で、同国人の間での競合関係も少なからず発生し、生存競争も激しくなった。

シリア・レバノン人は、他の民族との競合よりも、同国人の間の競合を「選択」した。同分野を自らの民族で独占することは、たとえ民族内で競合が起こり倒産する者が現れたりしても、全体として見れば、民族の勢力のパイを大きくした。時の経過とともに、シリア・レバノン人のネットワークは拡大・強化され、社会的・経済的地位は確実に上昇していった。

(3) アイデンティティ

一九世紀末から二〇世紀初頭にかけて、外国人移民の導入は、その多くがコーヒー農場の労働力不足を補うためであった。一方、農業や国土の開発や整備などにほとんど関わらず、民族全体が容易な職業であると考えられている商業に勤しみ、成功を収めるようになったシリア・レバノン人に対する風当たりが次第に強くなっていった。ビジネスでシリア・レバノン人に敗北し撤退した競合相手だけでなく、その成功ぶりをやっかむ一般の人々からも非難が浴びせられるようになった。民族を示す「トルコ人」の呼称に「賦払いで物を売る」という彼らの商習慣が結びつき、その呼称に「まともな商売人ではない」という侮蔑的ニュアンスが伴うようになった。顧客と商売上の密接な関係を築いてはいたが、社交面では同国人や同郷人のクラブや団体での付き合いに終始し、婚姻も相手をシリア・レバノンから呼び寄せたり、その閉じた関係内で成立させたりしたため、地域社会で公然と不満が表明されることもあった［Truzzi 2005］。

他の民族やブラジル人はシリア人とレバノン人を同一視したけれども、実際のシリア・レバノン人は出身地や信仰する宗教により分裂しており、その結果、数多くの宗教団体や親睦団体が生まれた。親睦団体の多くは、主として相互扶助や文化保持などを目的として設立されたが、ブラジル居住が長期化し、会員の中の経済的な成功に差が生じるようになると、団体内部で意識的にせよ無意識的にせよ経済的な成功の威光が幅を利かせるようになった。競い合いや対立の結果、分裂が生ずることもしばしばだった。このように増殖した団体の中には、有力な特定の個人の利害にのみ応じたものも少なくなく、さまざまな慈善団体、社会奉仕団体、クラブ、新聞、学校などに発展していった。そして、そのような機関は、時とともに、出身地や宗教の差異よりも、社会階層が重視されるようになっていった。同郷者向けに設立された団体の多くは、名称やシンボルなどを維持し、新来移民に対し門戸を広げた。

ブラジルに居住するシリア・レバノン人移民にとって故郷や宗教のアイデンティティは重要であったけれども、国民としてのアイデンティティは、特に第一次世界大戦前にブラジルに渡ってきた移民にとっては顧慮されることはなかった。とはいえ、信仰する宗教の違いは大きかった。歴史的シリアからブラジルに到来した移民の嚆矢《さきがけ》であったレバノンのキリスト教徒は、自身をシリアのイスラム教徒よりも「西洋の影響を受けていて、より教養があり、上品で、洗練されている」と見なし[Truzzi 1999]、自身のアラブ性を否定することさえあった。レバノン人と比べてシリア人のブラジルへの移住が遅かったことから、社会上昇の時期にずれがあり、当初の成功者はレバノン人が目立った。工業や金融関係に進出しているレバノン人も多かったことから、新たにブラジルへの参入を試みるシリア人をことさら見下す傾向にあった。

一方、一九三〇年代以後、シリア・レバノン人移民の減少と滞在の長期化は、ブラジル社会への統合を促し、内部のさまざまな差異を無化すると同時に、社会階層化を生じさせた。行商から小売りに至る過程では、たいていが商業地区や商店のある街区での職住近接が一般的であったが、小売りから卸売り、商業の拡大や製造業への転身により成功した者は、住居を商業地区や店舗のある街区から地域の高級住宅地区へ移した。サンパウロ市であれば、小売店の拠点である25・デ・マルソ通りから卸売り業の中心地であるフロレンシオ・デ・アブレウ通りに、そこから成功者の証であるパウリスタ大通りへと住居を移し、運転手付きのリムジンで市内を移動した。シリア・レバノン人の親睦団体は、すでに出身地や宗教・宗派ではなく、シリア・レバノン人移民ならびにその子孫の中間層を中心とした社会階層を包括的に反映するようになり、社交や文化活動や娯楽を目的とするようになった。シリア系の多くは、シリア・レバノン系の団体や活動を総称するに、シリア・レバノンとも歴史的シリア（大シリア、図2）の地にあることから「シリア」の語を用いることを主張したが、レバノン系の人々は「レバノン」の名前を用いることにこだわった。

「クラブ」は、民族内での配偶者を見つける場所としても機能した。外国人移民の多くは同じ民族内での婚姻を好む傾向にあり、シリア・レバノン系は日系と同様にその傾向が強かったと考えられる。当初は故郷から配偶者を迎え入れたり、同族婚をしたりしたが、クラブが結婚相手を見つける主要な場所になっていった。しかしながら世代を経るごとに確実にブラジル社会に統合され、他民族との婚姻も当たり前となった。シリア・レバノン系の産業界での成功者は、地域の上流社会の重要人物となっている。

民族間の紐帯や文化保持などにおいて重要な役割を果たしたアラビア語のメディアの知識人や宗教者は尊敬されはしても、よくも悪くも経済的な成長を第一義とする民族的な風潮とは、相容れなかった。民族学校も尻すぼみとなっていった。アラビア語のメディアも慶弔記事のほか、親睦団体の活動の宣伝や報告、セレブリティのゴシップや提灯記事に終始するようになっていった。

（4）イスラム教徒の新来移民

一九五〇年代以降、レバノンよりイスラム教徒を中心とした新たな移民がブラジルに到着した。かつてのキリスト教徒の移民と同様に行商から身を起こし、その多くがサンパウロ市南部やＡＢＣパウリスタと呼ばれるサンパウロ市郊外の製造業の中心地で商店主となり、家具を商っている。彼らの多くは敬虔なイスラム教徒で集住地の付近にモスクが設けられている。

「移民の町」として知られたサンパウロ市のブラス地区は、モータリゼーションの進展に伴う製造業の郊外移転により工場が閉鎖され、工員の多くが同地を去った。その後、同地区では民間の商業による再開発が行われている。一九七五年に始まったレバノン内戦により、ベッカー峡谷やレバノン南部から家族でのブラジルへの国外脱出が盛んになった。ブラジル全土における治安の悪化のため、行商ができなくなった彼らは、その多くがサンパウロのブラス地区に定着し、オリエンテ通りでジーンズなどの既製服を商うようになっている。

またアルゼンチン、パラグアイと国境を接するパラナ州のフォズ・ド・イグアスにもレバノン南部出身のシーア派のイスラム教徒の新来移民の集住地が存在している。

4. 移民の子孫の社会進出

(1) 専門職

シリア・レバノン人移民一世の社会統合は、商業をベースに比較的順調に推移した。行商から身を起こし経済的に成功した移民一世は教養や洗練とは無関係であったため、事業を維持・発展させることに加えて、子息の中から「博士」を生み出すことを望んだ。子息の教育への投資を惜しまず、息子が複数いれば、一人は事業継承のための教育を施し、残りのうち学問に素質がある息子に法律、医学、工学を学ばせた。そのような傾向は、一八八〇年から一九五〇年の間のサンパウロ市の法科大学、医学学校、理化学学校を卒業した外国に起源をもつ卒業生に関する調査における、一九三〇年以降のシリア・レバノン系の卒業生の際立った数によって証明されている。専門職への進出は、シリア・レバノン系の民族全体の威光を高め、社会的な認知へとつながっていった。

中でも医師の存在が際立った。その理由の一つが、一九二〇年代以降、ブラジルに到来したベイルート・アメリカ大学の卒業生の医師たちだった。一九世紀後半、レバノンのベイルートでは西欧列強の宗教者たちが布教活動を活発化させた。マロン派と関係の深いフランスのカトリックの修道会や宣教師だけでなく、アメリカの宣教師らも活動を活発化し、一八八六年、カトリックに先立って、シリア・プロテスタント大学を設立した(その後ベイルート・アメリカ大学と改名)。同大学は当初より医学教育を専門に行っており、卒業生はヨーロッパやアメリカでインターンを経験していた。一九二二年にはブラジルにおいて「ベイルート・アメリカ大学卒業生会」が設立され、会員は約一〇〇名で、うち約七〇名がサンパウロ在住であった。彼らの存在が移民二世、三世の医業への参入を容易にした。

一方、民族系の医師が数多く存在するようになったことで、民族内の患者の奪い合いが生じるようになった。加えて、民族外の患者を増やす必要性もあり、民族内の競合をエネルギーにし、業界を活気づける構想を練り上げた。その一つがサンパウロの「シリア・レバノン病院」の創設であった。一九六五年に設立されたシリア・レバノン病院は心臓病の専門病院から始まり、その後、ブラジルで最も優れた総合病院の一つとなった。

(2) 政治家

シリア・レバノン人移民の二世、三世の多くが権威ある法学校を卒業し、弁護士の資格を得た。専門職の資格を得た者たちはすべからくエリートとして認められたが、とりわけ弁護士のキャリアは政治の世界と結びついた。一九三〇年の軍事クーデターを経て大統領になったジェトゥリオ・ヴァルガスが、軍事行動により独裁体制を敷いた一九三七年から四五年の新国家体制期は政治への直接的な関与はほぼ不可能であった。しかし、一九四五年から六四年の直接民主制期にはブラジル全土に広がったシリア・レバノン人移民の子孫たちに政治家への道が開いた。

サンパウロ州などシリア・レバノン人移民の集住地では「ブラジル人」となったその子孫たちの多くが、多数の連邦最高裁判所裁判官、共和国大統領、州知事、市長を輩出しているサンパウロ市のサンフランシスコ広場に隣接する法科大学を卒業し、弁護士となった。弁護士たちはシリア・レバノン系のコミュニティとエリート社会の仲介者として働くようになり、そのような弁護士の中から少なからぬ数のシリア・レバノン系のブラジル人が政治の世界へ進出した。大衆を相手に粘り強く商業を行った移民一世の背中を見て育った子孫たちは、政治の世界でもその本領を発揮した。親しみやすさと粘り強さを兼ね備えたシリア・レバノン系の候補者は、当初はコミュニティの代表者としての立候補であり、得票の多くをコミュニティに依存したが、政治活動を続ける中でコミュニティ以外の有権者たちの支持を得るようになった。換言すれば、コミュニティ以外の支持がなければ政治活動は継続できなかった。一九四七年から五六年の間に、シリア・レバノン系の連邦下院議員、サンパウロ州議会議員、サンパウロ市議会議員が一三人当選し、計二六の任期を務めた［Truzzi 1999］。

シリア・レバノン人の全国各地にわたる行商とその後の定着による地理的な分散が政治への進出に功を奏した。シリア・レバノン人は地域に深く根ざし、主に商人としての社会的認知を得て、その存在感を示してきた。民族意識が顕著であった子息の教育への投資が組み合わさり、シリア・レバノン人移民の子孫は地域のリーダーに押し上げられていった。どのような僻地であっても商売を諦めなかったシリア・レバノン人の子孫は、住民のほとんどを非シリア・レバノン系が占める奥地でも政治活動を続け、段階的に地方から州、州から連邦に活躍を移す者も多かった。国内でシリア・レバノン系住民が最も多いサンパウロ州に限っていえば、一九六二年の連邦下院議会議員が一〇人（定員五九人）、州議会議員が二一人（定員一一五人）でそれぞれ定員の一七％と一〇％、一九六四年は下院議員が七人、州議員が一九人でそれぞれ一二％と一九％を占めたが［Truzzi 1999］、その割合はシリア・

レバノン系の人々の人口比に比べれば不釣り合いに高い。一九六四年以来二一年続いた軍事政権から一九八五年に民政に移管された後の一九八七年にブラジルのレバノン人コミュニティ向けに作成された文書によれば、全国にレバノン系（シリア系は含まれていない）の連邦下院議員は三三人、上院議員が七人、州知事が二人いるとされた。二〇〇〇年にはアラブ系（シリア・レバノン系を含む）議員は、国会で八％、サンパウロ市議会で二〇％だった。同年のサンパウロ市長選では上位五人のうち三人がシリア・レバノン系であった［Truzzi 1999］。

二〇一〇年にはレバノン人移民二世であるミシェル・テメル（Michel Temer: 1940-）がブラジル初の女性大統領ジルマ・ルセフ（Dilma Rousseff: 1947-）の副大統領に就任した。二〇一六年、ルセフの弾劾が容認されると大統領代行に移行し、同年八月、ルセフが失職すると第三七代連邦共和国大統領に就任し、二〇一九年まで同職を務めた。

シリア・レバノン系の人々の顕著な社会進出についてTruzziは次のように記している。「かなりの多くの人を政治に送り込むことができたのは、コミュニティの個々人が社会的定着を果たしたことにその由があるが、それは『受け入れ環境』の特性があって初めて可能であったといえる。そこは世代も様々なブラジル人に加え、様々な国からの移民、移民の子孫、黒人の子孫、混血の人々が存在し、確立していない様々な社会階層から成る社会で、経済発展と変化が進行中の不均質で比較的オープンな環境だった。例えば米国やアルゼンチンのような他の移住先の国々においてレバノン人の子孫が辿った軌跡を比較してみれば明確になる。一般にブラジル社会はその特性として統合の容易さを示していた」［Truzzi 2005］。

おわりに

シリア・レバノン人移民とその子孫はその進取の気性とバイタリティにおいて際立っている。南米や世界各地で「レバ・シリ商人」として名高いその粘り強い交渉力は［黒木 2013］、機を見るに敏でありながらも、じっくり腰を据えて相手と対峙し、丁々発止を重ねながら実利を得ていく。

一九二二年、ブラジルが独立一〇〇周年を記念した際、サンパウロのシリア・レバノン人コミュニティは、その多くがまだ到着して日が浅いにもかかわらず、記念事業の実行委員会を組織した［Abrumad 2007］。同委員会は、一九二二年の九月七日に着手し四年後に完成したイピランガ河畔の「独立のモニュメント」を設計した著名なイタリア人彫刻家エトーレ・シメネスに、「シリア・レバノン人の友情のモニュメント」の制作を依頼した。一九二八年、「皇帝ペドロ二世公園」に高さ一六メートルの花崗岩とブロンズからなるその像が完成し、サンパウロ市長や市会議員も参加する盛大な式典が開催された。その土台にはコンクールで選出された次の詩が刻まれている。

図5．シリア・レバノン人の友情のモニュメント　出所：https://pt.wikipedia.org/wiki/Ficheiro:Monumento_%C3%A0_Amizade_S%C3%ADrio_Libanesa_2.JPG

我らが霊感の源たる
すべてのレバノン杉を切り倒し

その木でこの地に寺院を建てようと
その塔が雲を貫かんばかりでも
バールベックとパルミラから
我らが過去の栄光を奪い去り
ダマスカスからサラディン廟を
エルサレムから人類の救い主の「園の墓」を奪い取り
それらすべての宝物《ほうもつ》を
この偉大な独立国に
その栄光の子どもたちに渡そうとも
それでもなお足りないと感じるだろう
ブラジルとブラジルの人々に
我らが受けた恩を返すには

（エリアス・ファラ、一九二二年九月）

いささか大仰すぎると思われるこれらのモニュメントや詩であるが、「『大騒ぎ』の中、当初一メートル五ミルレイスの布を二時間後に一・三五ミルレイスで売るために声を張る。わずかな額でもしかめ面に冗談を交え、泣き言を交える」シリア・レバノン人らしいともいえる。「商売の利益は彼らにとって忍耐と客の機嫌のよさに比例している」からである［Moura 1954］。

さりとて、シリア・レバノン人にとって、ブラジルは戦禍や貧困から逃れることのできる安心な避難の場所であり、子孫を寛容に受け入れ、成功を与えてくれる国であった。今もなおブラジルに感謝を表明する人も少なくない。八〇〇頁近い大著『移民の記憶――サンパウロのレバノン人とシリア人』の中にはそのような証言があふれている。「私たちがレバノンからブラジルに来たのは何のためか？　のんびり遊びに来たわけじゃない。レバノンから仕事をしに来たんだ！　……残念ながら一等じゃなく三等切符でな……。だが間違ってはいなかった。私は自分の人生に満足している。ブラジルを信用している。ここが私の故郷だ」［Greiber 1998］。

＊本稿は「ブラジルにおけるシリア・レバノン人移民」京都外国語大学国際問題研究会編『PROBLEMATA MUNDI』三一号、二〇二一年をもとに再編成したものである。

［引用・参考文献］

伊藤秋仁「19世紀のブラジルにおけるポルトガル人移民」京都外国語大学編『COSMICA』四五号、二〇一六年。

――――「サンパウロ市ブラスと移民収容所の変遷――移民揺籃の地の過去と現在」京都外国語大学編『PROBLEMATA MUNDI』二六号、二〇一七年。

伊藤秋仁・住田育法・富野幹雄『ブラジル国家の形成』晃洋書房、二〇一五年。

黒木英充編『シリア・レバノンを知るための64章』明石書店、二〇一三年。

コーエン、ロビン（駒井洋訳）『新版グローバル・ディアスポラ』明石書店、二〇一二年。

駒井洋監修・宮治美江子編『中東・北アフリカのディアスポラ』明石書店、二〇一〇年。
小山茂樹『レバノン』中公新書、一九七七年。
――――『シリアとレバノン』東洋経済新報社、一九九六年。
ファウスト、ボリス（鈴木茂訳）『ブラジル史』明石書店、二〇〇八年。
藤波伸嘉『オスマン帝国と立憲制』名古屋大学出版会、二〇一一年。
堀口松城『レバノンの歴史』明石書店、二〇〇五年。
宮田律「シリア・レバノン――宗派のモザイク社会の歴史的展開」『中東協力センターニュース』二〇一三年六／七月号。
山田史郎「移住と越境の近代史」山田史郎ほか『移民』ミネルヴァ書房、一九九八年。
レッサー、ジェフリー（鈴木茂・佐々木剛二訳）『ブラジルのアジア・中東系移民と国民性の構築』明石書店、二〇一六年。
Abrumad, Carlos, *Gente do Líbano que faz no Brasil*, São Paulo, Editora CLC, 2007.
Araujo, Oscar Egidio de, "Enquistamentos Étnicos," *Revista do Arquivo Municipal de São Paulo*, VI(LXV), 1940.
Diégues Júnior, Manuel, *Etnias e culturas no Brasil*, 5.ed., Rio de Janeiro, Editora Civilização Brasileira, 1976.
Duoun, Taufik., *A emigração sírio-libanesa às terraw da promissão*, São Paulo, Tipografia Editora Árabe, 1944.
Greiber, Betty Loeb, Lina Saigh Maluf & Vera Cattini Mattar, *Memórias da imigração: libaneses e sírios em São Paulo*, Discurso Editorial, 1998.
Moura, Paulo Cursino de, *São Paulo de outrora: evocações da metrópole*, São Paulo, Livraria Martins Editora, 1954.

Paiva, Odair da Cruz & Soraya Moura, *Hospedaria de Imigrantes de São Paulo*, São Paulo, Editora Paz e Terra, 2008.

Rossi, Cardeal Dom Angelo, *Brasil: integração de raças e nacionalidades*, São Paulo, Editora Companhia Ilimitada, 1991.

Truzzi, Osvaldo, "Sírios e libaneses e seus descendentes na sociedade paulista", Fausto, Boris (org.). *Fazer América*, São Paulo, Editora da Universidade de São Paulo, 1999.

———, *Sírios e Libaneses*, São Paulo, Companhia Editora Nacional, 2005.

第7章　ブラジルにおける先住民教育の現状と課題

モイゼス・キルク・デ・カルヴァーリョ・フィリョ

はじめに

本章では、ブラジルの少数民族である先住民（写真1）のアイデンティティと文化の多様性の問題、およびこの集団が直面する現実の教育面に焦点を当てて、ラテンアメリカにおける先住民教育の現状に関して包括的に論じるものである。

最初に、「マイノリティ」という用語について見ておきたい。「マイノリティ」とは、通常、「マジョリティ」に対して量的に劣る集団として捉えられることが多いが（例えば、社会における身体障害者など）、この用語は必ずしも、社会に占める人数と関係があるわけではなく、またそれが決定的な特徴でもないことは明確にしておく必要がある。この「マイノリティ」という用語の定義については学界でも論争があるが、社会学研究の分野においては、とかく社会的に不利な状況を含蓄している場合が多い。換言すると、マイノリティ集団の主たる特徴では、日々の生活やマジョリティ集団との関係のうえで不均衡や不平等が見られる。こうした集団間の力関係について見ると、マイノリティがマジョリティよりも何らかの形で劣っているということが常に存在するわけである。したがって、本章では、社会学者ルイス・デ・ゴンザガ・メンデス・シャヴェス（Luis de Gonzaga Mendes Chaves）の定義に従って「マイノリティ」という用語を用いることにする。すなわち、「マイノリティ」とは、より大きな社会の一員である「マジョリティ」集団に対して、何らかの形で、社会的関係の中の特定の観点において依存しなければならない、または不利な状況に置かれている集団を指す［Chaves 1971: 149］ことにする。

写真１　自分たちの権利を守るため、ブラジリアの国会議事堂前に集結したブラジル先住民　出所："Índios acampados em frente ao Congresso.jpg" / Wilson Dias - Agência Brasil / CC-BY-3.0-BR (https://creativecommons.org/licenses/by/3.0/br/deed.ja)

　ブラジルにおいてもこれは例外ではなく、マイノリティはマジョリティから差別的な扱いを受けることが多い。事実、差別を受けやすいということ以外にも、ブラジルのさまざまなマイノリティ集団には、いくつかの共通した特徴がある。それは、マイノリティが法的保護、経済的支援、政治参加において、社会的に不利な状況に置かれ続けていることである。例えば、同性愛者の平等な権利の法的承認を求める争いや、黒人・先住民の教育へのアクセスを求める要求、あるいは先住民の土地の権利擁護のための争いなどが考えられる。

また、マイノリティは社会の既成の基準に順応せず、自らが直面している問題のほとんどに無知ないしは認識不足であるために、マジョリティ集団から常にステレオタイプ化される対象と化し、偏見に満ちた扱いを受ける傾向にある。

こうした固定観念や偏見にとらわれた扱いは、マイノリティに対するマジョリティ側の誤解を一層深めると同時に、間違った認識と差別意識の悪循環を強めてしまっている。

しかし、ブラジルにおいても、さまざまな地域や国全体のマイノリティ集団に共通する点が認められるものの、ブラジル先住民コミュニティを知るうえで、いくつか特有の問題が存在している。以下、この点について述べてみたい。

1．民族に対する誤った認識と彼らの教育への影響

いわゆる「ブラジル人」と、自国領土に居住する先住民との関係を理解するうえで、この関係を貫く、複雑な歴史的・社会文化的プロセスに関する綿密な分析が必要である。

歴史的に見ると、ブラジル人が先住民に対して抱くイメージは、ヨーロッパの自民族中心主義的

な考え方を受け継いでおり、歴史や文化に関する進化論的な考え方に基づくものである。その結果、ブラジル社会では、先住民は劣った存在とされることが、常にヨーロッパ文化圏のエリート層の道徳的・社会的価値観をそのまま反映したものであり続けてきた。このような認識は、長い間、先住民が受けてきたさまざまな服従と社会的隔離のプロセスの基盤を支える理念となり、これに応じてイデオロギーも形成されてきたのである。

今日でも見られる先住民の文化に対する固定観念は社会に広く浸透しており、組織的な先住民の土地収用、先住民文化の否定、そして先住民に関する歪曲された見方が流布し、これによって根強い差別的な慣習が確立している。

ジョゼ・リバマール・ベッサ・フレイレ（José Ribamar Bessa Freire）はこの点を批判し、ほとんどのブラジル人の先住民観には、彼らに対するいくつかの誤解が未だに支配的であるという[Freire 2016: 5]。フレイレは、ブラジルに存在する多様な先住民の文化を理解し受容するためには、こうした誤解を是正するための議論が不可欠であると主張している。また、これはブラジルの先住民に対する学校教育においても極めて有効であると考えられる。なぜなら、ブラジルの教育政策やその関連プロジェクトには、ブラジル人が一般にもっている先住民に対する固定観念が反映されており、ブラジルの先住民教育はこのような歪んだ考えによって悪影響を被っているためである。そこで、この誤解を解くことから始めなければならない。

2. 画一化された先住民像

第一の誤解は、「先住民はみな同じで、文化、言語、社会、信仰のあり方が似ている」というものである。「先住民」という用語の使用や「先住民」を区分の上位のアイデンティティとして使用する際は、「ヨーロッパ人」というアイデンティティが「ポルトガル人」「フランス人」「ドイツ人」といったナショナル・アイデンティティを排除すべきでないのと同様、先住民の個々の異なる民族的現実を排除すべきではないことに注意を払う必要がある。先住民の人々は、さまざまな先住民族を統合して可視化し、強化する手段として、「先住民（ポルトガル語では indio）」という単一の呼称を採用する選択をした。しかし、皮肉なことに、現実のそのような一般化によって、さまざまな先住民独自の文化的アイデンティティを喪失してしまった。すなわち、現在、ブラジルには、グアラニー族、ティクナ族、ヤノマミ族、テレナ族などといった、独自の文化や歴史を持ち、識別可能な三〇〇を超える先住民族が暮らしているが、これらが全て、「先住民」という単一の呼称に画一化されてしまったのである。

このように、総括的な呼称の使用は、個々の先住民の文化的アイデンティティを否定する結果となっており、極めて偏見に満ちている民族観の一端を如実に表象するものである。私たちは、このような偏見が未だ存続していることを認識し、さまざまな先住民の文化的アイデンティティを認識し、尊重することが重要である。また、先住民は多様性に満ちており、その特徴を理解し、その多様性から生じる特定のニーズも考慮する必要がある。

先住民に関する間違った認識は、ブラジルで採用されている教育政策にも影響を及ぼしている。先住民の多様性に対する認識不足は、先住民固有の多文化、多言語による教育の権利が法的に保障されていないことの一つの原因となっている。加えて、このシステムの構築に参画する政治家や教育者までもが、同様の立場に立っているのであれば、先住民のニーズを満たすような教育システムを構築することはとうてい不可能であるといわねばならない。

3. 遅れた文化

フレイレは、現代のブラジル社会は、先住民のさまざまな文化的側面（社会的政治的組織、宗教、言語、文学、科学など）が時代遅れで原始的なものであると見なされていることに注目している[Freire 2016]。こうした誤解が未だ根強い理由は、先住民に対する知識ないしはその動機づけの欠如が考えられ、ブラジル社会においてこれまでの歴史の中で形成されてきた先住民に対する「白人」の優越性から生じているものと思われる。

実際、中南米大陸の先住民は、昔から極めて芸術的、宗教的な表象だけでなく、さまざまな知的分野において、革新的な知識を生み出してきた。例えば、ブラジルのアマゾンに関する科学研究の重要な機関の一つとして世界的に知られているエミリオ・ゲルディ博物館は、アマゾン地域の自然・文化システムに関する先駆的な学術研究を推進しており、こうした先住民に対する一般の無知を改善することに貢献している。つまり、フレイレによると、カヤポ族の科学に関する博物館の展示では、薬草、農業、土壌の分類と利用、養分循環システム、森林再生法、農薬と天然肥料、動物の行動、栽培・半飼育植物の遺伝子改良、漁業と野生動物の管理、天文学などにおいて、先住民が生成してきた洗練された知識を見出している［Freire 2016］。

また、遺伝子操作を行ってきたのはカヤポ族だけではない。実際、アマゾンのいくつかの先住民が維持してきた多くの植物栽培の方法は、四〇年以上にわたって、世界中の研究者の注目を集めてきた［Kerr & Clement 1980］。シェルネラ（Janet M. Chernela）によると、アマゾナス州のウアウペス川流域に住むトゥカノ族は、キャッサバの栽培方法を一三七種類も創出し、その多様性を高めることで、いくつかの品種の遺伝子組み換えを通して農作物の生産を促進してきた［Chernela 1986］。

医学の分野においても、いくつかの革新的な技術の起源をラテンアメリカの先住民に求めることができる。例えば、現代医学においてアスピリンが合成されるよりもずっと以前から、ラテンアメリカの先住民は、ヤナギの樹皮から抽出された活性物質をさまざまなタイプの痛みの治療に使用してきたのである。また、今日の現代医学によって、がんや緑内障、心不全、麻酔などの治療で使用されているいくつかの物質を先住民はすでに知っており、薬物治療において用いられてきたことを明らかにしている。

マラリア治療についても同様である。クフリ（Carolina Weber Kffuri）らは、アマゾンのネグロ川上流の先住民が使用している四六種の植物について報告したが、そのうち、抗マラリア作用について伝えられているのは一八種のみで、二六種については現代の科学では全く知られていなかった。また、現地の先住民コミュニティへのインタビューでは、マラリア治療における植物の使用方法、調合技術、投与量などを目録にしてみせたという［Kffuri 2016］。

以上のことからわかるように、先住民のこうした知識は、文化的のみならず、社会的、経済的な価値をもつ。先住民の知識が経済的な価値をもつことは、先住民の文化がその天然資源との関連において計り知れないほどの富を有していることに着目した世界中の大手多国籍企業、また科学者や貿易業者が、先住民の土地において、バイオパイラシー（生物盗賊行為）を常に行っていることが何よりの証拠である。

先住民の文化が時代遅れだとする誤った考えは、ブラジルにおいて採用される教育政策の問題とも関連している。その理由として、先住民はブラジルにおける教育プロジェクトの策定と実施に直接関わるに十分な能力を有していないと考えられているからである。教育政策の実施や策定の過程で先住民が自律的に参加できないことは、先住民の特別なニーズを満たしたうえで、社会への包摂（インクルージョン）を真に推し進めようとする先住民教育の最大の障害の一つとなる。

4．凍結した文化

多くのブラジル人が未だに抱いている誤解は、先住民の文化は時間的に凍結されている、あるいは凍結されるべきだというものがある。別の言い方をすると、他の現代社会と切り離し、先住民の人々が他の文化の一部を取捨選択し、それを進化させ学習する権利が否定されているのである。

ブラジル社会において、先住民は、ステレオタイプ的な裸族の表象、すなわち、裸あるいは半裸の姿で、森の真ん中で弓矢をもっていなければ、先住民としてのアイデンティティを喪失しているという根深い考えが存在している。その一例として、フレイレは、アマゾナス州の元知事ジルベルト・メストリーニョ（Gilberto Mestrinho: 1928-2009）の発言を紹介している。彼は、州内の先住民の領土の画定を阻止しようとして、恩恵を受けるべき先住民はもう存在しない、なぜなら、彼らはすでにズボンとシャツを着て、眼鏡と時計を身につけ、ポルトガル語を話しているのだからと述べた[Freire 2016]。

日本人が古来の伝統と現代技術の利便性を調和させ、アイデンティティを失うことなく発展し続けているように、また、ユダヤ人が世界中のさまざまな国に居住し、異なる言語を話しながらもユダヤ文化を維持しているように、ブラジルの先住民もまた、自分たちの未来に向けて自らが変化および発展し、自らが決定を下す権利が認められるべきであることを、いまブラジル社会は認識すべきである。

5. ブラジルの先住民に関する教育と先住民のための教育

ブラジル国内の先住民コミュニティが直面する問題に対する一般の国民の関心は非常に低いことが明らかになっている。大多数の国民にとって、事実上、先住民は未知の存在であることがわかる。実際、数年前まで、この事実はブラジルの教育制度の策定の過程では無視されていた。この状況を改善するために、二〇〇八年に法律一一・六四五が制定され、ブラジルの小・中・高校でアフリカ系ブラジル人と先住民の歴史と文化を教えることが義務づけられ、各地の学校カリキュラムにブラジルの起源を広く知るためのテーマが導入されることになった。しかしながら、モラエスとカンポスが指摘するように、同法律の公布から一〇年以上が経過した今日、未だ学校カリキュラムにこれが十分に組み込まれていないのが現状である［Moraes & Campos 2018］。同様に、このテーマを扱う教材や教科書の発行も国内では十分ではない。

例えば、ブラジルの初等・中等教育において、先住民の民族的・文化的多様性とそれが意味するものについては、ほとんど議論されていない。また、先住民は大陸の総人口の八％に過ぎないにもかかわらず、貧困状態にある国民の一四％に相当し、極度の貧困状態にある国民の一七％以上を占めていることへの対策の話し合いはなされていない。同様に、先住民の四九％は都市部に住んでおり、万人が信じているように、森の中で隔離され暮らしているわけではなく、大多数が郊外のスラム街に追いやられ、極度の貧困にあえいでいる。しかし、この事実は広く知られていない。さらに、非先住民と比較しても、先住民は教育や正規雇用、基本的な衛生設備などへのアクセスも制限されていることは未だ問題視されていないのである［Banco Mundial 2015］。

また、先住民は、土地の所有権を非先住民によって絶えず脅かされているが、ブラジルの小・中・高校の教室では公にこの点が議論されることはない。そのかわり、学校教育において先住民が話題になる場合、大多数の教師は、脱文脈化された、ステレオタイプ的なナラティブを採用するのである。こうしたブラジルにおける現行の学校教育の怠慢さが、ヨーロッパを中心とした文化的エリートの道徳的・社会的価値観が反映された歴史的遺産と組み合わされたとき、先住民に対する偏見と軽蔑を引き起こし、間違った概念が生成されるのである。

このように、ブラジルの学校教育では、先住民が本当は何者なのかを知り、現代ブラジル社会においてどのような状況に置かれているかを学ぶ機会すら設けられていない。ここ数十年、ブラジルの先住民の学校教育はある程度改善されたものの、彼らが対等な立場で競争に積極的に参加すること、そして、彼らのニーズや緊急性に対して適切な方法で彼らの声を聴くことができるようになるまでには至っていない。

ブラジルでは、一六世紀から現在に至るまで、先住民の学校教育の方針と目的は大きく変化してきた。歴史的に見ると、先住民の学校教育の軌跡は、以下の三段階に分けることができる［Carvalho 2021］。

ブラジルにおける先住民学校教育の初期段階（一六世紀半ばから二〇世紀初頭）では、カテキズムを通じて先住民（特に子どもたち）を改宗・教化し、彼らを国の労働力に組み込むことを目的としており、各修道会（特にイエズス会）が開発した学校教育モデルに基づいて行われた。

先住民学校教育の第二段階は、一九一〇年頃にＳＰＩ（Serviço de Proteção ao Índio）が設立されたことから始まる。以来、ブラジル政府は、国語教育を通じて先住民の統合と均質化を積極的に行うようになり、植民者である白人との関係において、先住民の劣等性を露見させるようになった。その主な目的は、先住民にポルトガル語を学ばせ、彼らの文化や民族的アイデンティティを排除することによって、「文明化」すること、つまり国家社会に同化することであった。

ＳＰＩが廃止され、一九六七年に国立先住民財団（ＦＵＮＡＩ）が設立されると、一九七〇年代には先住民を対象とした教育実践に変化が起こり始めた。ブラジル政府は一九七〇年代の半ばから、先住民の書き言葉を保存・登録するためのさまざまなプロジェクトを開始した。こうして、先住民学校では、読み書きを学ぶ際にポルトガル語とともに各先住民の言語が使用されるようになった。

通常、先住民の書き言葉の教育は初年度に行われ、ポルトガル語の学習やブラジル社会の知識や世界観を導入するためのトランジションとして機能した。

写真２　1988年６月、様々な民族グループの先住民が集結し、新憲法の最終案において先住民の権利を保障するため、国会議事堂で集会を行った　出所："CEDI- índio com 18 mai 88 EBF (45367560424).jpg" / Senado Federal / CC BY 2.0 (https://creativecommons.org/licenses/by/2.0/deed.ja)

一九七〇年代に組織的な先住民運動が出現し、一九八〇年代の憲法制定過程に積極的に参加したことで、ブラジルにおける先住民学校教育の第三段階が始まった。一九八八年の連邦憲法（市民憲法）は、先住民族にさまざまな社会的基本権を保障したが、その中には、先住民族の母語と独自の学習方法による教育を受ける権利も含まれていた（写真２）。一九九六年、国民教育指令・基準法（Lei de Diretrizes e Bases da Educação Nacional）は、連邦憲法で保障された権利を再度表明し、先住民のための教育は、特別・異文化・多言語的なものとして推進することの必要性をより詳細に提示した。二〇〇一年、ブラジル政府は国家教育

写真３　2019年５月、バイーア州立法議会の公聴会に、様々な民族グループの先住民が参加し先住民の学校教育の現状について議論した　出所："Sessão Especial: Situação da Educação Escolar Indígena na Bahia" / Dep. Neusa Cadore / CC BY 2.0 (https://creativecommons.org/licenses/by/2.0/deed.ja)

計画（PNE: Plano Nacional de Educação）を通じて、「先住民学校」という公式なカテゴリーを創設し、その趣旨と目標を定め、先住民の教育機関を決定するとともに、特定の多言語的な教材を作成するよう定めた。

現在、先住民に質の高い学校教育と、その特性やニーズを満たす教育を与えるための担当機関は、教育省（ＭＥＣ）の専門教育様式事務局（Semesp）である。ＭＥＣが公表した二〇一八年基礎教育学校センサスによると、ブラジル全国で三三四五校の先住民学校に二五万五八八八人の入学者が登録されている。このうち、保育園に在籍している子どもは五三六五人、幼稚園に在籍している子どもは二万七〇五三人であった。初等教育には最も多い一七万四四二二人の子どもたちが在籍し、高等学校には二万六八七八人が在籍していた。さらに、二万一八九一人が青少年および成人教育、二七九九人が専門教育コースに登録していた。

数的に見れば、ブラジルの先住民の学校教育はかなり拡大しているといえよう。その背景はいくつかの要因が考えられるが、なかでも、国内のほとんどの先住民コミュニティの人口増加率が上昇していること、先住民コミュニティが自治体、州政府、連邦政府に政治的圧力をかけていること、そして国内の先住民教育コースの生徒数が増加していることがあげられる（写真３）。

しかし、この人口増は、これに比例して教育の質と特殊性の向上につながっているわけではない。直面している質的な問題は多岐にわたっている。①インフラが不安定であり、多くの学校は校舎、図書館、実験室、運動場などをもたない、②コンピューター、プリンター、民族固有の教材が不足しており、国内の先住民の学校の半数以上が存在する北部において、この問題はより顕著である。さらに、③先住民の言語を話すように訓練された教師の確保などがあげられる。

右の結果として、国勢調査のデータに見られるように、先住民の生徒数は高等教育へ進むにつれて大幅に減少している。中途退学や学業継続のインセンティブがないことは、先住民の中等・高等教育へのアクセスを妨げる深刻な問題といえる。

すでに筆者が指摘したように、ブラジルにおける先住民の権利が一層擁護されると同時に、すべての教育段階において先住民の参加が保障されるためには、学校教育制度が先住民と非先住民の双方にとって、より包括的なものになることが重要である。すなわち、教育のプロセスにおけるさまざまな段階（教育政策とカリキュラムの作成、教育実践の計画と実施、先住民教員の養成など）において、先住民が参画できるようにすることが必要である。先住民の学校教育の分野で達成された進歩が、法律の中だけに留まらないことが重要である［Carvalho 2020］。

しかし、すべての先住民がこうした必要性を感じ、ブラジルの先住民学校教育の改善に積極的に関与する意思をもっているわけではないという事実を指摘できる。例えば、シクリン族の文化では、知識を伝達するための公的かつ特定の場というものがない（彼らにとって学習とはいつでもどこでも可能なものである）。したがって、学校は、非先住民の知識を学ぶためだけに使われるべき場ということになる。ならば、カリキュラムや計画、教授法、内容などといった学校教育に関する問題は、非先住民の人々が解決すべきものとなる。シクリン族にしてみると、彼ら自身の知識や伝達方法に、非先住民の知識や伝達方法を混ぜないことによって、彼ら独自の文化を守ろうとしているのである［Carvalho 2020］。

一方で、バニワ族のように、学校というものを、彼らの伝統的な知識を生産するための場の一つであると同時に、非先住民の知識へのアクセスのための重要な場でもあると考えているような先住民もいる。バニワ族にとって、学校は異文化交流の特権的な場である［Luciano 2006］。バニワ族は教育問題の議論にも積極的に参加しており、公共政策の重要な発言者として、ブラジル国内でも際立った存在となっている。したがって、バニワ族は学校教育に関する問題（カリキュラムの作成、計画、教授法、内容など）のすべての策定に、自らが参加すべきであると考えている。

写真４　先住民高等教育センターの卒業式（2018年9月） 出所："Universidade Federal de Goiás - UFG" / colacaoufg / CC BY-NC 2.0 (https://creativecommons.org/licenses/by-nc/2.0/deed.ja)

このような考え方の具体的な成果として、環境に関する知識や地元の知識を他の文化の知識生産方法と統合するアクティブラーニングに基づいた、いくつかの革新的な教育プロジェクトが生み出されてきている（写真４）。こうした教育アプローチは、統合的、変革的、参加型の教育を促進し、良心的な先住民の市民権の形成を可能にするものである。そうすることで、彼らは平等、自由、尊重という価値観を表現し、持続可能な方法で文化的・環境的資産を管理することができる。バニワ族にとって、ブラジル社会との文化的交流を強化し、双方の発展に積極的に貢献することは、自らの文化の独自性を維持するための手段でもあると考えられている。

筆者は、ブラジルの社会や教育システムに参加するかどうかの選択は先住民に委ねられるべきであると強調したい。彼らには、独自の文化を有する自立した民族として、ブラジルの社会にいかに順応するかを決定する権利や、自らに関わる教育政策の策定に参加するかどうかを選択する権利が与えられるべきである。こうした権利を行使することは、自らの文化的アイデンティティを失うことにはならない。それどころか、それぞれの民族の文化的アイデンティティを揺るぎないものとし、世界中の他文化と同じように、変化や発展につながるだろう［Carvalho 2020］。

さらに先のフレイレは、文化にとって、変化は必ずしも否定的なものではないことを強調している。つまり、文化が変容すること自体は悪いことではなく、むしろ悪い点があるとすれば、その変容が強制されることや、選択の余地がないことである。先住民が国内で採用される教育政策の審議や決定に参画することを許さないということは、ブラジル社会が彼らに選択の自由を与えることなく、先住民の文化に対して一方的に変容を強制していることになるのである［Freire 2016］。

この場合、研究者の役割は、ブラジルの先住民が直面している問題の数々を広く世間に知らしめ、その解決をめぐる議論を行い、対策を講じるよう努めることではなかろうか。

［参考文献］

Banco Mundial, *América Latina indígena no século* XXI, Washington, DC, Banco Mundial, Licença: Creative Commons Attribution CC BY 3.0 IGO, 2015.

Carvalho, M. K., F. , *A situação atual e os desafios para educação dos povos indígenas na América Latina,*『京都外国語大学ラテンアメリカ研究所の現在（いま）』（IELAK Publication Series 1）、大越翼編、京都外国語大学ラテンアメリカ研究所、二〇二一年。

———「ブラジルの学校教育システムへの先住民の貢献」京都外国語大学ラテンアメリカ研究所編『いえらっく』四〇号、二〇二〇年一二月。

Chaves, L. G. M., "Minorias e seus estudos no Brasil, *Revista de Ciências Sociais,*" *Fortaleza*, 2 (1), pp.149-168, 1971.

Chernela, J. M., "Os cultivares de mandioca na área do Uaupés (Tukano)," *Suma Etnológica Brasileira–Edição atualizada do Handbook of South American Indians*, Editora Vozes, Petrópolis, RJ, 1986.

Freire, J. R. B., "Cinco ideias equivocadas sobre o índio," *Revista Ensaios e Pesquisa em Educação*, v. 1, pp. 3-23, 2016.

Kerr, W. E., & Clement, C. R., "Práticas agrícolas de consequências genéticas que possibilitaram aos índios da Amazônia uma melhor adaptação às condições ecológicas da região," *Acta Amazônica* 10 (2), pp.251-261, 1980.

Kffuri C., Lopes, M. A., Ming, L. C., Odonne, G., & Kinupp, V. F., "Antimalarial plants used by Indigenous people of the Upper Rio Negro in Amazonas, Brazil," *Journal of Ethnopharmacology*, v. 178, pp. 188-198, 2016.

Luciano, G. S., *O Índio Brasileiro: o que você precisa saber sobre os povos indígenas no Brasil de hoje,* Brasília,

Ministério da Educação, Secretaria de Educação Continuada, Alfabetização e Diversidade; LACED/ Museu Nacional, 2006.

Moraes, R. & Campos, S., "O ensino de história e cultura indígena e afro-brasileira: mudanças e desafios de uma década de obrigatoriedade," *Revista Trans Versos*, pp.11-34, 2018.

第8章　熱帯ブラジルにおける先住民と黒人の包摂

住田育法

はじめに

ラテンアメリカのアフロ文化圏ブラジルの人種関係の歴史は、米国に比べて温和であると紹介されてきた。ブラジルの人種関係を温和的と見る根拠の第一は、ブラジルでは人種主義（racism）は法制度によっては認められず、社会的な慣行の形でのみ存在したからである。例えば近代ブラジルにおいて公的機関への職員採用などで出自を考慮する際、白人が有利であった。しかし白人の定義はヨーロッパ人の風貌をもつ混血者を含めて、曖昧である。さらに、人種と階層の間に明確な区別がなく、人種差別ではない、との意見から問題を複雑にしている。第二に、アフロ文化との関係性についてブラジルでは、アフリカ的要素を受け入れ、黒人奴隷の核家族の子孫などが都市の低所得者層共同体（ファヴェーラ：favela）においてアフロ的異種族混淆社会を形成している。米国では人口の圧倒的多数がヨーロッパ文化に同化され、アフリカ文化は奴隷にあっては完全に破壊されてきた。ブラジルでは核家族の存続が許された場合、アフリカ文化の要素が残存した［伊藤 2007: 427-430］。

このようなブラジルの人種関係の特異性は、第二次世界大戦以前、主として一九三〇年代初頭に、人類学者ジルベルト・フレイレ（Gilberto Freyre: 1900-1987）によって紹介された。彼は「ポルトガル熱帯生態学」という概念を提唱するとともに、ブラジルには人種的偏見や差別自体が存在しないとする、いわゆる「人種民主主義」を唱えたのである。この理念を示したのが代表作『大邸宅と奴隷小屋（*Casa-Grande & Senzala*）』（一九三三）である。フレイレは、白人、先住民、黒人の三人種の出会いを通じて、ブラジルの人種問題は解決されたという考えを主張した［松本 1979: 199-231］。彼の言説は、当時、ナショナリズムの風潮を利用して国家統一の強化を進めていたジェトゥリオ・ヴァルガス大統領（第5章参照）の支持を得て、「国是に近い建前」となったのである。ヴァルガスはヨーロッパのファシズムを「新国家体制」として受け入れ、ブラジルらしさを強調するためにアフロ文化のサンバを「国民音楽」として推奨した［ヴィアナ 2000: 113-132］。

さらに南北アメリカの人種関係の比較史に影響を与えたブラジルの著名な歴史家セルジオ・B・デ・オランダ（Sérgio Buarque de Holanda: 1902-1982）（以下、S・B・オランダと記す）を外すことはできない。代表作は『真心と冒険（*Raízes do Brasil*）』である。その中で「ブラジルの場合、国家は専制的である必要はないし、またそうであってはならない。専制政治はブラジル人の温和な性質とは相容れないものである」と述べ、ブラジルの人種関係の異種族混淆や社会的争いを嫌う真心のアイデンティティを強調した［オランダ 1971: 204-207］。

筆者は社会正義（social justice）の理念に基づき人種差別（racial discrimination）に反対し、人種主義を否定する。この立場において、人種民主主義や異種族混淆を重視したブラジルの知識人の主張は、人種主義や人種差別に反対し、民主主義や社会的人権に賛同するものであると理解している。本章ではこの姿勢を踏まえて、ブラジルの人種関係を包摂の視座から考察する。

1．ブラジルの人種関係

（1）黒人奴隷制度の軌跡

ブラジル社会の人種の包摂を考えるために、どのように黒人奴隷制度が始まり、定着したのかを、グローバルな視座から年表［Gomes 2019: 11-14］で確認しておきたい。

黒人奴隷史年表

〈黒人奴隷のはじまり〉

一四四四　ポルトガルのアルガルヴェ、ラゴス（Lagos）におけるアフリカ人奴隷の最初の競売の記録あり。

一四五六　ポルトガル人が、それまで無人のカボ・ヴェルデ（Cabo Verde）列島に到着。

一四八四　サン・トメ島（Ilha de São Tomé）の植民開始。

一四八五　コンゴの王（Rei do Congo, João I do Congo, Anzinga Ancua: 1440-1506）、キリスト教に改宗。

一四八八　ポルトガル人バルトロメウ・ディアス（Bartolomeu Dias: ca.1450-1500）、喜望峰に到着。

一四九二　コロンブス、アメリカに到着（「発見」）。ポルトガル人がアフリカのサン・ジョルジ・ダ・ミナ（São Jorge da Mina）、またはエルミナ（Elmina）城を構築、アフリカ海岸の奴隷貿易の最初の中心地となる。

一四九四　ポルトガルとスペインが世界を二分割するトルデシーリャス条約、締結。

一四九六　ポルトガルのユダヤ人にキリスト教への改宗義務。

一四九八　ヴァスコ・ダ・ガマ（Vasco da Gama: 1469-1524）の艦隊、インドに到着。

一五〇〇　四月二二日、ペドロ・アルヴァレス・カブラル（Pedro Álvares Cabral: 1467あるいは1468-1520）がバイーアに到着。アフリカでポルトガル人によって購入または捕獲された黒人奴隷が一五万人に達する。

一五〇三　スペイン人支配のアメリカへの黒人奴隷貿易、正式に開始。

一五一九　スペイン人コルテス（Hernán Cortés: 1485-1547）が、メキシコ征服。

一五三〇　マルティン・アフォンソ・デ・ソーザ（Martim Afonso de Sousa: 1500-1564）が、ブラジル沿岸を探検航海。

一五三四　世襲カピタニア制の導入によるブラジルの分割譲渡。イグナチオ・デ・ロヨラ（Ignacio de Loyola: 1491-1556）によるイエズス会の創設。

年表から理解できるように、グローバルな黒人奴隷の開始はポルトガル人のアフリカへの進出の過程から生まれた。そして、一四九四年にポルトガルとスペインが世界を二分割するトルデシーリャス条約が締結され、アフリカの空間がポルトガルに属したことの意味が大きかった。やがて商品としての黒人奴隷が大量に新世界に運ばれることになる。

〈ブラジル最初の黒人奴隷〉

一五三五　ペルナンブコで製糖所、開始。ブラジル最初の黒人奴隷到着の知らせ。
一五四五　マルティン・アフォンソ・デ・ソーザのカピタニア、サンヴィセンテが約三〇〇〇人の奴隷先住民（indios escravizados）を保有。
一五四九　最初のイエズス会士、ブラジルに到着。
一五五四　サンパウロ市、創設。
一五五五　フランス人が、グアナバラ湾を占有（～一五六七）。
一五六五　リオデジャネイロ（以下、リオと記す）市、創設。
一五七五　ポルトガルのアンゴラ（Angola）占有、開始。
一五八〇　スペイン王フェリペ二世（Filipe II: 1527-1598）、ポルトガル王を兼ね、イベリア連合

（União Ibérica）開始（スペインのポルトガル併合）。

一五八五　ブラジルの人口、「未開」の先住民を除き六万人。

一六〇〇　新大陸の先住民人口、コロンブス以前の五分の一の一〇〇〇万人。ブラジルにおいて先住民が天然痘で大量死。

一六〇八　後のアントニオ・ヴィエイラ神父（Padre António Vieira: 1608-1697）リスボンに生まれる。

一六一二　フランス人が、サン・ルイス・ド・マラニャン（São Luís do Maranhã）を侵略（～一六一五）。

一六二一　オランダに西インド会社創設。

一五四九年に最初のイエズス会士がブラジルに到着し、先住民の布教活動を始める。同時に、カトリックの理念の下に、黒人を奴隷として利用することがブラジルを含む新世界において認められたのである。アフリカ系の人々や先住民が奴隷という商品、つまりヒトではなくモノとして扱われた。

〈オランダの北東部占有〉

一六三〇　オランダ、ペルナンブコを占有。アフリカの女王ジンガ（Jinga または Nzinga Mbande などの名：1582-1663、王位ドンガ一六二四～一六二六、マタンバ一六三一～一六六三）がアンゴラでポルトガル軍を攻撃。

一六三二　ラポーゾ・タヴァーレス（Raposo Tavares: 1598-1659）奥地探検隊員が四万から六万のブラジルの先住民を奴隷とする。
一六四〇　イベリア連合が終わり、ブラガンサ公爵がポルトガル国王ジョアン四世となる。
一六四一　オランダ人がルアンダ、ベンゲラ、サン・トメを占領。
一六四八　サルヴァドール・コレイア・デ・サー・イ・ベネヴィデス（Salvador Correia de Sá e Benevides: 1594～1688または1602～1681）のブラジル軍がアンゴラからオランダ人を追放。
一六五四　オランダ人がレシーフェから追放される。

ポルトガルが一五八〇年にスペインに併合され、一六四〇年にイベリア連合が終わるまで、スペインを敵とするオランダにとってポルトガルも敵であり、結果としてオランダがブラジルの砂糖生産地域を占領し、ブラジルの黒人奴隷制社会にも大きな変化が訪れた。特に黒人の逃亡奴隷が増加した。

〈英国とブラジルの関係〉
一六六〇　ロンドンに王立アフリカ会社（ＲＡＣ）が創立され、英国における奴隷貿易を独占。
一六六二　ポルトガル人ブラガンサ家のカタリーナ（Catarina de Bragança: 1638-1705）が英国のチャールズ二世（Charles II）と結婚、ポルトガル人の勧めで英国の茶の消費が始まる。
一六六五　ブラジル人とポルトガル人の軍隊がアンブイーラ（Ambuíla）の戦いでコンゴ王国を破

る。

一六七二　リオ市の人口、白人四〇〇〇人、アフリカ系黒人二万人。

一六七五　奥地探検隊員ドミンゴス・ジョルジ・ヴェリョ（Domingos Jorge Velho）、サンパウロとミナスジェライスを結ぶ道を開く。

一六八三　オスマントルコがウィーン（Viena）の攻撃で、八〇〇〇人の白人キリスト教徒を奴隷とする。

一六八七　サンパウロに一五〇〇人の白人が居住。別に一万人の先住民奴隷。

一六九四　二〇〇年前にクリミア半島でタタール人による奴隷スラブ人の合計を二〇〇万人と推計。同じ期間に、地中海のオスマントルコによってさらに二五〇万人の白人奴隷が取り引きされる。

一六九五　およそ一世紀にわたる抵抗ののち、パルマーレス（Palmares）の逃亡奴隷村（quilombo）は、アラゴアスで壊滅。パルマーレスの指導者ズンビ（Zumbi: 1655-1695）（写真1）の斬首の頭はレシーフェで柱に晒される。二一世紀の二〇〇三年にズンビの命日の一一月二〇日はアフロ意識の日（Dia da Consciência Negra）として国民の祝日に定められた。

一六九七　ミナスジェライスで金発見の最初の知らせがサルヴァドールに届く。

一七〇〇　ブラジルの総人口、三〇万人と推計。

写真1．20世紀（1927年）にブラジル人画家アントニオ・パレイラス（Antônio Parreiras: 1860-1937）が描いたズンビの肖像　出所：https://pt.wikipedia.org/wiki/Zumbi_dos_Palmares

以上の一四四四〜一七〇〇年の年表に基づいて次の三点に注目できる。

第一に、黒人奴隷制度は、ヨーロッパのキリスト教徒のレコンキスタから大航海時代に至る歴史の過程で起こったため、初期の一六・一七世紀の奴隷の対象は、白人を含むアラブ人やスラブ人など多様であった。第二に、熱帯のブラジルでは先住民奴隷も広く利用されるが、砂糖生産のための過酷な熱帯農業の場では、黒人奴隷が求められた。なぜ黒人であったのかについてブラジルの歴史家ボリス・ファウスト（Boris Fausto）は、アフリカからの奴隷貿易が魅力的事業であり、先住民の奴隷化が砂糖農場などでは不都合であったからだという［鈴木 2008: 29-42］。第三に、黒人奴隷を商品として扱うのはポルトガル人のみではなく、イギリス人を含むグローバルな活動を行うグループであったのである［布留川 2020: 21-40］。つまり黒人奴隷貿易は近代資本主義社会に組み込まれたシステムであった。

このように、世界史においては最初から黒人奴隷を求めたのではなく、複数の理由が重なって大量の黒人奴隷が利用されることになったのである。結果として、熱帯ブラジルの広大な空間においてアフロ社会が形成されることになった。特に注目したいのは、年表で示したように、一七世紀末に壊滅したパルマーレスの逃亡奴隷村の指導者ズンビの命日である一一月二〇日が国民の祝日に定められていることである。もう一つの記念日に、一八八八年に奴隷の完全解放を決めた黄金法（lei Áurea）に署名がなされた五月一三日がある。

（2）黒人奴隷制下の先住民共通語の使用

ブラジルがポルトガル人によって「発見」されるまで、今日のブラジル領土には先住民のみが居住していた。やがてポルトガル人は先住民と出会い、さらにアフリカから黒人を奴隷として導入し始める。この歴史的過程で生じたのが、混血による社会的包摂であった。既述の黒人奴隷史年表の箇所でパルマーレスの逃亡奴隷村を記した。これを壊滅させたことで名をはせた奥地探検隊員ドミンゴス・ジョルジェ・ヴェーリョ（Domingos Jorge Velho: 1641-1705）（写真2）が先住民の血を引く混血者であった例を、歴史家の

写真2. 20世紀1903年にブラジル人画家ベネディト・カリストが描いた奥地探検隊員ドミンゴス・ジョルジェ・ヴェーリョの肖像　出所：https://pt.wikipedia.org/wiki/Domingos_Jorge_Velho

S・B・オランダが取り上げている。先住民共通語を用いた奥地探検隊員は、ポルトガル語の知識が乏しかったのである。本章冒頭で紹介した歴史家S・B・オランダの代表作『真心と冒険』に基づいて、以下に彼の説明を引用する。

パルナイバ川地方の偉大な支配者の血統を見ると、ポルトガル人の血が圧倒的に濃いが、例に洩れず、先住民の血も流れていた。というのは、系図学者に誤りがなければ、彼はピケロビ(Piquerobi: 1480-1562)の娘の曽孫であり、ペドロ・アフォンソ(Pedro Afonso)の氏名不詳のタプイア女(tapuia)の曽孫でもあったからである。興味深いことに、一六九七年に彼がパルマーレスのあった所でペルナンブコの司教(bispo)と話し合わなければならなかったとき、通訳を帯同する必要があった。というのはこの司教によれば「彼はポルトガル語を話すこともできない」ためであった。この司教は、「彼はキリスト教徒であることを除けば最も野蛮なタプイアと変わるところがない。最近彼は結婚したが、先住民の女を七人妾としている。これを見れば彼の行状のほどが察せられる」とも言っている。この記録の内容を額面通り受け取るには一つ重大な難点がある。それはドミンゴス・ジョルジェ自筆の文書が知られているためである。そこには右から引用した部分からは想像もつかない知性がうかがえるのである。……いずれにしてもペルナンブコのあの司教の言った言葉の一部は、あの探検隊員に対する怒りのこもった反感が終始見られるにせよ、完全に避けることはできない。ドミンゴス・ジョルジェのポルトガル語の知識が乏しかったという点に関して、この司教の手紙は、一七世紀にサンパウロの人々に関する証言としてさらに一つ増えたことになり、今の場合、検討と留意に値するものであって、これを無視することは適当ではない〔オランダ 1971: 138-141; Holanda 1999: 126-127〕。

ポルトガル語を理解せずに日常生活を送るほどに、先住民を受け入れていたとの指摘である。さらにS・B・オランダは、先住民との混淆について説明を続ける。

かつてのサンパウロによく見られた愛称を詳細に検討すれば、当時それらは殆ど例外なく先住民の言葉から来たものであることが分かる。例えばマヌエル・ディアス・ダ・シルヴァ（Manuel Dias da Silva）は「ビシーラ（Bixira）」の名で知られ、ドミンゴス・レーメ・ダ・シルヴァ（Domingos Leme da Silva）」は「ボトゥカ（Botuca）」、ガスパール・デ・ゴドイ・モレイラ（Gaspar de Godói Moreira）は「タヴァイマナ（Tavaimana）」、フランシスコ・ディアス・ダ・シケイラ（Francisco Dias da Siqueira）は「アプサ（Apuçá）」、ガスパール・ヴァス・ダ・クーニャ（Gaspar Vaz da Cunha）は「ジャグアレテ（Jaguaretê）」、フランシスコ・ラマーリョ（Francisco Ramalho）は「タマルタカ（Tamarutaca）」、アントニオ・ロドリゲス・デ・ゴイスあるいはシルヴァ（Antônio Rodrigues de Góis, ou da Silva）は「トリポイー（Tripoi）」であった。全く信じられないわけでもない説によれば、奥地探検隊のバルトロメウ・ブエノ（Bartolomeu Bueno）の場合でさえ、アニャングエラ（Anhanguera）という愛称をつけたのは、先住民の共通語すら話せないゴイアス族ではなくてポルトガル人であり、おそらく一方の目が潰れていたか、傷ついていたかしたためであろう。現在彼に関するものとされている、火酒壺に火を投げ込んだというあのエピソードは、ペドロ・タケス（Pedro Taques）によれば、別の奥地探検隊員であるフランシスコ・ピレス・リベイロ（Francisco Pires Ribeiro）のエピソードであるという［オランダ 1971: 141; Holanda 1999: 127-129］。

このようにポルトガル人は先住民と言語では共通語、社会では混血によって社会的包摂を実現し、S・B・オランダの主張によれば、ポルトガル人は他のヨーロッパ出身の国民よりも新世界の開拓者として優れた諸能力をもっていたと述べている［オランダ 1971: 149; Holanda 1999: 132-133］。

さらに歴史家S・B・オランダの代表作『真心と冒険』に基づいて、先住民トゥピー語とサンパウロの先住民共通語の事情について取り上げたい。これによって一七世紀以前にサンパウロで展開した社会的包摂の実情を知ることができる。

まずS・B・オランダは、先住民の言語とポルトガル人である入植者やイエズス会の司祭の言語との混淆について、ブラジルにトゥピー語（idioma tupi）由来の地名が異常なほど多い原因はおそらく先住民より、奥地探検隊（バンデイランテ bandeirante）にあるだろうという。この考えは特にテオドロ・サンパイオ（Teodoro Sampaio: 1855-1937）の研究以後、一般に認められていると述べ、以下のように続ける。

しかし強い根拠があって認められているわけではない。というのは明らかに、「原始的な(primitiva)」住民は、たとえ人口が多くても、自分たちより強力な支配のパターンを必然的に受け入れる傾向があると思われるからである。だからこそテオドロ・サンパイオの主張の一つ、つまり奥地探検時代のサンパウロの人々は、今日ちょうどポルトガル語を使うように、トゥピー語を公的にも家庭でも用いていたという説にただちに賛成しない人が少なくなかったのである。しかし彼の主張は確実で疑問視する余地のほとんどない証拠に基づいている。この点で、難しい先住民管理問題(espinhoso problema da administração do gentio)についてサンパウロの住民らの出した疑問に関してアントニオ・ヴィエイラ神父(padre Antônio Vieira: 1608-1697)が言ったあの有名な言葉に見られる主張も同様である。この偉大なるイエズス会士は次のように言っている。「確かにサンパウロのポルトガル人や先住民の家族は、こんにち互いに深く結びついているから、女子供はたがいによく親しみあい家族的に育っている。そしてこれらの家族の間で使われている言葉は先住民の言葉であって、ポルトガル語の方は子供たちは学校へ行って習っている」(P. Antônio Vieira, *Obras Várias*, I (Lisboa, 1956) p. 249)［オランダ 1971: 133; Holanda 1999: 122-123］。

奥地探検隊はポルトガルの植民地時代に今日のサンパウロを拠点に、貴金属の探査や奴隷目的のための先住民狩りを生業として内陸部に侵入した植民地政府公認のキリスト教徒のグループであった。この奥地探検隊の活動が一四九四年にポルトガルとスペインで異教徒の世界を分割するために締結されたトルデシーリャスのスペインとの境界線を越えて広大な内陸部の占有に寄与したと一般にブラジル史で説明されている［鈴木 2008: 109-111］。S・B・オランダはさらに、文化的混淆の確認を以下のように説明する。

ヴィエイラ神父のような人の言った言葉は、先住民を民間の個人に引き渡すことに反対し、精神面で先住民を教化して彼らが教会の掟に則った生活を送ることができるような布教区組織（regime das aldeias）に賛成する人々の主張を正当化するための慈悲溢れる作り事であったかもしれないとしてはならない。ヴィエイラ神父の言葉はむしろある懸念と困難を避けるためのものであった。何故ならば彼はこう言っているからである。「このように、共に育ち幾年月もの間生活を共にしてきた人々」に対して残酷極まる態度をとらないで、「どうしてこの実に自然な結びつきを切り離すことができよう」［オランダ 1971: 133-134; Holanda 1999: 123］。

ブラジルの包摂の環境について、イエズス会の司祭らによる先住民の布教活動が寄与したとの理解をS・B・オランダは強調している。ブラジルのミナスジェライスで一七世紀末に金が発見され、金ブームに沸く時代における、先住民とサンパウロの人々との混淆関係についてである。一七世紀のサンパウロの人々は、サンパウロの主任司祭（vigararia）として同地出身の者を優先させることを絶えず切望していた。このサンパウロの人々の強い希望がやがて一八世紀ゴールドラッシュの時代にポルトガルからの新来者をエンボアーバ（emboaba: よそ者の蔑視）と呼び、このグループとの争いを爆発させることになる。S・B・オランダはサンパウロの人々の反感を彼らの先住民主義（nativismo）にその理由を求めている。さらにこのような態度を説明するために他の理由もあげている。それは、外から来る司祭（religioso procedente）は土地の言葉（lingua da terra）にまったく馴染まないから、住民との意思疎通がほとんど不可能である、というものであった。このことについては、一七二五年にサンパウロ市議会議員らが国王宛に提出した陳情書にも明白に示されている。

S・B・オランダはさらに次のように続けている。

一六九八年に、長官（governador）アルトゥール・デ・サ・エ・メネーゼス（Artur de Sá e Meneses: 1697-1702）が、南部諸教会の主任司祭の辞令書は先住民共通語（linga-geral dos indios）によく通じた司祭に与えるよう国王に願い出た時に、「かの地の先住民の大部分は他の言語では自分の思うところを言うことができません。特に女性と召使いは例外なく不可能です。そしてこのように不便なため償い切れない損失を受けています。例えばあのサンパウロの教会へ新しく派遣されて来た主任司祭の場合などがそれで、あの方は通訳が必要なのです……」と言っている。つまり特に女性の間ではこの先住民共通語がもっとも支配的であったのである。この点で右に引用した部分はヴィエイラ神父の言葉の正確さをはっきりと示すものである。女性は男性より家庭と深く結ばれているから、ブラジルでも、世界のどの地域とも同じように、勝れて、安定的で保守的な役割を果たし、家庭の伝統の偉大なる守護者であった。しかもこの場合、もっとも強く現れた伝統はまさに初期の征服者、開拓者の社会に彼らと混血したトゥピー・グアラニ族の女性が持ちこんだ伝統であった。一七世紀を通じてこのような状況がサンパウロで続いたのは、サンパウロの女性がしばしば占めていた高い地位がかなり重要な役割を果たしていたに違いない。……奥地探検運動（バンデイリズモ：bandeirismo）のために、このカピタニア（capitania）のかなりの数の男性が遠い奥地へ定期的に出て行ったので、この運動は母権制とも呼び得るような制度を生み出す間接的な原因となったようである。子供たちは宗教教育適齢期まで、あるいはそれ以後までこのような制度下に置かれていたのである。家の中に閉じ込められ、共に外来の言語に無知であった女と召使いらにとって最も自然で最も普通の意思伝達手段は土地の言葉であった。一六九二年頃書いた報告書の中で、長官のアントニオ・パイス・デ・サンデ（Antônio Pais de Sande）はサンパウロの女性に触れて、「美しくしっかりしている。夫は家庭や農場の管理を彼女たちに任せるのが普通である……」と言い、数行先ではこうも言っている。「子供たちが最初に覚える言葉は先住民の言葉であって母国語ではない」。ここで言う母国語とはポルトガル語のことである［オランダ 1971: 135-136; Holanda 1999: 123-124］。

このようにサンパウロのカピタニアにおいては先住民共通語が広く普及していたのであり、これをブラジル社会における先住民との包摂の事情として示すことができる。

2. アフロ・ラテンアメリカ文化圏の形成

(1) ブラジル黒人奴隷貿易の量と空間

既述の黒人奴隷史年表からも理解できるように、地球を二分する一四九四年のトルデシーリャス条約境界線によりアフリカの地の征服を許可されたポルトガルは大航海時代以降、厖大な数の黒人を奴隷として新世界に運び、ブラジルでは一六世紀以降、北東部の砂糖生産に利用した。一五〇〇年のブラジル「発見」以前から、ポルトガル人はすでにサトウキビ栽培を開始していた太平洋上のマデイラ(一四一九年「発見」)やアソーレス諸島(一四三一年「発見」)において黒人を奴隷として使っていた。アフリカから南北アメリカやヨーロッパの地中海、東方へと展開した黒人奴隷貿易は長期間にわたる広範囲に及ぶ活動であった。初期のブラジルの植民地化を進めたジョアン三世(João III: 1502-1557、王位:一五二一~五七)治下の一五三五年に最初の黒人奴隷がペルナンブコに到着し、続く一五三八年にギニアから最初の黒人奴隷がブラジルに輸入されたとされている。それ以前からポルトガルの首都リスボンには奴隷市場が開かれ、西アフリカのギニア海岸は、一六世紀中葉までポルトガル人が獲得した最大の奴隷供給地となっていた。一般には一五三八年とされるが、ブラジルへの黒人奴隷導入について、最初の明確な史料としては一五四九年の国王勅許がある。これにより、ブラジル北東部のサトウキビ農場への輸入が許可され、翌五〇年に黒人奴隷の一団がサルヴァドールに到着したのである〔住田 1990: 41-42〕。

以下の数字は、二一世紀においては多くの研究の成果により、大幅な訂正が加えられている

写真3. ドイツ人画家が描いた19世紀リオのヴァロンゴ奴隷市場　出所：http://objdigital.bn.br/acervo_digital/div_iconografia/icon94994/icon94994.htm

［Gomes 2019: 255］。ここでは、永く利用されてきたロベルト・シモンセン（Roberto Simonsen: 1889-1948）の数字を示しておきたい［住田 1990: 45］。

一七世紀	砂糖生産	三五万人
一八・一九世紀	砂糖生産	一〇〇万人
	鉱山活動	六〇万人
	コーヒー生産	二五万人
	その他の混合	一一〇万人

二一世紀の統計資料では、一五〇〇〜一八五〇年間にアメリカ大陸全土に陸揚げされた黒人奴隷の四七％に相当する四九〇万人がブラジルのみで占められている。今後の研究によりこの数字は増加すると予想されている［Gomes 2019: 255］。

なおカリブ海のキューバでもブラジル同様、一九世紀に奴隷貿易・奴隷制廃止を拒み、輸入を続けた。一九世紀まで黒人奴隷制度を経験したブラジル（写真

3）は、奴隷解放一〇〇年後の二〇世紀末一九八九年に左記のように人種偏見に反対する法律を制定した。S・B・オランダのいう人種偏見のないブラジルとは、大航海時代のポルトガルの民の影響を「真心ある人（homem cordial）」と「冒険型の人（homem dos tipos do aventureiro）」をルーツとして考察したものである。これに対して、具体的に「偏見」が存在しているからこそ、以下の法律が定められたと解釈できる。

一九八九年一月五日法律第七七一六号第一条　人種や肌の色の偏見に起因する犯罪を規定する。

Lei N° 7.716, de 5 de janeiro de 1989. Art. 1° - Serão punidos, na forma desta Lei, os crimes resultantes de preconceitos de raça ou de cor.

アフロ・ラテンアメリカ文化圏は黒人奴隷貿易とその制度の歴史を背景に誕生し、今日において人種差別と人種混淆、すなわち偏見と包摂の議論を生むに至るのである。

（2）多民族・多人種の国ブラジルの混淆

ブラジルの「人種混淆（miscegenation）」あるいは「排除（exclusion）」という概念を人種関係の分析に用いることは不適当であると米国の社会学者エドワード・E・テルズは主張している［伊藤 2011: 19-23］。その根拠は、人種（特に黒人）差別の実情を隠蔽するからというものである。一方、日本のブラジル研究者・堀坂浩太郎は、「多様な人々の包摂――社会の統合に向けて」の見出しのもとで、次のように異種族混淆の実情を説明している。

ブラジルは多民族・多人種で形成された国である。多文化共生の国ともいわれる。どこの町を歩いてもさまざまな顔に出会う。赤道近辺のアマゾン地域に行けばインディオと呼ばれる先住民系の顔が目立つし、南回帰線以南の南部地域に足を運べば、ヨーロッパ系の白人が多い。北東部では、アフリカ系黒人の顔がめっきり増える。カーニバルで有名なリオ市は「チョコレート・シティ」の印象だ。……ブラジル人自身、自分の血の中にどのようなエスニックの背景がどれだけ混ざっているのか自信を持って語れる人はそれほど多くない〔堀坂 2012: 108-115〕。

すでに指摘したようにブラジルにおけるアフロ文化との関係性は、アフリカ的要素を受け入れ、黒人奴隷の核家族の子孫などが都市の低所得者層共同体においてアフロ的異種族混淆社会を形成している。

アフロ・ラテンアメリカ研究会〔住田 2022: 1-3, 89-98〕の研究協力者であるブラジルの歴史家ニレウ・カヴァルカンティ（Nireu Oliveira Cavalcanti: 1944-）のブラジルの人種関係に関する指摘は次の三点である（二〇二一年一月一一日、京都外国語大学一六一教室で「ブラジルの黒人エリート層――ブラジル奴隷制期に黒人や混血に対して公文書で用いられた分類」と題して講演）。

まず第一に、カトリックの宗主国ポルトガルの植民地として黒人奴隷制が始まり、混血が生まれたが、ブラジルではその混血には複雑な分類がなされた。黒よりも白が良いとされ、今もその判断の影響が残っている。

第二は、一八世紀や一九世紀において芸術や技能において天才的な能力を発揮したのは混血の人たちであった。特に、音楽や文学、建築学において際立っていた。

第三は、人種の多様性の中でブラジル社会は「黒人」を最も差別した。未来に向けて人種のグループが対立するのではなく、共存の姿勢を示すことが大切である。混血社会のブラジルはその手本を示すことができるであろうとニレウ・カヴァルカンティはいう。

公式の分類で黒人とされたのは次のグループであった。

(1)アフリカから直接到来した奴隷は、新奴隷(escravo novo)と呼ばれた。

(a)ギネー(GUINÉ)黒人。一六世紀、一七世紀に到来。

(b)奴隷(ESCRAVO)、アフリカ生まれの黒人(PRETO)、アンゴラ(Angola)、カボ・ヴェルデ、コンゴ(Congo)、モンジョーロ(Monjolo)、ミナ(Mina)などの出身。

(c)自由アフリカ黒人(PRETO AFRICANO LIVRE)。ブラジル英国間で交わされた黒人奴隷貿易禁止の一八三〇年以降。

(2)左記も黒人に分類される。

(a)クリオウロ(CRIOULO)＝ブラジルで奴隷の母から生まれた者。

(b)解放されたクリオウロ(CRIOULO FORRO)＝自由を獲得した者(alforriado)。

(c)自由なクリオウロ(CRIOULO LIVRE)＝元奴隷の子、つまり自由人。

左記の分類がブラジルにおける混血の内容である。

⑴パルド（PARDO）＝黒人白人間の最初の混血。

⑵カブラ（CABRA）＝パルドと黒人間の混血。

⑶ムラト（MULATO）＝パルドと白人間の混血。

⑷カフーゾ（CAFUSO）＝先住民と黒人やパルド、カブラとの混血。


そして、リオで際立っていたアフリカ人の子孫たちは次の通りである。

PRETOS LIVRES（自由黒人）

⑴カンディド・ダ・フォンセカ・ガルヴァン、バイーア出身（Cândido da Fonseca Galvão: 1834-1890）、王子オバー二世（Principe Obá II）と呼ばれたパラグアイ戦争（一八六四～一八七〇年）の英雄。

⑵クルス・イ・ソウザ、サンタカタリーナ出身（João da Cruz e Souza: 1861-1898）。詩人。

⑶エメテーリオ・ジョゼ・ドス・サントス、マラニャン出身（Hemetério José dos Santos: 1858-1939）。著述家、文献学者。

⑷アントーニオ・ピント・バンデイラ、リオ出身（Antonio Raphael Pinto Bandeira: 1863-1896）。画家。

⑸ヴァレンティン・ダ・フォンセカ・イ・シルヴァ、通称メストレ・ヴァレンティン、ミナス

ジェライス出身（Valentim da Fonseca e Silva（Mestre Valentim）：1744-1813）。建築家。

PARDO　黒人と白人の混血。

(1)ジョゼ・ド・パトロシーニオ、リオ出身（José do Patrocínio: 1853-1905）。ジャーナリスト、著述家、奴隷解放主義者のリーダー。

(2)フランシスコ・デ・パウラ・ブリト、古都リオ出身（Francisco de Paula Brito. Carioca: 1809-1861）。印刷業、作家。

(3)アンドレ・レボウサス、バイーア出身（André Pinto Rebouças: 1838-1898）。エンジニア、作家。

(4)ルイス・ガマ、バイーア出身（Luís Gonzaga Pinto da Gama: 1830-1882）。ジャーナリスト、奴隷解放のパトロン。

(5)テオドロ・フェルナンデス・サンパイオ、バイーア出身（Theodoro Fernandes Sampaio. Baiano: 1855-1937）。エンジニア、著述家。

MULATO　混血と混血の間、あるいは混血と白人の間の混血に対する呼称。

(1)アフォンソ・エンリケ・リマ・バレット、通称リマ・バレット、古都リオ出身（Afonso Henriques de Lima Barreto: 1881-1922）。ジャーナリスト、著述家。

(2)フランシスコ・グリセーリオ・セルケイラ・レイテ、サンパウロ出身（Francisco Glicério Cerqueira Leite: 1846-1916）。弁護士、政治家、共和主義者。

(3) マシャード・デ・アシス、古都リオ出身（Machado de Assis: 1839-1908）。父方の祖父母は黒人の解放奴隷、ブラジルを代表する作家。

ニレウ・カヴァルカンティの研究仲間である著名な人類学者のロベルト・ダマッタ（Roberto Augusto DaMatta: 1936-）は古都リオの異種族混淆文化の社会を主張している。混血性についてダマッタは、ブラジル人が意識的にも無意識的にも自らが気に入るようなブラジルの歴史の説明を最初に作りだしたのがジルベルト・フレイレの著作によるブラジル人の「混血性（misturada）」であり、「混血（メスティーソ）文化（cultura mestiça）」であったと説く。著名なジャーナリストであるヴィアナの言説を紹介したい。

ブラジルのナショナル・アイデンティティの論者であるロベルト・ダマッタ（ダ・マッタ）が次のように語っている。「ブラジル人が自分で（意識的にも無意識的にも）気に入るようなブラジルの歴史の説明を最初に作り出したのが、ジルベルト・フレイレの著作だった。それがすなわち、我々の混血性であり、メスティーソ文化であった」［ヴィアナ 2000: 83; Vianna 1995: 76］。

3. 近代都市リオのアフロ女性の包摂

(1) エリート出身の混血児

シキーニャ(Chiquinha)の愛称で知られるフランシスカ・エディヴィージェス・ネーヴェス・ゴンザーガ(Francisca Edviges Neves Gonzaga: 1847-1935)は、ブラジル独立から四半世紀後の一八四七年に、帝国陸軍旅団長フェリシアーノ・ジョゼー・ネーヴェス・ゴンザーガ(Feliciano José Neves Gonzaga)の孫、陸軍大将ジョゼー・バジレウ(Marechal José Basileu Neves Gonzaga: 1817-1891)の子という由緒ある軍人の家柄の七人兄弟姉妹の長女として帝国の首都リオに生まれた。母はローザ・マリア・デ・リマ(Rosa Maria de Lima: 1827-1896)という黒人の血の入った混血女性であった(写真4)。父が正式に父親としての認知を行い、母とともに幸せな幼年期を送った[住田 2003: 155-156]。

写真4. 母親に抱かれる1歳のシキーニャ・ゴンザーガ　出所:https://chiquinhagonzaga.com/wp/album-de-fotos/

一一歳になった一八五八年のクリスマスのパーティーのとき、シキーニャ・ゴンザーガは名付け親で伯父のフルート奏者アントーニオ・エリゼウ(Antônio Eliseu)の指導で、生涯を通じて発表した二〇〇〇を超える音楽作品の最初の一曲を披露した。

それは、妹ジュカの詩「羊飼いの歌」に曲をつけたものであった。一九世紀後半のブラジル皇帝ペドロ二世の時代になると、音楽がリオ市民を一つにする役目を担った。例えば、黒人から伝わった踊りルンドゥから生まれたロマンティックな歌曲のモディーニャが、上流階級の館ではピアノによって、また貧しい黒人の住いでは、ギターの調べにあわせて歌われた。さらにリオには、政治家や劇作家、詩人などのインテリのグループと貧しい黒人の音楽家たちとの交流の場も存在していた。二〇世紀になると、カーニバルのサンバがリオ市民をまとめることになる。シキーニャ・ゴンザーガが育ったリオは、このように音楽を通じて、異なった社会層の人が交流し、共存できる街であった［住田 2003: 155-156］。

白人である父親のバジレウ陸軍少佐が選んだ、それも音楽の嫌いな実業家である白人のジャシント・リベイロ・ド・アマラル（Jacinto Ribeiro do Amaral: 1839-1920）とシキーニャは一八六三年に結婚した。ちょうど帝国ブラジルがパラグアイと戦争を始める二年前のことであった。この不運な結婚が、男性優位のブラジル音楽界で絶大な影響力を誇ることになるシキーニャ・ゴンザーガ誕生のきっかけを与えたのである。つまり一八六九年に離婚のやむなきに至り、彼女が自立して音楽家の道を選んだからである［住田 2003: 158-159］。

（2）大衆音楽MPBの母

一八八九年に歌劇「グアラニー族の男（O Guarani）」の作曲で知られるブラジルの偉大な作曲家かつ指揮者のカルロス・ゴメス（Carlos Gomes: 1836-1896）がリオを訪れ、このときシキーニャ・ゴンザーガに出会う。カルロス・ゴメスは音楽家としての彼女の才能を認め、そのときから二人の交友関係が始まった。ブラジル随一の音楽家の支持により、女性であり、単なる大衆音楽の世界の作曲家であったシキーニャ・ゴンザーガは、音楽家としての決定的な評価を獲得した。黒人の影響を受けた音楽の演奏を公の場では禁じる時代であったからこそ、世界的に知られた作曲家の支持が重要であったのである。この八九年に、彼女は、大衆音楽の新ジャンルの「存在証明」ともいうべき「ソ・ノ・ショーロ（Só no choro）」を発表した。同八九年一一月一五日に陸軍の急進派がデオドロ・ダ・フォンセカ（Deodoro da Fonseca: 1827-1892）をかつぎだして帝政打倒の革命を行い、ブラジルは共和制に移行した。リオは帝国の都から共和国の首都へと変身する。一八九一年二月に、ブラジル最初の共和国憲法が公布され、デオドロ・ダ・フォンセカが初代大統領に就任するが、議会や海軍と対立して一一月に失脚し、副大統領の陸軍元帥フロリアノ・ペイショット（Floriano Peixoto: 1839-1895）が大統領に昇格した。首都リオの政治は混乱を続けていた［住田 2003: 161-162］。

シキーニャ・ゴンザーガは、全奴隷解放一一年目の一八九九年に、マルシャと呼ばれる最初のカーニバルの行進曲「オー・アブレ・アーラス（Ô Abre Alas さぁ、隊列をあけろ）」を作曲する。すでに一九世紀の中頃から、リオの黒人たちはカーニバルのとき、激しいリズムにあわせて、コルダン（Cordão）という男たちだけのグループで街を練り歩くようになっていた。やがて奴隷解放が進み、リオの街でコルダンの風習が盛んになる。一八九九年にこのコルダンの一つの「ローザ・デ・オウロ（Rosa de Ouro）」がシキーニャ・ゴンザーガにパレード用の曲を依頼し、誕生したのが「オー・アブレ・アーラス」であった。この曲は今でも広く演奏されており、黒人の影響を受けたブラジル大衆音楽の解放を象徴する一曲となっている［住田 2003: 162-163］。

ブラジルの国民音楽の地位を獲得することになるサンバは、一九世紀末の準備期間を経て二〇世紀初頭にリオの中心街で生まれ、やがて貧しい人が住む丘の上のファヴェーラや郊外へと広がった。特に大衆音楽界で正統と見なされるサンバは、一九一七年に、リオの中心街で生まれた。いまだリオの街が、金持ちの館の地区と貧しい黒人の住居を区別し終える前のことであった。プラッサ・オンゼ（第一一広場）の近くにある北東部地方のバイーアから移ってきた黒人女性たちの店に、黒人の作曲家のピシンギーニャ（Pixinguinha: 1897-1973）、ドンガ（Donga: 1890-1974）、ジョアン・ダ・バイアーナ（João da Baiana: 1887-1974）らが集まり、楽器を演奏したり、曲を作ったりしていた。そのとき生まれた「ペロ・テレフォーネ（Pelo Telefone 電話で）」が最初の正統サンバだといわれている。レコードやラジオが普及する前は劇場での演奏が中心であったが、一九一七年にはシキーニャ・ゴンザーガの提案で、作曲家や劇作家たちの著作権を擁護するためのブラジル劇作家協会（Sociedade Brasileira de Autores Teatrais）が創設され、サンバやショーロ、タンゴなどの作曲家や作詞家たちの権利が初めて保護されることになった。シキーニャがこの世に別れを告げた一九三五年二月二八日は、カーニバルの直前の木曜日であった。リオのカーニバルは土曜日に始まり、水曜日の日の出とともに終わる。その年のカーニバルでもシキーニャが作曲したカーニバルの曲「オー・アブレ・アーラス（さぁ、隊列をあけろ）」が演奏されたことであろう。大衆音楽ＭＰＢの母と呼ばれたシキーニャの生涯は、黒人奴隷や大衆音楽の解放のために闘った人生であった［住田 2003: 166-167］。

おわりに

本章第1節の「黒人奴隷制度の軌跡」では、大航海時代の一四四四年から重商主義の一七〇〇年に至る間の年表に基づいて人種関係の特徴を三点、確認した。まず一つ目は、黒人奴隷制度は、ヨーロッパのキリスト教徒のレコンキスタから大航海時代に至る歴史の過程で起こったため、初期の一六・一七世紀の奴隷の対象は、白人を含むアラブ人やスラブ人など多様であったことである。第二点は、熱帯のブラジルでは奴隷狩りによって先住民奴隷も広く利用されるが、砂糖生産のための過酷な熱帯農業の場では、黒人奴隷が求められた。なぜ黒人であったのかについては、アフリカからの奴隷貿易が魅力的事業であり、先住民の奴隷化が砂糖農場などでは不都合であったからであった。三つ目は、黒人奴隷を商品として扱うのはポルトガル人のみではなく、イギリス人を含むグローバルな活動を行うグループであった点である。黒人奴隷貿易は近代資本主義社会に組み込まれたシステムであった。

このように、世界史においては最初から黒人奴隷を求めたのではなく、複数の理由が重なって大量の黒人奴隷が利用されることになり、熱帯ブラジルの広大な空間においてアフロ社会が形成されることになった。

続いて同じく第1節の「黒人奴隷制下の先住民共通語の使用」では、歴史家S・B・オランダの研究に基づいて、サンパウロのカピタニアにおいて先住民共通語が広く普及していたことを紹介し、ブラジルの植民時代における先住民と白人の社会的包摂の実例を示すことができた。

第2節「アフロ・ラテンアメリカ文化圏の形成」の「ブラジル黒人奴隷貿易の量と空間」につい

ては、二一世紀の近年の研究成果に基づく統計資料では、一五〇〇～一八五〇年間にアメリカ大陸全土に陸揚げされた黒人奴隷の四七％に相当する四九〇万人がブラジルのみで占められているため、今後の研究によりこの数字は増加すると予想されていることを紹介した［Gomes 2019: 255］。

さらに「多民族・多人種の国ブラジルの混淆」における特徴をまとめとして再確認したい。まず第一に、カトリックの宗主国ポルトガルの植民地として、ブラジルにおいて黒人奴隷制が始まり、混血が生まれ、やがてその混血には複雑な分類がなされた。特に黒よりも白が良いとされ、今もその判断の影響が残っている。第二は、一八世紀や一九世紀において芸術や技能において天才的な能力を発揮したのは混血の人たちであった。特に、音楽や文学、建築学において際立っていた点が興味深い。第三は、人種の多様性の中でブラジル社会は「黒人」を最も差別した。未来に向けて人種のグループが対立するのではなく、共存の姿勢を示すことが大切である。そして重要な点は、混血社会のブラジル、つまり社会的包摂がその手本を示すことができるであろうとニレウ・カヴァルカンティはいう。筆者もこの意見を尊重したい。

第3節では「近代都市リオのアフロ女性の包摂」として、一九世紀のブラジル帝政期に首都リオで誕生したエリート出身の混血児シキーニャ・ゴンザーガを取り上げて、ブラジル大衆音楽界における社会的包摂の例を考察した。その際、本章の主要なテーマである社会的包摂について、ブラジルのナショナル・アイデンティティの論者ロベルト・ダマッタのブラジル人の混血性、すなわちメスティーソ文化に触れた［ヴィアナ 2000: 83; Vianna 1995: 76］。

［引用・参考文献］

ウォーラーステイン、I（川北稔訳）『近代世界システムI――農業資本主義と「ヨーロッパ世界経済」の成立』岩波書店、一九八一年。

ヴィアナ、エルマノ（武者小路実昭訳、水野一監修）『ミステリー・オブ・サンバ』ブルース・インターアクションズ、二〇〇〇年。

オランダ、S・B・デ（池上岑夫訳）『真心と冒険――ラテン的世界』新世界社、一九七一年。

金七紀男・住田育法・高橋都彦・富野幹雄『ブラジル研究入門――知られざる大国500年の軌跡』晃洋書房、二〇〇〇年。

住田育法「〈ブラジル奴隷解放〉の歴史的意義」同志社大学経済学会編『経済学論叢』一九七六年第二四巻第一・二・三号、一九七六年、二九八～三四一頁。

――「黒人奴隷の導入」富野幹雄・住田育法『ブラジル――その歴史と経済』啓文社、一九九〇年。

――「シキーニャ・ゴンザーガ――ブラジル大衆音楽の母」加藤隆浩・高橋博幸編『ラテンアメリカの女性群像――その生の軌跡』（イスパニア叢書一一）、行路社、二〇〇三年、一五五～一六八頁。

――「巻頭言」「アフロ・ラテンアメリカ文化とブラジル社会の包摂」京都外国語大学アフロ・ラテンアメリカ研究会編『アフロ・ラテンアメリカ研究』創刊号、二〇二二年、一～三、八九～九八頁。

テルズ、エドワード・E（伊藤秋仁他訳）『ブラジルの人種的不平等――多人種国家における偏見と差別の構造』明石書店、二〇一一年。

富野幹雄・住田育法編『ブラジル学を学ぶ人のために』世界思想社、二〇〇二年。
ファウスト、ボリス（鈴木茂訳）『ブラジル史』二〇〇八年、明石書店。
布留川正博『イギリスにおける奴隷貿易と奴隷制の廃止――環大西洋世界のなかで』（同志社大学経済学研究叢書九）有斐閣、二〇二〇年。
フレイレ、ジルベルト（鈴木茂訳）『大邸宅と奴隷小屋――ブラジルにおける家父長制家族の形成』上下二巻、日本経済評論社、二〇〇五年。
堀坂浩太郎『ブラジル――跳躍の軌跡』岩波書店、二〇一二年。
マークス、アンソニー・W（伊藤秋仁他訳）『黒人差別と国民国家――アメリカ・南アフリカ・ブラジル』春風社、二〇〇七年。
ロドリゲス、ジョゼ・H（富野幹雄・住田育法共訳）『ブラジルの軌跡――発展途上国の民族の願望』新世界社、一九八二年。
Diniz, Edinha, *Chiquinha Gonzaga: uma história de vida.* 10.a tiragem, Rio de Janeiro, Record, Rosados Tempos, 1999.
Gomes, Laurentino. *Escravidão: do primeiro leilão de cativos em Portugal à morte de Zumbi dos Palmares*, volume 1, Rio de Janeiro, 2019.
Holanda, Sérgio Buarque de, *Raízes do Brasil*, 26.ª edição, São Paulo, Companhia das Letras, 1995.
Lazaroni, Dalva, *Chiquinha Gonzaga: sofri e chorei, tive muito amor*, Rio de Janeiro, Nova Fronteira, 1999.
Vianna, Hermano, *O Mistério do Samba*, Rio de Janeiro, Jorge Zahar Ed, UFRJ, 1995.
［写真］

写真1　20世紀にブラジル人画家アントニオ・パレイラスが描いたズンビの肖像
https://pt.wikipedia.org/wiki/Zumbi_dos_Palmares［最終閲覧日：２０２３年1月15日］

写真2　20世紀１９０３年にブラジル人画家ベネディト・カリストが描いた奥地探検隊員ドミンゴス・ジョルジェ・ヴェーリョの肖像
https://pt.wikipedia.org/wiki/Domingos_Jorge_Velho［最終閲覧日：２０２３年1月15日］

写真3　ドイツ人画家が描いた19世紀リオのヴァロンゴ奴隷市場
http://objdigital.bn.br/acervo_digital/div_iconografia/icon94994/icon94994.htm［最終閲覧日：２０２３年1月15日］

写真4　母親に抱かれる1歳のシキーニャ・ゴンザーガ
https://chiquinhagonzaga.com/wp/album-de-fotos/［最終閲覧日：２０２３年1月15日］

コラム❸

人種の混淆と社会の包摂

住田育法

ヒト（人類：Homo sapiens）へとつながる霊長類誕生の約一億年前、大陸が移動しアフリカは大西洋を挟んで南米と分離した。六六〇〇万年前に恐竜は絶滅したが、約三五〇〇万年前に北米と南米が地峡でつながり、北から南へ動物が陸上で移動できるようになった。やがてアフリカ大陸に誕生したヒトは約二〇万年前に脱アフリカに成功し、一万年前には南米大陸の南端にまで達した。その後、ヒトは農業と牧畜の革命を実現し、人口が爆発的に増加する［黒川：生命進化の映像］。

このヒトを肌の色の違いによって白人、黒人、黄色人などの人種にヒト自らが分類するにいたる。しかし、編者からの問いかけは、ヒトに対することのような人種の分類は必要か否か、というものである。同じヒト同士の間の差別をこれが生むのであれば、当然、不要であろう。しかし二一世紀にいたるいまも、差別につながる人種の分類は続いている。

ブラジルを一五〇〇年に「発見」し、開発したポルトガル人の先祖は、イベリア半島におけるレコンキスタ以前より人種の混淆を進めていた。紀元前よりケルト・イベリア人の住むイベリア半島にローマ人が征服を行い、ラテン語と自らの血を伝える。やがてゲルマン人が到来し、この異種族混淆に参加する。アフリカを出て七一一年にイベリア半島の征服を開始したイスラム教徒のアラブ人が支配する中で、混淆が継続した。そしてイベリア半島でキリスト教徒のレコンキスタが始まり、ポルトガル人の国は一一四三年に王国としての独立を果たす。イスラム勢力はキリスト教徒によって一四九二年に最終的に半島から追放された。そしてこのキリスト教徒のレコンキスタ運動が一六・一七世紀の大航海時代に大西洋を越えて新世界であるラテンアメリカに向かったのである。

この熱帯を征服するという企てに最初に着手したのが、ポルトガル人であった。赤道に近く、一六世紀の常識では人間はたちどころに退化してしまうとされていた地域を、整然としかも精力的に開拓するという事業に大胆に取り組む力を備えた国民として、ポルトガル人の右に出るものは旧世界には存在しなかったと第8章で述べたブラジルの歴史家セルジオ・B・デ・オランダ（Sérgio Buarque de Holanda: 1902-1982）は強調する。このポルトガル人が熱帯ブラジルで利用したのが、北東部のサトウキビ栽培のために容易に入手できる大農場と、先住民の労働力を利用する最初の試みが失敗した後の、アフリカからの黒人の導入であった。ここにヒトをモノとして扱う黒人奴隷制度が定着したのである。さらに、植民地時代以降のブラジル社会において人種の混淆が展開する［オランダ 1971: 17-38］。

本書第2部では支配した側ではなく、支配されたマイノリティの側の立場から考察を行った。

辰巳はまず、カルチュラル・スタディーズの視座から「アフリカ系アメリカ人の音楽文化と『意味』の実践――『モラル』と『差異』の間で」について論じている。黒人音楽は、アメリカという国の影響力の大きさと相まって、世界中に消費されると同時に、人種差別への抵抗の手段、つまり声を上げる手段の成功例として紹介されることが多いと指摘する。さらに、アメリカの黒人表象を考える際は、ラテンアメリカ地域の黒人という枠組みとは異なる解釈が必要になるだろうと辰巳はいう。そして世界各地の相互の関係性も見えてくるため、アメリカは常にラテンアメリカ地域とつながりが深いことはいうまでもないと述べるものの、辰巳の説明の多くはアメリカのフリー・ジャズ（Free Jazz）についてである。このジャズは調性を完全に無視した数人の即興によって不協和音を出しているかのように思えるが、ここで重要なのは、このいわゆる不安定なもの、音楽的な「モラル」として受け入れられなかったものを「差異」の変容として見せたことであると辰巳は説明する。楽譜がないだけでなく、基準となるコードもない以上、そこにあるのは曲の開始点と終着点だけである。これがアメリカの黒人文化の表象であるフリー・ジャズであると辰巳は評する。特にオーネット・コールマン（Ornette Coleman: 1930-2015）の実践に注目し、「モラル」がそれぞれの時代に生きる人々の感覚に基づいていることを前提に、「差異」をめぐる「実践」と「モラル」構築の関係性を紹介している。

編者として興味深いのは、私たちの京都外国語大学アフロ・ラテンアメリカ研究会が二〇一九年一二月五日に開催した講演会で招いたブラジル人音楽評論家カルロス・カラード（Carlos Calado: 1956）が紹介したモダン・ジャズの黒人演奏家ディジー・ガレスピー（Dizzy Gillespie: 1917-1993）を辰巳も取り上げている点である。講演のタイトルは、「アメリカスにおける黒人（アフロ）たましいの音楽」であった。カラードは講演会冒頭で次のように述べた。「最初、『ラテンアメリカにおける黒人たましいの音楽（a música de alma negra na América Latina）』と題する講演会の講師としての招待を京都外国語大学から受けたとき、三〇数ヶ国からなるいわゆるラテンアメリカやアメリカに対して、私が選ぶべきはどの国かと思案し、三つのアメリカの国を選ぶことにした。それは、ブラジル、キューバそして米国である」。さらに続けて「そこで私は偉大な北米のトランペット奏者であり作曲家であるディジー・ガレスピーというモダン・ジャズの最も革新的音楽家のひとりへのインタビューのことを思い出した」と述べ、その作品を映像で紹介したのである。辰巳はこのガレスピーについても触れている。

ブラジル移民の研究者である伊藤は「ブラジルのシリア・レバノン人移民」について、料理などの身近な文化に触れながら、ブラジル社会における彼らの深い浸透度から説明を始めている。伊藤によれば、一般にイスラム系アラブ人と考えられるシリア・レバノン人の宗教や民族は、比較的キリスト教徒が多かった点やトルコ人と間違われた点など多様である。しかし、ブラジル社会におけるシリア・レバノン移民は次の三点に大きな特徴を持つと伊藤はいう。一つは、行商から始めた商業活動に集中していること。土地所有が必要な農業に出稼ぎ移民は適さないと判断して、もっぱらブラジル全土をめぐる行商からサンパウロやリオを中心とする大都会の商業に向かった。二つ目はキリスト教徒も多くいたように、民族的に多様である点である。特に欧州と中近東の接点の民トルコ人の範疇に加えられたように、人種の分類も混淆を含む曖昧なものであったといえる。第三点は、二億を超えるブラジルの総人口の中では数の上でマイノリティであるが、消極的な存在ではなく、全土に展開した行商などの商業活動や特異な文化表象から、ブラジル人に認知される目立つ存在であったと説明する。例えば政治の世界では、シリア・レバノン人移民の二世、三世の多くが権威ある法学校を卒業し、専門職の資格を得た者たちはエリートとして認められ、特に弁護士のキャリアは政治の世界と結びついたのである。イスラム圏に属するシリア・レバノン人の移民とその子孫はその進取の気性とバイタリティにおいて際立っていることを伊藤は強調する。イベリア半島のポルトガル南部を彩るアラブの文化が南米ブラジルにおいてもシリア・レバノン移民によって開花したように編者には思える。

モイゼス・キルク・デ・カルヴァーリョ・フィリョ（以下、カルヴァーリョと記す）は、第7章で「ブラジルにおける先住民教育の現状と課題」について述べる。最初に「マイノリティ」とは通常、「マジョリティ」に対して量的に劣る集団として捉えられることが多いが、この用語は必ずしも社会に占める人数と関係があるわけではなく、またそれが決定的な特徴でもないと指摘する。特にヨーロッパの自民族中心の固定観念に注意すべきであるという。教育心理学者のカルヴァーリョは先住民への理解に基づく教育が必要であると強調する。ブラジルの少数民族である先住民のアイデンティティと文化の多様性の問題、およびこの集団が直面する現実の教育面に焦点を当てて、ラテンアメリカにおける先住民教育の現状に関する包括的なアプローチが必要であると提案する。ブラジルの社会や教育システムに参加するかどうかの選択は先住民に委ねられるべきであるとカルヴァーリョは語気を強める。彼らには、独自の文化を有する自立した民族として、ブラジルの社会にどれだけ順応するかを決定する権利や、自らに関わる教育政策の策定に参加するかどうかを選択する権利が与えられるべきであるという。こうした権利を彼らが行使することが、その民族の文化的アイデンティティを揺るぎのないものにするであろうと彼は語っている。

編者の住田は「熱帯ブラジルにおける先住民と黒人の包摂」を論じた。先住民との包摂については、南米ブラジルの植民地時代のサンパウロのカピタニアにおいては、ポルトガル語とは異なる先住民共通語が広く普及していたのであり、これをブラジル社会における先住民との包摂の事情として示した。ブラジルがポルトガル人によって「発見」されるまでは当然、ブラジル領土には先住民のみが居住していた。一七世紀にパルマーレスの逃亡奴隷村を壊滅させたことで名をはせた奥地探検隊員ドミンゴス・ジョルジェ・ヴェーリョの例を見ると、彼はポルトガル語の知識が乏しかったのである。つまり私生活において文化の包摂が進んでいた。一方ブラジルにおけるアフロ文化との関係性は、アフリカ的要素を受け入れ、黒人奴隷の家族の子孫などが都市の低所得者層共同体においてアフロ的異種族混淆社会を形成していることを指摘した。混血については、第一に、カトリックの宗主国ポルトガルの植民地として黒人奴隷制が始まり、混血が生まれたが、ブラジルではその混血には複雑な分類がなされた。黒よりも白が良いとされ、今もその判断の影響が残っている。二つ目は、一八世紀や一九世紀において芸術や技能において天才的な能力を発揮したのは混血の人たちであった。特に、音楽や文学、建築学において際立っていた。第三は、人種の多様性の中でブラジル社会は「黒人」を最も差別した。未来に向けて人種のグループが対立するのではなく、共存の姿勢を示すことが大切であると編者は主張したい。この包摂の例として黒人奴隷制下の一九世紀の首都リオで、白人のエリート陸軍大将である父と奴隷の子孫である黒人の母との間の子として生まれ、ブラジルの大衆音楽界をリードしたシキーニャ・ゴンザーガを包摂の良き例として取りあげた。

編者が大学院生のころ、経済学者の恩師今西正雄先生に、「豊かさとは何か」と質問したとき、「いつでも、どこでも、誰でも、衣食住の欲求を満たせること」と答えてくださった。そしてそのような社会を実現するには、資本主義の発展が欠かせないと恩師は続けた。「豊かな果実を生む元本である資本」を民が手に入れる歩み、これがブラジルには必要であると語ってくれた。今から四〇年ほど前の思い出である。さらに二一世紀の初頭にブラジル労働者党政権のルーラが登場したころ「左派のルーラをどのように考えれば良いか」と編者は在サンパウロ市在住の教え子たちに質問を受けたことがある。「左派政権は経済発展の妨げになる」というのが彼らの主張であった。編者の答えは、黒人奴隷制の過去を持つブラジル社会に必要なのは、より良い未来に向けての格差の無い社会の実現である、というものであった。社会的格差を無くす運動を進める労働者党の考えを私は理解したいと続けた。

二〇二三年一月一日に再度、労働者党のルーラがブラジルの大統領に就任した。差別や格差のない社会は豊かな民主主義と資本主義の国家を目指すブラジルの目標となるであろう。私たちは社会正義の理念に基づき人種差別に反対し、人種主義を断固として否定する。同時に、先住民やアフリカ人との人種混淆や社会的包摂を進めたブラジル社会の歴史を「差別を隠した」という理由で批判はしない。むしろ、人種主義や人種差別に強く反対しつつ、民主主義や社会的人権、社会的包摂の推進に賛同するものである。

［参考文献］

オランダ、S・B・デ（池上岑夫訳）『真心と冒険——ラテン的世界』新世界社、一九七一年。

黒川顕　国立遺伝学研究所「冥王代生命学の創成」Hadean Bioscience; 26106001・Grant-in-Aid for Scientific Research on Innovative Areas (Research in a proposed research area).

動画「全地球史アトラス」—研究成果に基づき生命の誕生と進化のストーリーを再現した最新映像

https://www.youtube.com/watch?v=U6vPdv9dqCY&t=7s

（最終閲覧日：二〇二三年一月一〇日）

コラム❹

人種を乗り越えることはできるか

牛島　万

人種は政治的および社会的につくられてきたものである。遺伝子学的な科学的データに基づくものではないことは自明の理である。にもかかわらず、人種概念は未だ大きな影響力を有しており、特に他者化の概念として頻繁に用いられている。人種は今日の米国などの国勢調査でもその選択を求められるが、この場合は自主的な選択である。しかし実際、社会的に問題になっているのは他者からみた人種概念である。いわゆる人種差別は他者化の過程で起こるものである。ところでここで強調しておかなければならないことは、人類が「人種」に未だこだわり続けなければならない理由として、明らかに他者化を強要する社会的、政治的状況や国家（政府）の意図があることだ。そしてその際に、身体的特徴、使用言語など、誰しも一目でわかるものがその判断基準となる。皮膚や髪、目の色、また直毛か巻き毛かなどの身体的特徴、あるいは姓名など個人を特定するものがそれに相当する。これらの身体的特徴は視覚化され人種主義に加担する文化的要因と化し、これが文化的人種主義であると考えらえている［フレドリクソン 2009: 4］。

スペインの植民地支配体制におけるカスタ（血統）という人種的身分階層制をへて、その後のラテンアメリカ独立以降の時代においても、当然スペイン人であること、つまり白人という人種カテゴリーが社会の最上位にあった。そのうえで、ラテンアメリカでは混血化が積極的に進められ、カトリック教会もこれを奨励してきた。メスティソとは通常異人種混淆のことであるが、メキシコやペルーなどの先住民人口が多い国では必然的に、スペイン人（白人）と先住民との混血を指す（グアテマラなどの中米では、メスティソのことをラディーノという）。また、スペイン人と黒人との混血はムラートと称される。

そのうえで南北アメリカにおいて、概して黒人層が社会的に疎外され、社会的階層の序列の最下位に位置付けられてきた。つまり、人種差別は米国だけでなく、ラテンアメリカにも存在している。例えば、メキシコなどでは黒人（afromexicanos）の人口が少なかったこともあり、最初から人口統計には「黒人」の項目が設けられなかった。メキシコで「黒人」が国勢調査の人種区分に出てくるのは二〇一五年の、二〇二〇年国勢調査の予備調査のときが初めてである。まさに人種としての黒人を無視して「消去」（erasure）されてきたのである。

この点に関してドミニカ共和国の事例は参考になる。歴史的に首都サントドミンゴはスペインの植民地経営の重要な拠点であった。先住民タイノはスペイン人の蛮行や疫病、および重労働のために一五二〇年代までに三九万人が亡くなり、九〇〇〇人しか生き残っていなかった。早くも一五〇一年にはサンドドミンゴへ初めての黒人奴隷が導入された。そして二二年には黒人による暴動が起きている。ドミニカ共和国はイスパニョーラ島の真ん中を走る国境線で分かつ隣国のハイチを意識してきた。ハイチは一八〇四年にフランスから独立を勝ち得た初めての黒人共和国である。これに対して、ドミニカ共和国は反ハイチであるという歴史性や文化性を創出してきた。その際に本来の歴史や文化における人種概念である黒人とその文化要素がドミニカ共和国ではまったく「消去」され、先住民性だけが重要視されてきた。

もう一つの特徴として、混血が奨励されてきたことは、すでに述べた。とりわけ一九世紀以降の国民国家の形成と発展を考えた場合、当時多くの支持を受けていた優生学の流れを汲んで人種混淆（mestizaje）を国の政策として受け容れてきた。その目的は、肌の色の漂白化、つまり白人化（blanqueamiento）にあった。メキシコ革命以降のメキシコはバスコンセロス（José Vasconcelos Calderón）の「宇宙的人種」（raza cósmica）を注視した。これは、彼が四つの人種（先住民、黄色人種、黒人、白人）を一つにまとめて創出した人種概念である。このことは、メキシコ国家（政府）がなによりも悪しき人種区分を払拭し人種差別のない国づくりの立場に立っていたとみられる。他方、これを別の観点からみると、白人化を国策とすることで、理念上、混血を通じて純粋な白人の身体へ近づくと同時に、社会における黒人や先住民の文化的影響を払拭しようとする計らいがあったとも解することができる［Gómez 2020: 81］。ラテンアメリカの当時の時代精神に鑑みると、国家（政府）はこの両方の目的や効果を期待していたのではないかと考えられる。メキシコ革命（一九一〇～一七年）後の国勢調査では、実際にバスコンセロスの人種概念を概ね受け入れて実施され、結果は raza indígena（二九％）、raza mezclada（五九％）、raza blanca（一〇％）、otra raza（一％以下）であった。このように、とりわけ一九三〇年代、ブラジル、メキシコ、プエルトリコなどでもカリスマ性のある政治指導者が登場し国家の発展を推し進めていくと同時に、人種混淆政策が本格的に導入された。

これに対して、米国社会では、異人種混淆は法的に長い間認められてこなかった。一九六〇年代の公民権運動の直前まで、人種隔離政策が徹底的に行われてきた米国においてそれは不可能であった。一八三〇年代にはネイティブ・アメリカン（先住民）に対するインディアン強制移住政策や殺戮が積極的に推し進められた。米国と同じケースがアルゼンチンやチリにおける先住民への暴力的排除の歴史にみられる。アルゼンチンではヨーロッパからの大量の白人系移民を歓迎し、数的に白人層がマジョリティになることを目指した点で米国の社会と酷似している。

そこでプエルトリコに目を向けると、一九三〇年世代というプエルトリコの知識人が中心になって、そのナショナル・アイデンティティ形成のために、彼らは人種から離れ、文化を重んじるという転換を図った。文化は人種差別を助長する要因として働く場合もあるが、一方でそうではない文化があることに着目したのである。同世代の一人であるペドレイラ（Antonio S. Pereira）はヒスパニック性（Hispanidad）、つまりアングロサクソン文化ではなく、プエルトリコはスペイン文化を継承していることを注視し、同文化を基盤としてプエルトリコの統合を図る考えを示した。この背景には米国自治領のプエルトリコが米国の植民地主義から未だ脱却できないなか、米国の支配に対する強い抵抗があったことが考えられる。ただし、それは必ずしも独立主義を掲げるものではなかった。米国自治領にありながら、大陸の米国と一定の距離をおいて、米国を反面教師のごとく自らのナショナル・アイデンティティの形成に努めた。彼らは米国において通念ではない人種混淆論を支持し、人種の差を「消去」しようとした。またトマス・ブランコ（Tomás Blanco）も三〇年世代の論客であるが、人種混淆だけでなく、文化混淆を提唱した。人種にはマイナス要因を伴う場合が多いのに対し、文化は人種を乗り越える開放性を有すると考えられた。

しかし、プエルトリコ系のロドリゲス・シルバ（Ileana M. Rodríguez-Silva）は、人種に対して「沈黙」すること、つまり人種混淆における「消去の政治」について批判的である。黒人奴隷制は従来とかく負の遺産として扱われてきた。とはいえ、奴隷制を「消去」するのではなく、所与の歴史として受け容れ、むしろその歴史的意義について今を生きるわれわれの視点で認識する必要があることを説く［Rodríguez-Silva 2012: 6-9］。

近年、先住民族の自決権が国際法や国内法において認められてきているが、これによって、黒人が先住民に接近する事例が生まれている。その顕著な例は中米のガリフナ族で、黒人が先住民と異人種混淆することによって結果的に先住民性を確立すると同時に、自らのアフロ系ガリフナ文化を継承し、その文化的自律を達成している［Godreau 2015: 222-223］。

ところで、アフリカ文化の影響は音楽においても顕著である。とかく黒人音楽の影響を受けていない音楽はないと言われるほどである。今世紀はじめ頃に米国本土のヒップホップやジャマイカのダンスホール・レゲエ、カリビアン、ラテンがすべて混在しているプエルトリコ発祥のスペイン語によって歌われるレゲトン（reggaetón）にも、当然ながら黒人音楽の影響が及んでいる。レゲトンはいわば多文化混淆の表象である。中でも米国本土のヒップホップやラップがラテンアメリカの音楽に与えた影響は大きい。この原点として考えられるのは、一九六〇年代の米国公民権運動において、同じマイノリティとしての黒人とヒスパニック系の政治的連帯がはじめて生まれたことであろう。その後、公民権運動が衰退すると、両者にはふたたび溝が生じたが、次に注視すべきはニューヨークなどの大都市で流行した黒人のヒップホップ文化や音楽であろう。アンダーグランドの若者文化は貧しいプエルトリコ系の若者にも共鳴するものがあった。そのとき同時に、彼らは文化的実践を通じて身体で感じ取ったアフロ性（ブラックネス）を体現した。中には、自らのルーツとの関係でアフロ性を捉える者もいたであろう。こうして彼らからアフロ・ラティーノ、およびアフロ・プエルトリケーニョ（アフロ・プエルトリカン）というアイデンティティが醸成されていったのである。

プエルトリコの場合、地政学的にも米国が近く、かつプエルトリコ島と米国本土との間でのディアスポラ（民族離散）によって、米国本土での人種差別の経験がプエルトリコ島の人種問題にも影響を与えてきた。ヒスパニックおよびラティーノは米国の人種区分としては認められていないので、プエルトリコ系でも身体的特徴が黒人と共通していれば、人種的には黒人として他者化されてきたことは想像に難くない（したがって、地域差もあるが、米国本土に居住するプエルトリコ系の七〇％が白人を自称している）。とかく人種混淆が政府の政策として、黒人の人種概念やアフリカ文化が消去または軽視されてきたプエルトリコ人にとっては全くの別社会が米国本土で展開されていたのである。こうして米国本土のアフロ・ラティーノ団体の支援もあり、一九七〇年代以降、市民のなかからプエルトリコ島での人種差別の撤廃と、人種差別の実態を直視しようとしないプエルトリコ政府の人種混淆と文化的ナショナリズムに対する批判がなされた。この背景には現状のコモンウェルス（米自治連邦区）維持派と米国連邦内での州昇格派との政治的対立も影響している。

しかし、ここで取り上げるレゲトンを愛好する若者は、このような政治的な動きとは別の流れから二一世紀になって本格的に誕生した。貧困や犯罪やドラッグと決して無縁ではない、社会的に疎外されアンダーグラウンド化していた若年たちは、黒人音楽の影響を受けているレゲトンを自らの身体表現と化していったのである。つまり、プエルトリコ政府が推奨しているモラルを批判するものとして、レゲトンは、アウトローの若者たちのアンチテーゼ、かつ現状を変える彼らのエンパワーメントの「武器」として用いられたのである[Rivera-Rideau 2015: 47-48]。

このように一九九〇年代のプエルトリコでは、まだレゲトンはアンダーグランドの若者たちの文化表象にすぎなかったが、二一世紀に入ると社会的旋風を巻き起こした。それは米国やラテンアメリカをはじめ世界中にブームを呼んだのである。しかし、そのブームを支えるコマーシャリズムが膨大な利益を維持していくうえでも、万人に愛好される音楽創作を優先しなければならなかった。そこで、次第に政治性を含むラップ調のものからラテン的なロマンティカに傾斜することをレゲトンは余儀なくされていった。換言すれば、レゲトネロ（レゲトン歌手）はレゲトンに包含されるアフロ性＝政治性から距離をおき、歌による「語り」よりもリズムやダンスに重きを置いていったのである。これはアフリカ文化とラテン文化（Latinidad）の文化混淆に亀裂が生じたことを意味する。

しかし、その反動はすでに起こっている。古くは九〇年代にヒップホップの要素を取り入れて米国アトランタを中心に誕生したトラップ（Trap）の影響を受けて、実質的には二〇一〇年代半ば頃からプエルトリコを中心に着実にファン層を集めているのがラテン・トラップ（Latin Trap／El trap）である。トラップは、身体表現のなかの「語り」に重点を置いている。具体的には、性、ドラッグ、犯罪、暴力、あるいは貧困といった「日常」を自分たちの「ことば」でつぶさに伝えることである。その語りは極めて攻撃的で時には政治的である。

［参考文献］

Godreau, Isar P., *Scripts of Blackness: Race, Cultural Nationalism, and U.S. Colonialism in Puerto Rico*, Chicago, University of Illinois Press, 2015.

Gómez, Laura E., *Inventing Latinos: A New Story of American Racism*, The New Press, 2022.

Pedreira, Antonio S., *Insularismo*, *Río Piedras, Puerto Rico*, Editorial Edil, 2004.

Rivera-Rideau, Petra R., *Remixing Reggaetón, The Cultural Politics of Race in Puerto Rico*, Durham, Duke University Press, 2015.

Rodríguez-Silva, Ileana M., *Silencing Race: Disentangling Blackness, Colonialism, and National Identities in Puerto Rico*, NY, Palgrave Macmillan, 2012.

牛島万「プエルトリコにおける文化的ヒスパニック性――人種・文化・アフロ性」京都外国語大学国際言語文化学会編『国際言語文化』第五号、二〇一九年、四三～五四頁。

――「プエルトリコにおける文化的ヒスパニック性とブラックネス―ペドレイラの『島嶼主義』からパレス・マトスのアンティル主義へ」『京都外国語大学ラテンアメリカ研究所の現在』電子出版、二〇二一年、五七～六八頁。

――「アフロ・ラテンアメリカ研究における若干の問題提起――プエルトリコ研究からの視点」京都外国語大学アフロ・ラテンアメリカ研究会編『アフロ・ラテンアメリカ研究』創刊号、二〇二二年、九九～一〇二頁。

フレドリクソン、ジョージ『人種主義の歴史』みすず書房、二〇〇九年。

人名索引

アイゼンハワー（Dwight Eisenhower） 48, 50, 51, 52, 53, 54, 63, 64, 65, 66, 67, 68, 69, 70, 117, 147
アルベンス（Jacobo Árbenz Guzmán） 46, 48, 49, 50, 51, 53, 54, 55, 56, 68, 70, 71, 147
ヴァルガス、ジェトゥリオ（Getúlio Vargas） 110, 111, 112, 113, 114, 115, 116, 117, 118, 119, 122, 123, 124, 125, 127, 129, 130, 131, 132, 133, 134, 135, 137, 140, 141, 201, 210, 237
ヴィエイラ神父、アントニオ (Padre António Vieira） 241, 249, 250, 251
ガズデン（James Gadsden） 28, 105
クビシェッキ、ジュセリーノ（Juscelino Kubitschek） 109, 110, 112, 113, 114, 115, 116, 117, 118, 119, 122, 123, 124, 125, 127, 131, 132, 133, 134, 135, 136, 138, 139, 140, 141, 142, 148
ケナン、G. F.（George Frost Kennan） 56, 58, 59, 60, 61, 62, 63, 70
ケネディ、J. F. (John F. Kennedy） 69, 71, 135, 136
コスタ、ルシオ（Lúcio Costa） 118, 136, 140
コールマン、オーネット（Ornette Coleman) 157, 162, 172, 173, 174, 175, 176, 177, 178, 272
サンタ・アナ、アントニオ（Antonio López de Santa Anna） 85, 86, 89, 90, 98, 99, 100, 104, 105
シキーニャ（Chiquinha/Francisca Edviges Neves Gonzaga） 261, 262, 263, 264, 266, 274
シャヴェス、メンデス（ L. G. M. Chaves） 219
ズンビ（Zumbi） 243, 244, 245
ダレス、ジョン・フォスター（John Foster Dulles) 50, 52, 53, 66, 67, 117
テメル、ミシェル（Michel Temer） 212
トルーマン（Harry S. Truman) 47, 48, 53, 56, 57, 59, 62, 63, 67, 68, 70, 115, 147
ニーマイヤー、オスカー（Oscar Niemeyer） 118, 124, 137, 140
バチスタ、フルヘンシオ（Fulgencio Batista） 69
ピアス、フランクリン（Franklin Pierce) 28
ピシンギーニャ（Pixinguinha） 264
ブランコ男爵、リオ（Barão do Rio Branco） 127, 129
フルシチョフ、ニキータ（Nikita Sergeyevich Khrushchev) 71
フレイレ、ジルベルト（Gilberto Freyre） 237
ポーク、ジェームズ（James K. Polk） 79, 81, 82, 85, 88, 97, 98, 99, 101, 102, 105
リンカン、エイブラハム（Abraham Lincoln） 31, 163
ローズベルト（Franklin D. Roosevelt） 51, 63, 114, 115

146, 147
中央情報局（米）（CIA） 46, 48, 51, 53, 54, 55, 56, 57, 58, 60, 61, 62, 63, 66, 67, 68, 69, 70, 71, 147
中国市場 38, 39, 42
出稼ぎ 187, 192, 273
テキサス 75, 76, 77, 79, 81, 83, 99, 104, 172
トルコ 47, 59, 181, 182, 184, 188, 201, 205, 243, 272, 273
トルデシーリャス（条約） 127, 239, 240, 250, 253
奴隷制反対論者 97

な行

（内陸）開発路線 28, 29, 37, 38, 39, 40, 41
ニューオリンズ 163, 164, 165, 166, 171
農地改革 50, 55

は行

排除 51, 53, 68, 78, 80, 175, 222, 228, 255
パナマ地峡鉄道開通（1855年） 42
パルマーレスの逃亡奴隷村 243
汎アラブ主義 186
汎米作戦 135
反米主義 72
ピッグス湾事件（1961年） 69, 71
封じ込め 58, 59, 62, 63, 135
ブラジル劇作家協会（Sociedade Brasileira de Autores Teatrais） 264
フリー・ジャズ 170, 171, 172, 177, 271, 272
米州機構（OAS） 52, 53
米墨戦争 22, 74, 75, 76, 77, 83, 91, 93, 96, 100, 104, 147
包摂 4, 225, 236, 238, 245, 248, 250, 252, 255, 256, 261, 265, 266, 270, 272, 274, 275

ま行

マイノリティ 4, 181, 186, 218, 219, 220, 271, 273
明白な運命（明白な天命） 26
綿花 38, 39, 42, 43, 83, 146

や行

ユナイテッド・フルーツ社 50, 51, 55, 69

ら行

ラテンアメリカ自由貿易連合 135
リオグランデ 21, 76, 77, 80, 82, 83, 84, 85, 87, 88, 89, 97, 100, 101, 104, 110, 112, 113, 115, 118, 119, 122, 126, 131, 140
冷戦 3, 5, 46, 47, 48, 57, 58, 60, 61, 63, 65, 70, 115, 117, 125, 139, 147, 148, 149

索　引

事項索引

あ行

アフリカ音楽　164
アフロ意識の日（Dia da Consciência Negra）243
アメリカ連合国（南部連合）23, 31
イスラム教徒　184, 185, 188, 190, 202, 206, 208, 270
インディアン強制移住法（1830年）78
ウィルモット条項　96
エミリオ・ゲルディ博物館　223

か行

画一化された先住民像　222
合衆国陸軍省　32
キューバ革命（1959年）69, 135
共産主義　47, 48, 51, 52, 53, 54, 55, 59, 62, 64, 70, 111, 112, 135
行商　118, 190, 191, 193, 194, 195, 197, 198, 199, 200, 201, 202, 203, 204, 206, 208, 209, 211, 272, 273
禁酒法　159, 166
グアダルーペ・イダルゴ条約　75, 76, 96, 100, 102, 105
空間のナショナリズム　109, 110, 129, 136, 139, 141, 148
ゴールドラッシュ　96, 119, 125, 141, 250

さ行

差異　156, 157, 158, 160, 161, 162, 166, 167, 169, 170, 171, 172, 176, 177, 178, 182, 185, 206, 271, 272
サブカルチャー　165, 167
サルテ計画　115
ジャズ　157, 159, 162, 163, 164, 165, 166, 167, 168, 169, 170, 171, 172, 173, 174, 175, 177, 271, 272
修道会　209, 228
植民地　78, 119, 122, 125, 126, 139, 140, 141, 142, 145, 148, 158, 164, 181, 249, 253, 256, 266, 271, 274
シリア・レバノン人　180, 181, 188, 190, 191, 192, 193, 195, 196, 197, 198, 199, 200, 201, 202, 203, 204, 205, 206, 207, 209, 210, 211, 213, 214, 215, 272, 273
進歩のための同盟　135
スエズ運河開通（1869年）42, 147
先住民学校　228, 229, 230, 231
先住民の土地収用　221
善隣外交　51
相互扶助　204, 205
即興演奏　165, 167, 168, 169

た行

大衆音楽MPB　262, 264
大陸横断鉄道　17, 18, 19, 20, 22, 23, 25, 26, 27, 28, 29, 30, 31, 32, 33, 34, 35, 36, 37, 38, 39, 41, 42, 43,

【執筆者】

布施将夫（ふせ・まさお）

京都外国語大学・京都外国語短期大学教授。アメリカ史・軍事史・技術史研究。博士（人間・環境学）。『欧米の歴史・文化・思想』（晃洋書房、2021年）、『近代世界における広義の軍事史――米欧日の教育・交流・政治』（晃洋書房、2020年）、『補給戦と合衆国』（松籟社、2014年）、『海洋国家アメリカの文学的想像力――海軍言説とアンテベラムの作家たち』（共著、開文社出版、2018年）、G・K・ピーラー『アメリカは戦争をこう記憶する』（共訳、松籟社、2013年）。

大野直樹（おおの・なおき）

京都外国語大学准教授。アメリカ外交史・インテリジェンス研究。博士（人間・環境学）。『冷戦下CIAのインテリジェンス――トルーマン政権の戦略策定過程』（ミネルヴァ書房、2012年）、『アジアをめぐる大国興亡史 1902～1972』（共著、PHP研究所、2020年）、『名著で学ぶインテリジェンス』（共著、日本経済新聞出版社、2008年）、『インテリジェンスの20世紀――情報史から見た国際政治』（共著、千倉書房、2007年）。

辰巳遼（たつみ・りょう）

京都外国語短期大学専任講師。カルチュラル・スタディーズ・メディアスタディーズ。博士（言語文化学）。『メディア――移民をつなぐ、移民がつなぐ』（共著、クロスカルチャー出版、2016年）、"Service Learning for the Achievement of the Education for Sustainable Development: Analysis of educational contexts and case studies in Japan and Malaysia," co-authored by R. Kageura and R. Tatsumi, in *Paradigms, Models, Scenarios and Practices for strong sustainability*, Editions OEconomia, 2020.

伊藤秋仁（いとう・あきひと）

京都外国語大学教授。ブラジル移民史。修士（文学）。『ブラジルの歴史を知るための50章』（共編、明石書店、2022年）、ドラウジオ・ヴァレーラ『カランヂル駅――ブラジル最大の刑務所における囚人たちの生態』（翻訳、春風社、2021年）、『ブラジル国家の形成――その歴史・民族・政治』（共著、晃洋書房、2015年）。

Moisés Kirk de Carvalho Filho（モイゼス・キルク・デ・カルヴァーリョ・フィリョ）

京都外国語大学教授。教育学、教育心理学、認知心理学研究。博士（心理学）。『中級へのブラジル・ポルトガル語文法』（共著、三修社、2013年）、『教育・発達心理学』（共著、ミネルヴァ書房、2012年）、『メタ記憶――記憶のモニタリングとコントロール』（共著、北大路書房、2009年）、『グローバル化時代のブラジルの実像と未来』（共著、行路社、2008年）。

【編著者】
住田育法（すみだ・いくのり）
京都外国語大学名誉教授、IELAK 客員研究員。ブラジル史・地域研究。修士（文学）。『ブラジルの社会思想──人間性と共生の知を求めて』（共著、現代企画室、2022 年）、『ブラジルの歴史を知るための 50 章』（共著、明石書店、2022 年）、『混迷するベネズエラ──21 世紀ラテンアメリカの政治・社会状況』（共編、明石書店、2021 年）、『ブラジル学を学ぶ人のために』（共編、世界思想社、2002 年）。

牛島　万（うしじま・たかし）
京都外国語大学准教授。ラテンアメリカ史・国際関係史・地域研究。博士（言語文化学）。『米墨戦争とメキシコの開戦決定過程』（彩流社、2022 年）、『米墨戦争前夜のアラモ砦事件とテキサス分離独立──アメリカ膨張主義の序幕とメキシコ』（明石書店、2017 年）、『混迷するベネズエラ──21 世紀ラテンアメリカの政治・社会状況』（共編、明石書店、2021 年）、『アメリカのヒスパニック＝ラティーノ社会を知るための 55 章』（共編、明石書店、2005 年）。

南北アメリカ研究の課題と展望

米国の普遍的価値観とマイノリティをめぐる論点

2023 年 3 月 31 日　初版第 1 刷発行

編著者　住田 育法
　　　　牛島　万
発行者　大 江 道 雅
発行所　株式会社 明石書店
〒 101-0021 東京都千代田区外神田 6-9-5
電 話　03（5818）1171
FAX　03（5818）1174
振 替　00100-7-24505
https://www.akashi.co.jp

装　丁　明石書店デザイン室
印刷・製本　モリモト印刷株式会社

（定価はカバーに表示してあります）　ISBN978-4-7503-5567-2